KB214198

신의 변명

신의 변명

기독교와 유대교, 메시아를 둘러싼 왜곡의 역사

초판 1쇄 인쇄 2018년 11월 20일
초판 1쇄 발행 2018년 11월 30일

지은이 옥성호
펴낸이 정해종

책임편집 강지혜 편집 김지용 김지환
디자인 Miso 온라인 홍보 메이커스&파트너스
제작 정민인쇄

펴낸곳 ㈜파람북
출판등록 2018년 4월 30일 제2018-000126호
주소 서울특별시 마포구 마포대로 109, 롯데캐슬프레지던트 101동 1501호
전자우편 info@parambook.co.kr 인스타그램 @param.book
페이스북 www.facebook.com/parambook/ 네이버 포스트 m.post.naver.com/parambook
대표번호 (편집)02-2038-2633 (마케팅)070-4353-0561

©옥성호, 2018

ISBN 979-11-964388-3-8 03230
값은 뒤표지에 있습니다.

이 도서의 국립중앙도서관 출판시도서목록(CIP)은
서지정보유통지원시스템 홈페이지(http://seoji.nl.go.kr)와 국가자료공동목록시스템
(http://www.nl.go.kr/kolisnet)에서 이용하실 수 있습니다.(CIP제어번호 : CIP2018037013)

기독교와 유대교, 메시아를 둘러싼 왜곡의 역사

신의 변명

옥성호 지음

Christianity, Judaism and Messiah

파람북

| 일러두기 |

1. 본문 중 진하게 표시된 글자는 저자가 의도적으로 강조한 부분입니다.
2. 본문에 인용한 성경은 특별한 판본 표시가 있거나, 영어본을 직접 번역한 경우를 제외하고 모두 대한성
   서공회에서 제공하는 개역개정 성경을 사용하였습니다. 291쪽부터는 적합한 번역 참조를 위하여 우리말
   성경을 인용하였습니다.

메시아 개론

"예수님의 성이 혹시 뭔지 아세요?"

"그리스도 아닌가요? 예수 그리스도라고 하잖아요?"

"그럼, 예수님 아버지 이름은 요셉 그리스도인가요? 그리스도가 성이면?"

'그리스도'는 성이 아니라 예수를 지칭하는 용어다. 히브리어 '메시아'의 그리스어 번역으로 '기름 부음을 받은 자'라는 의미로, 대통령, 사장 같은 용어라고 보아도 무방하다. 따라서 '예수 그리스도'는 '예수, 기름 부음을 받은 자'라는 뜻이다.

기독교에서 쓰는 성경은 히브리어로 쓰인 오리지널 성경과 예수 탄생 이후에 만들어진 신약성경, 두 가지로 이루어져 있다. 기독교는 오리지널 성경을 오래된 약속이기에 '구약성경'이라고 부르는데, 그 이유는 '새로운 약속'인 신약성경과 대비하기 위해서다. 하지만 유대교에서 성경은 오로지 하나, 기독교가 구약성경이라고 부르는 '히브리 성경' 또는 '주위쉬 성경jewish bible'뿐이다.[1] 유대교에서 히브리 성경은 오래된 과거의 약속이 아니라 '영원한 약속'이다.

---

1   이 책에서는 특별한 경우가 아니면 히브리 성경이라는 단어를 사용한다. 기독교의 관점을 강조할 때만 구약성경으로 표기한다.

히브리어로 쓰인 히브리 성경과 달리 신약성경은 그리스어(헬라어)로 쓰였는데, '그리스도'[2]라는 단어는 신약성경에 나오는, 기름 부음을 받은 자라는 의미의 그리스어다.

그럼 그리스도는 신약성경에만 나올까? 히브리 성경에는 나오지 않는, 신약시대의 새로운 개념일까? 그렇지 않다. 많은 사람에게 익숙한 단어, '메시아'[3]의 그리스어가 '그리스도'다. 그리고 메시아의 히브리어 발음은 '메시악'이다.

히브리 성경(구약성경) 원본에는 메시악이라는 단어가 무려 서른아홉 번 나온다. 그런데 킹제임스 판 영어 구약성경에는 메시아라는 단어가 딱 두 번, 다니엘서 9장 25−26절에만 나온다.[4]

왜 그럴까? 왜냐하면 메시아라는 단어 대신 '기름 부음을 받은 자 anointed'를 썼기 때문이다. 킹제임스 성경을 만든 사람은 왜 메시아를 '기름 부음을 받은 자'로 바꾸었을까? 메시아라는 단어가 오로지 한 명, 예수만

---

2   그리스도에 해당하는 영어는 멜 깁슨이 감독한 영화 〈패션 오브 크라이스트The Passion of Christ〉의 바로 그 '크라이스트Christ'다.

3   정확한 영어 발음은 '메사이어messiah'다.

4   "Know therefore and understand, that from the going forth of the commandment to restore and to build Jerusalem unto **the Messiah** the Prince shall be seven weeks, and threescore and two weeks: the street shall be built again, and the wall, even in troublous times. And after threescore and two weeks shall **Messiah** be cut off, but not for himself: and the people of the prince that shall come shall destroy the city and the sanctuary; and the end thereof shall be with a flood, and unto the end of the war desolations are determined."(킹제임스 버전, 이하 KJV) 다니엘서 9장은 기독교에서 주장하는 대표적인 메시아 예언 구절이다. 군이 메시아를 '기름 부음을 받은 자'로 하지 않아도 독자들이 이 본문에서 자연스럽게 예수를 떠올린다고 확신했을 킹제임스 성경 편집자는 원어의 '메시아'를 그대로 살렸다. 그런데 편집자는 몇 가지 손질을 했다. 메시아 앞에 히브리 성경 원문에는 없는 정관사 the를 추가했을 뿐 아니라, 히브리어는 대문자가 따로 없는데도 불구하고 메시아의 첫 글자를 대문자로 썼다. 히브리 성경의 의도와 관계없이 본문 속 메시아가 특별한 메시아, 그러니까 예수라고 말하고 싶었기 때문이다. 킹제임스 성경을 비롯한 구약 성경 편집자의 히브리 성경 원문 왜곡에 대해서는 나중에 좀 더 자세히 살펴보도록 하자.

을 떠올리도록 하기 위해서였다.

그럼, 당연히 이런 의문이 생긴다.

"아니, 그게 무슨 소리예요? 구약성경에 메시아가 서른아홉 번이 나오든지, 아니면 390번이 나오든지 당연히 다 예수님을 지칭하는 거 아닌가요?"

전혀 그렇지 않다. 히브리 성경에는 여러 명의 메시아가 나온다. 그래서였을까? 예수 외에는 누구에게도 메시아라고 호칭을 붙이고 싶지 않았던 킹제임스 성경 편집자는 의도적으로 메시아라는 단어를 쓰지 않았다.

그럼, 이 메시아라는 단어에 대해서 조금 더 자세히 알아보자. 영어의 메시아, 그러니까 히브리어 메시악은 '마샥'에서 나왔다. '마샥'은 '칠하다, 바르다'라는 뜻의 동사이고, 자연스럽게 '기름 붓다'라는 뜻과 연결된다. 기름 붓는 것을 다른 말로 하면 '기름을 바른다' 또는 '칠한다'라고 할 수 있으니까.

그럼 도대체 이 '기름을 붓는다'라는 게 히브리 성경에서는 어떤 의미를 가질까? 메시악 또는 마샥이라는 단어는 창세기 31장 13절에 처음 등장한다.

나는 벧엘의 하나님이라 네가 거기서 기둥에 기름을 붓고[5] 거기서 내게 서원하였으니 지금 일어나 이곳을 떠나서 네 출생지로 돌아가라 하셨느니라.

---

[5] "야곱이 잠에서 깨어나 말했습니다. '참으로 이곳은 여호와께서 계신 곳인데 내가 몰랐구나.' 그리고 그는 두려워하며 말했습니다. '이 얼마나 두려운 곳인가! 이곳이 바로 하나님의 집이며 이곳이 하늘의 문이구나.' 다음 날 아침 일찍 야곱은 머리에 베었던 돌을 가져다가 기둥을 세우고 그 위에 **기름을 부었습니다.** 그리고 그곳을 벧엘이라고 불렀습니다. 원래 이 성은 루스라는 곳이었습니다." (창세기 28:16-19, 우리말성경) "……and poured oil upon the top of it."(KJV) 앞선 28장에 벧엘에서 신비한 꿈을 꾼 야곱의 이야기가 나온다. 여기에서는 'anoint'라는 단어 대신 그냥 단순하게 붓는 행위, 'pour'가 사용되었다.

I am the God of Bethel, where thou anointedst the pillar.

'기름을 붓다' 또는 '바른다'는 말은 사물을 특별하게 취급한다는 의미를 갖는다, 즉 '구분·구별한다'는 뜻이다. 평범했던 한 기둥에 야곱이 서원하며 기름을 부음으로써 그 기둥은 신분이 바뀌었다. 하나님 앞에서 거룩하게 구별된, 아주 특별한 기둥이 되었다. 히브리 성경에 따르면 당시 이처럼 거룩하게 구별되어야 하는 모든 사물에는 기름을 발랐다. 광야 시절 성막을 세우면 그 성막 전체에 기름을 발랐고, 또 제사에 쓰이는 모든 도구에도 세심하게 기름을 발랐다. 하나님 앞에서 거룩하게 구별하기 위해서였다.[6]

사람도 마찬가지다. 메시아, 기름 부음을 받은 사람은 하나님 앞에서 거룩하게 구별된 사람을 뜻한다. 히브리 성경 최초로 거룩하게 구분된 사물이 야곱이 기름을 부은 기둥이라면, 최초로 기름 부음을 받은 거룩한 사람, 그러니까 첫 메시아는 누구일까? 그들은 이스라엘 백성을 이집트로부터 구원한 유대민족의 영웅, 모세의 형인 아론과 그의 자식들이다. 아론이 메시아가 된 것은 매우 중요한 의미였던 것 같다. 출애굽기에는 무려 세 번에 걸쳐 그 사실을 반복적으로 강조할 정도였다.[7]

---

6   "또 관유를 가져다가 성막과 그 안에 있는 모든 것에 발라 그것과 그 모든 기구를 거룩하게 하라 그것이 거룩하리라. 너는 또 번제단과 그 모든 기구에 발라 그 안을 거룩하게 하라. 그 제단이 지극히 거룩하리라. 너는 또 물두멍과 그 받침에 발라 거룩하게 하고."(출애굽기 40:9-11)

7   "너는 그것들로 네 형 아론과 그와 함께한 그의 아들들에게 입히고 그들에게 기름을 부어 위임하고 거룩하게 하여 그들이 제사장 직분을 내게 행하게 할지며."(출애굽기 28:41) "너는 아론과 그의 아들들에게 기름을 발라 그들을 거룩하게 하고 그들이 내게 제사장 직분을 행하게 하고."(출애굽기 30:30) "아론에게 거룩한 옷을 입히고 그에게 기름을 부어 거룩하게 하여 그가 내게 제사장의 직분을 행하게 하라."(출애굽기 40:13) 이게 다가 아니다. "머리에 있는 보배로운 기름이 수염 곧 아론의 수염에 흘러서 그의 옷깃까지 내림 같고."(시편 133:2) 오랜 시간이 흐른 뒤, 다윗

그러나 아론만이 하나님 앞에서 거룩하게 구별된 자, 메시아가 아니었다. 여러 명의 메시아가 더 있었다. 아론의 뒤를 이은 제사장은 하나같이 다 메시아였다.[8] 그리고 유대의 모든 왕도 다 메시아였다.[9] 사울, 다윗 그리고 솔로몬 등 모두가 다 메시아였다. 심지어 이방민족의 왕 고레스까지도 메시아였다.[10] 히브리 성경 속 메시아는 하박국서 3장 13절에 마지막으로 등장한다.

주께서 주의 백성을 구원하시려고, 기름 부음 받은 자를 구원하시려고 나오사 악인의 집의 머리를 치시며 그 기초를 바닥까지 드러내셨나이다.

이처럼 기름 부음을 받은 사람이 다 메시아라면 당연히 메시아는 여러 명이 된다. 하지만 메시아와 관련해 여전히 한 가지 의문이 남는다. 특히 기독교인에게는. 기독교에서 메시아는 오로지 한 명, 예수뿐이기 때문이다. 만약에 메시아가 여러 명인 게 사실이라면, 예수는 어떤 메시아일까? 아론, 사울 그리고 다윗과 같은 수준의 메시아일까? 그러나 상식선에서 생각해도 예수는 다른 메시아들과는 차원이 달라 보인다. 그렇다면 그는 진짜 메시아, 특별한 메시아인가?

은 아론이 메시아로 구분되는 장면을 이처럼 시적으로 표현했다.

8   "만일 기름 부음을 받은 제사장이······"(레위기 4:3)

9   "여호와를 대적하는 자는 산산이 깨어질 것이라 하늘에서 우레로 그들을 치시리로다. 여호와께서 땅끝까지 심판을 내리시고 자기 왕에게 힘을 주시며 자기의 기름 부음을 받은 자의 뿔을 높이시리로다 하니라."(사무엘상 2:10)

10 "여호와께서 그의 기름 부음을 받은 고레스에게 이같이 말씀하시되, 내가 그의 오른손을 붙들고 그 앞에 열국을 항복하게 하며 내가 왕들의 허리를 풀어 그 앞에 문들을 열고 성문들이 닫히지 못하게 하리라."(이사야서 45:1)

"그러니까, 기름 부음을 받으면 다 메시아라는 거죠? 그런 측면에서 메시아가 여러 명이라는 말은 이해하겠어요. 하지만 메시아라고 다 같을 수는 없지 않을까요? 설렁탕집 사장과 수만 명 직원을 거느린 회사의 사장이 호칭이 같다고 같은 사장이 아닌 것처럼 말이에요. 구약성경에는 분명히 특별한 메시아인 예수님에 대한 예언이 많다고 아는데요. 당신은 지금 그 부분을 간과하는 게 아닌가요?"

그렇지 않다. 히브리 성경에 특별한 메시아에 대한 언급은 전혀 없다. 히브리 성경에 정관사 'the'가 앞에 붙는 특별한 메시아는 없다.

"뭐라고요? 특별한 메시아에 대한 언급이 없다고요? 하지만 때가 되면 메시아가 와서 이 세상을 구원한다는 예언은 많이 있겠지요? 다른 건 몰라도 예수님 시대에 유대인이 하나같이 메시아를 기다렸다는 건 누구나 아는 상식이잖아요?"

이 질문에 대한 답도 확실하다. 메시아가 이 세상을 구하리라는 예언은 히브리 성경에 없다. 메시아라는 단어가 들어가는 구절에서 그가 와서 너희를 구할 것이라는 말은 히브리 성경에 아예 없다.[11] 그런데 유대민족은 간절하게 메시아를 기다렸다. 그건 신약성경을 보면 확실하다. 메시아가 그들을 구한다는 예언이 없는데도 메시아를 기다렸다고? 도대체 이 사실을 어떻게 이해해야 할까?

하나님의 약속과 현실의 비참함 사이의 너무도 현격한 불협화음이야말로

---

11   메시아라는 단어가 들어가는, 굳이 비슷한 구절을 찾는다면 시편 132편 17절 정도가 해당할지도 모르겠다. "내가 거기서 다윗에게 뿔이 나게 할 것이라 내가 내 기름을 부음 받은 자를 위하여 등을 준비하였도다."

유대민족으로 하여금 메시아를 기다리도록 만든 주요 원인이 되었다.[12]

영화 〈달콤한 인생〉[13]을 보면 보스 강 사장에게 배신당한 선우(이병헌 분)가 강 사장의 심장에 총을 겨누면서 묻는다.

"왜, 왜 그랬어요? 왜 그랬냐고요? 나, 나 정말로 많이 생각했는데……모르겠어요. 정말로 나 죽이려고 했어요? 정말로 날 죽이려고 했어요? 당신을 위해 그렇게 개처럼 일한 날 정말로 죽이려고 했어요?"

그는 생명을 걸고 '이유'를 알려고 한다. 인간은 다 마찬가지다. 충분한 설명으로 이해하지 않으면 견딜 수 없다. 죽을 때 죽더라도 왜 죽는지는 알고 죽어야 속이 풀리는 게 인간이다. 유대민족이 그랬다. 그들에게 하나님은 분명하게 약속했다. 하나님이 주신 토라Torah(모세오경)에 순종하면 복을 내리겠다고. 그러나 그들에게 주어진 현실은 언제 끝날지 알 수 없는 강대국의 끝없는 지배였다. 유대민족이 누구인가? 전능한 유일신 하나님이 선택한 민족이다.

그런 그들의 눈에 다른 민족은 허접하기 이를 데 없는, 이방 신을 섬기는 하찮은 민족일 뿐이다. 아무리 영토가 크고 군대가 강해도 선택받지 못한 민족일 뿐이다. 그런데도 현실은 유대민족이 오히려 그들의 종이 되어서 허우적거렸다. 도대체 이런 현실을 어떻게 받아들여야 할까? 어떻게 설명해야 할까? 아버지가 돌아가시자마자 계모와 그녀의 딸에게 노예 생활에 가까운 고통과 수모를 받는 '재투성이 아가씨'의 심정이라고나 할까?

유대민족이 딱 그랬을 것이다. 그들에게는 도통 이해할 수 없는 자신들

---

12   Magnus Zetterholm, editor, *The Messiah in early Judaism and Christianity*(Fortress Press, 2007), p.3.

13   〈달콤한 인생〉(김지운 감독, 2005).

의 현실에 대한 설명이 필요했다. 전능한 유일신 하나님이 선택한 하나뿐인 민족이라는 사실과 비참한 현실의 괴리를 이어줄 고리가 필요했다.

그것이 바로 '미래에 도래할 메시아'였다.

신학적 개념은 정적이지 않다. 끊임없이 정반합적 변신의 과정을 거친다. 그 변신은 종교적 환경과 변화하는 세상 때문이다. 시간의 흐름에 따라 메시아가 누구인가에 대한 개념이 어떤 식으로 변해가는가를 살펴보면 이 점은 확실하다.[14]

다행히 히브리 성경에는 무려 200개가 넘는, 찬란한 미래를 약속하는 구절이 있다. 현실 속 괴리를 미래의 꿈으로 충분히 설명할 수 있을 정도로 확실한 구절들이다.

보라 내 종이 형통하리니 받들어 높이 들려서 지극히 존귀하게 되리라. 전에는 그의 모양이 타인보다 상하였고 그의 모습이 사람들보다 상하였으므로 많은 사람이 그에 대하여 놀랐거니와, 그가 나라들을 놀라게 할 것이며 왕들은 그로 말미암아 그들의 입을 봉하리니 이는 그들이 아직 그들에게 전파되지 아니한 것을 볼 것이요, 아직 듣지 못한 것을 깨달을 것임이라.

(이사야서 52:13-15)

---

14   Magnus Zetterholm, editor. 앞의 책, p.5. 다른 말로 하면, 인간을 위해 신의 모습은 언제나 바뀐다는 의미다. 나중에 살펴보겠지만, 예수는 로마제국 내에서 누가 주도권을 갖는가에 따라 100퍼센트 사람이, 또 100퍼센트 신이 되기도 했다. 때로는 한참 동안 반신반인 수준에 머물기도 했다.

잉태하지 못하며 출산하지 못한 너는 노래할지어다. 산고를 겪지 못한 너는 외쳐 노래할지어다. 이는 홀로 된 여인의 자식이 남편 있는 자의 자식보다 많음이라. 여호와께서 말씀하셨느니라.

(이사야서 54:1)

유토피아를 약속하는 구절 어디에도 '메시아'라는 단어가 없지만, 유대 민족은 그 속에서 그들을 인도할 특별한 인물, 메시아를 읽었다. 하나님의 약속을 성취할 그 사람을 메시아라고 믿었다. 무엇보다 메시아는 유대민족의 역사 속에서 가장 화려했던 시절을 이끈 위대한 왕, 다윗 왕의 후손이라고 했다.

이새의 줄기에서 한 싹이 나며 그 뿌리에서 한 가지가 나서 결실할 것이요.

(이사야서 11:1)

현실의 암흑이 깊어갈수록 유대민족은 하나님이 보낼 메시아, 다윗의 자손을 기다렸다. 그건 히브리 성경을 쓴 저자들도 다르지 않았다. 게다가 그들은 각자 가슴에 품었던 자신만의 메시아가 있었다.

이사야서 9장을 보면 이사야 선지자는 히스기야 왕에게서 메시아를 기대했던 것 같다. 열왕기하를 보면 히스기야 왕보다 더 큰 기대를 받은 또 한 사람의 메시아 후보가 나오는데, 여덟 살 때부터 유다를 통치했던 요시아 왕이다. 하지만 그는 전혀 예상치 못했던 비극적인 죽음을 맞는다.

선지서 학개에서는 증명된 다윗 왕의 마지막 적통이라고 해도 과언이 아닌 스룹바벨이 유력한 메시아로 그려진다. 하지만 그는 어느 순간 성경에서 흔적도 없이 사라졌다. 많은 성경학자는 그가 갑작스럽게 사라져 의아함을 느낄 정도다.[15] 이사야서 45장 1절에 의하면 이방인인 페르시아의 왕 고레스조차 메시아의 후보가 된다. 강대국의 압제에 시달리던 유대민족이 얼마나 절박했는지를 잘 설명하는 대목이다.

그러나 메시아는 끝끝내 오지 않았고, 히브리 성경의 마지막 말라기 4장의 내용도 실현된 현실이 아닌 미래, 메시아에 대한 예언이다.

> 만군의 여호와가 이르노라. 보라, 용광로 불같은 날이 이르리니 교만한 자와 악을 행하는 자는 다 지푸라기 같을 것이라. 그 이르는 날에 그들을 살라 그 뿌리와 가지를 남기지 아니할 것이로되 내 이름을 경외하는 너희에게는 공의로운 해가 떠올라서 치료하는 광선을 비추리니 너희가 나가서 외양간에서 나온 송아지같이 뛰리라. 또 너희가 악인을 밟을 것이니 그들이 내가 정한 날에 너희 발바닥 밑에 재와 같으리라. 만군의 여호와의 말이니라. 너희는 내가 호렙에서 온 이스라엘을 위하여 내 종 모세에게 명령한 법 곧 율례와 법도를 기억하라. 보라, 여호와의 크고 두려운 날이 이르기 전에 내가 선지자 엘리야를 너희에게 보내리니, 그가 아버지의 마음을 자녀에게로 돌이키게 하고 자녀들의 마음을 그들의 아버지에게로 돌이키게 하리라. 돌이키지 아니하면 두렵건대 내가 와서 저주로 그 땅을 칠까 하노라 하시니라.
>
> (말라기 4:1-6)

이 구절을 근거로 많은 유대인은 메시아가 다름 아닌 엘리야 선지자라

---

15 Richard E. Friedman, *Who wrote the Bible?*(HarperOne, 1987), pp.156~158.

고 생각했다. 엘리야는 죽음을 맛보지 않고 살아서 하늘로 올라간 사람이 아니던가? 하늘에서 불을 내려 바알의 선지자들을 태워 죽인 엘리야처럼 더 확실한 메시아는 없을 것이다. 그가 와서 하나님이 여러 선지자를 통해 수없이 말씀하신 바로 그날을, 유토피아를 이룰 것이라고 기대렸다.

또 누군가는 이 구절 때문에 메시아는 두 명이 온다고 믿었다. 선지자 역할을 하는 메시아와 왕으로 오는 메시아가 힘을 합쳐 유토피아를 이룰 것이라고 기대했다. 그들은 성경 속 모세와 아론의 모습에서 파트너십으로 일하는 메시아의 근거를 찾았다.

그러나 메시아는 오지 않았고, 유대민족의 상황은 점점 더 악화되었다. 마침내 가장 잔인했던 로마제국의 압제가 시작되었다. 로마제국에 비하면 히브리 성경 속 이집트 노예 생활은 행복한 시절이라고 해도 과언이 아닐 정도였다. 하나님의 약속과 현실 사이의 괴리는 시간이 갈수록 좁혀지기는커녕 점점 더 벌어져만 갔다. 그럴수록 유대민족은 하나님을 원망하기는커녕 더 간절하고 집요하게 메시아를 기다렸다.

"이제 정말 바닥이다. 정말 바닥이야. 더 내려갈 데가 없으니까 올라갈 길밖에 더 있겠어? 이제야말로 메시아가 와서 우리를 구해야 하는 거 아니야?"

메시아를 향한 유대민족의 기대와 염원은 기원전 4년 헤롯 왕[16]이 죽고 난 이후 절정으로 치달았다. 그나마 나름 유대민족의 독립을 지키는 방패 역할을 했던 그가 죽자 로마제국은 기다렸다는 듯이 유대 지역에 대한 압제의 강도를 더해갔다.

예수는 바로 그런 때에 태어났다. 게다가 그는 갈릴리의 작은 마을 나사

---

16   기원전 73년~기원전 4년. 기독교인에게는 악한 인물의 상징이지만, 나름 유대민족의 독립을
      지켜낸 그는 '헤롯 대왕'으로 불린다.

렛 출신이었다. 갈릴리는 우리나라로 치면 민주화의 성지로 여겨지는 광주 같은 곳이었다. 로마제국에 대항하는 거의 모든 독립운동이 갈릴리를 중심으로 일어났기 때문이다. 갈릴리 출신 예수는 고작 서른세 살의 나이로 로마제국의 반역자가 되어 십자가에서 처형당했다.

예수가 죽고 30년이 조금 더 지나자, 유대민족과 로마제국 사이의 관계는 누구도 예상하지 못했던 최악의 상태를 향해 치달렸다. 서기 66년, 유대민족이 로마제국에 대항해 전 국가적인 독립전쟁에 들어갔다. 제1차 유대-로마 전쟁이었다. 요즘으로 치면 대만이 중국과 전쟁을 벌이거나, 멕시코가 미국과 전쟁을 시작한 것과 크게 다르지 않았다.

누가 봐도 결과가 뻔했던 그 전쟁은 무려 4년을 넘게 끌었고, 70년 예루살렘이 점령되고 성전이 흔적도 없이 불타고서야 끝이 났다.[17] 이제 유대민족에게는 메시아라는 단어조차 사라졌다.

그 민족이 내려갈 수 있는 '더 아래'가 어디인지…… 도대체 '엄마가 자식을 삶아서 먹는 상황'[18]보다 더 내려갈 수 있는 바닥이 어디인지 아무도 상상할 수 없었다. 랍비들은 마을마다 회당을 짓고 여전히 토라를 가르쳤지만, 유대민족에게 영원히 끝나지 않을 것 같은 로마제국의 압제와 신앙의 중심인 성전이 사라진 현실의 무게 속에서 여호와의 약속은 이제 환상 속 무지개와 다르지 않았다.

그런데 이상한 소문이 돌기 시작했다. 예수라는 청년이, 오래전 십자가에서 처형된 갈릴리 출신의 청년이 메시아라는 소리였다. 그가 유대민족

---

17 마사다 항쟁까지 포함하면 제1차 유대-로마 전쟁은 73년까지 계속되었다.

18 요세푸스는 『유대 전쟁사』(나남, 2008)에 로마군에 포위당했던 예루살렘의 비참한 상황을 자세히 묘사했다.

이 그토록 기다렸던 바로 그 메시아라는 것이다. 그런데 이상한 말은 그게 다가 아니었다. 그 메시아를 죽인 당사자가 로마가 아니라 유대민족이라는 것이다. 메시아를 가장 간절하게 기다리던 유대민족이 그를 못 알아본 정도가 아니라 아예 죽였다고 했다. 정작 가장 기이하고도 놀라운 말은 그 다음이었다. 유대민족도 알아보지 못한 메시아의 정체를 정확하게 꿰뚫어 본 사람들은 다름 아닌 이방인, 그것도 로마제국이라는 것이다.

01

유대교와 기독교는
어떻게 다른가?

신약성경 전체는 일순간에 미스터리로 돌변한다.

유대교는 기독교와 얼마나 다를까?

"글쎄요. 일단 가장 크게 다른 건 메시아가 아닐까요? 유대인은 예수님을 메시아로 인정하지 않잖아요? 그리고 지금도 메시아가 오길 기다리고 있다면서요? 아마도 그게 가장 다른 점이겠지요. 그 외에는 뭐, 할례를 받고 또 옆으로 해서 머리를 길게 기르고 빵모자[1] 비슷한 거 쓰고 다니고…… 그 정도 아닐까요? 그러니까 사실상 예수님에 대한 생각만 아니면 같은 하나님을 믿으니까 우리랑 크게 다를 것 같지는 않은데요."

이 정도가 일반 기독교인이 가지는 유대교에 대한 생각이 아닐까?

하지만 유대교와 기독교의 차이는 기독교와 불교의 차이보다 더 크다. 같은 '유일신'을 전혀 다르게 믿기 때문이다. 같은 신에 대해서 전혀 다르게 생각하기 때문이다.

"아니, 어떻게 이렇게까지 다를 수 있지?"

이 책을 읽다 보면 이런 놀라움의 탄식이 절로 나올 것이다. 그 놀라움은 이렇게 다른 두 종교가 같은 한 권의 책(히브리 성경, 기독교가 '구약'이라고 부르는 부분)을 경전으로 삼고 있다는 사실에 이르면 절정에 다다른다. 사탄, 구원, 죄, 의로움, 유일신, 율법, 내세 그리고 메시아까지, 모든 주제에 걸쳐 유대교와 기독교는 공통점이라곤 아예 눈을 씻고 찾아도 찾을 수 없을 정도다.

이게 어떻게 가능할까? 그 비밀은 '메시아'에 있다. 그 비밀을 풀기 전에 먼저 유대교와 기독교가 사탄, 인간, 유일신 그리고 내세라는 네 가지 주제에서 얼마나 다른지 살펴보자. 그러다 보면, 자연스럽게 우리의 손에는 '메시아'라는 비밀을 푸는 열쇠가 쥐어질 것이다. 같은 경전을 가지고도 어떻게 전혀 다른 두 종교가 탄생할 수 있는지, 그 해답을 찾게 될 것이다.

---

1 유대인 남자는 '키파'를 항상 쓴다. 키파를 쓰는 이유는 하나님을 경외하는 마음으로 머리를 가리기 위해서다.

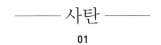

사탄

01

2016년 말 대한민국을 흔든 국정농단 사태는 지금 우리에게 사탄을 표현하는 아주 효과적인 사례가 될 수 있다.

"히브리 성경 속 사탄은 수첩을 손에 들고 열심히 지시사항을 메모하는 안종○ 전 청와대 수석이다. 그러나 신약성경의 사탄은 다름 아닌 국정을 좌지우지한 최순○이다."

하나님을 굳이 박근혜에 대입해야 하는가라는 문제만 고민하지 않는다면, 이 두 사람보다 더 확실하게 히브리 성경과 신약성경 속 사탄의 차이를 보여주는 상징은 없다. 신약성경의 사탄이 정말로 최순○이고, 히브리 성경의 사탄은 안종○일까? 정말 그럴까? 지금부터 살펴보자.

지금은 절판된 『사탄은 마침내 대중문화를 선택했습니다』라는 책이 있다. 자칭 문화 선교사, 신상언이 지은 책이다. 출간 당시 기독교계에서 베스트셀러가 된 이 책을 읽은 적지 않은 수의 젊은 기독교 신자들이 팝송

테이프를 쓰레기통에 버렸고, 또 영화관에 가던 발길을 끊었다. 그 정도로 당시에는 영향력이 컸던 책이다. 제목이 보여주듯 이 책에서 사탄은 정말로 대단한 존재다.

타락하지 않았으면 더 좋았을 뻔한 아담과 하와. 뱀으로 가장한 사탄에게 속아 인류문명의 절대 선을 송두리째 내주고 악의 모양을 닮을 수밖에 없었던 그의 망령됨이 오늘 이 땅에서 〈람보〉와 〈터미네이터〉 〈E.T〉나 〈사랑과 영혼〉 〈그리스도 최후의 유혹〉이나 〈배꼽〉 등의 작품으로 나타나는 것을 보면서, 그러나 죄를 회개하고 거듭난 크리스천들이 자신의 창조적 능력을 하나님의 명령에 순종하기 위해 사용하는 한 언제라도 기독교 문화는 회복될 수 있다는 가능성 앞에 일단은 안심하게 되는 것이다.[2]

신상언이 이 책에서 설파한 사탄에 대한 생각은 곧 살펴볼 신약성경의 사탄관과 100퍼센트 일치한다. 그런 면에서 저자의 생각은 절대 성경적이지는 않지만, 매우 신약성경적인 것은 분명하다. 인용문에 담긴 그의 주장을 달리 말하면 다음과 같다.

'전적으로 타락한 인간은 악의 모양을 닮았다. 그러나 그보다 더 심각한 사실은 사탄이 인류 문명 전부를 장악했다는 점이다. 그중에서도 영화는 정말 심각하다. 귀신과 외계인이 단골로 등장하고, 폭력과 섹스가 난무하는 영화의 내용은 말 그대로 반성경적이기 때문이다. 그러나 포기하지 말

---

2   신상언, 『사탄은 마침내 대중문화를 선택했습니다』(낮은울타리, 1992), 46쪽. 무려 일곱 줄에 이르는, 주어와 술어가 불분명한 이 문장은 한국어가 나날이 사탄에 의해 오염되고 있다는 증거가 아닐까?

자. 희망이 있다. 거듭난 크리스천이 창조적 능력으로 대중문화를 장악하려는 사탄의 계략을 깨부수면 된다.'

비록 신상언은 희망을 이야기하지만, 고개를 갸우뚱하게 되는 이유는 다름 아닌 신상언 자신이 말한 사탄의 능력 때문이다. 인간을 완전히 타락하게 하고 인류 문명까지 다 장악한 그 엄청난 사탄을 상대로 인간이 무엇을 할 수 있다는 말인가? 그가 말하는 창조적 능력이 얼마나 대단한지는 모르겠지만, 그가 묘사한 사탄에 비해 인간은 한없이 미약하게만 보이기 때문이다.

자, 질문을 던질 차례다. 신상언의 책 제목처럼 사탄이 정말로 대중문화를 선택했을까? 더 정확한 질문은 이것이다.

"사탄에게 인류의 대중문화를 쥐락펴락하는 능력이 있을까?"

신약성경에 의하면 답은 "그렇다"다. 그럼 히브리 성경의 답도 똑같을까? 기독교인이라면 고개를 끄덕일 것이다. 신약성경이 히브리 성경, 그러니까 구약성경에 근거한다고 생각하기 때문이다.

과연 그럴까? 지금부터 히브리 성경이 묘사하는 사탄의 모습을 살펴보자. 그 전에 두 가지 사실을 염두에 두자.

첫 번째로 어느 랍비가 이런 말을 했다.

"성경 속 특정 단어의 의미를 정확하게 알고 싶다면, 그 단어가 가장 처음 나왔을 때 어떻게 쓰였는지를 보면 된다."

즉 사탄이 히브리 성경에서 어떤 의미인지 정확하게 알고 싶다면, 그 단어가 가장 먼저 나온 바로 그 구절을 자세히 보라는 뜻이다. 매우 중요한 지적이다.

두 번째로 우리가 기억해야 할 점은 이것이다. 히브리 성경은 신약성경보다 내용이 무려 네 배 가까이 많다. 그런데 놀랍게도 히브리 성경에 사탄은 고작 여섯 번만 등장한다. 그중에서도 세 번은 사탄이란 히브리어 발음을 가진 보통명사로 쓰였고, 나머지 세 번만 우리에게 익숙한 바로 그 사탄, 그러니까 누군가의 이름으로 나온다.

그런데 히브리 성경의 4분의 1이 조금 넘는 신약성경에 사탄은 무려 150번 이상 등장한다! 단 한 번도 보통명사로 쓰인 적 없이 100퍼센트 '사탄'이라는 고유한 존재로 나온다.

자, 그럼 이제부터 랍비의 충고대로 히브리 성경에서 사탄이라는 단어가 가장 먼저 나오는 곳부터 살펴보자. 창세기로부터 시작하는 히브리 성경을 무려 130장 이상 읽어야[3] 나오는 민수기 22장 22절에 가서야 처음으로 사탄이 등장한다.

> 발람이 아침에 일어나서 자기 나귀에 안장을 지우고 모압 고관들과 함께 가니, 그가 감으로 말미암아 하나님이 진노하시므로 여호와의 사자가 그를 막으려고 길에 서니라. 발람은 자기 나귀를 탔고 그의 두 종은 그와 함께 있더니.
> ······ the angel of the LORD stood in the way for an adversary against him. ······
> (KJV)

흔히 교회에서 '말하는 당나귀 사건'으로 알려진 본문이다. 여기에 등장하는 여호와의 사자가 바로 사탄이다. 이 문장을 제대로 이해하려면 영어 본문을 참고해야 한다. 영어 성경을 직역하면 이렇게 된다.

---

3   민수기 앞에 있는 창세기는 50장이고, 출애굽기는 40장, 레위기는 27장이다.

"발람에게 대적자 역할을 하려고 하나님의 사자가 길을 막았다."

그러나 히브리어 성경을 직역하면 다음과 같다.

"발람에게 사탄 역할을 하려고 하나님의 사자가 길을 막았다."

히브리어 단어 '사탄'은 '장애물'이라는 의미의 보통명사다. 누군가의 이름이 아니라 특정 임무를 부여받은 역할이나 직책을 묘사하는 단어일 뿐이다. 이게 바로 히브리 성경 속에서 가장 먼저 등장하는 사탄의 '표현'이다. 시나리오에서 각각 자신의 캐릭터를 연기하는 배우처럼 사탄은 단순히 하나님의 심부름을 하는 천사의 역할, 직책을 묘사하는 단어일 뿐이다.

몇몇 기독교인에게 물었다. "성경에서 사탄이 언제 처음 나오는지 아세요?" 한 명의 예외도 없이 모두 이렇게 대답했다. "에덴동산이잖아요?" 기독교에서는 에덴동산에 등장하는 뱀을 사탄이라고 생각한다. 이른바 '원시복음'이 에덴동산에서 시작되었다고 가르친다. 하지만 사탄은 에덴동산에 등장하지 않는다. 단지 뱀이 나올 뿐이다. 뱀은 하나님이 만든 동물 가운데 하나일 뿐, 히브리 성경 그 어디에도 뱀을 사탄이라고 말하지 않는다.

뱀은 여호와 하나님이 지으신 들짐승 중에 가장 간교하니라.

(창세기 3:1)

뱀을 사탄이라고 해석하기 시작한 것은 예수가 죽고 무려 몇백 년이 지난 성 아우구스티누스 때였다. 애초에 히브리 성경을 쓰고 편찬한 유대인에게 뱀과 사탄을 연결하는 것은 상상 밖의 일이었다. 다음 장 '인간'에서 좀 더 자세히 살펴보겠지만, 에덴동산에서 유대교는 비극 대신 인간의 성장과 독립을 읽어내기 때문이다. 이 이야기는 조금 뒤에 살펴보고 다시 사탄으로 돌아가자.

히브리 성경에서 사탄이 다시 나오는 구절은 민수기 22장을 지나 한참을 더 가야 만나는 열왕기상 11장 25절이다.

> 솔로몬의 일평생에 하닷이 끼친 환난 외에 르손이 수리아 왕이 되어 이스라엘을 대적하고 미워하였더라.
> …… And he was an adversary to Israel.……

여기서도 사탄은 민수기 때와 마찬가지로 적대자, 장애물을 의미하는 보통명사다. 앞에서 봤던 민수기의 구절과 한 가지 다른 점은 천사 대신 르손이라는 사람이 사탄의 역할을 맡았다는 사실이다. 하나님이 때로는 천사에게 또 어떤 때는 사람에게 적대자의 역할, 그러니까 사탄의 역할을 맡겼기 때문이다. 기독교인에게 익숙한 사탄, 그러니까 '사탄'이라는 고유한 이름을 가진 존재를 만날 수 있는 곳은 그 유명한 욥기에 이르러서다.

> 하루는 하나님의 아들들이 와서 여호와 앞에 섰고 사탄도 그들 가운데에 온지라. 여호와께서 사탄에게 이르시되, 네가 어디서 왔느냐 사탄이 여호와께 대답하여 이르되, 땅을 두루 돌아 여기저기 다녀왔나이다.
>
> (욥기 1:6-7)

성경을 진지하게 읽는 기독교인이라면 이 본문을 앞에 놓고 어려움을 느낀다. 그 이유는 기독교인이 신약성경 속 사탄의 모습에 너무도 익숙해졌기 때문이다. 사실 나도 이 본문이 오랫동안 거북했다. 하나님과 사탄이 같은 장소에 있다는 사실 자체를 받아들이기 힘들었다. 그뿐 아니라 서로 뭔가를 의논한다?

"세상에 이런 말도 안 되는…… 우리 예수님이 누구 때문에 십자가를 지시고 죽었는데, 그게 다 사탄 때문인데. 그것뿐이야? 사탄 때문에 얼마나 많은 사람이 지금도 지옥에서 고통받는데…… 그런데 그런 사탄과 하나님이 이렇게 다정하게 대화를 나누다니, 어떻게 이런 일이 가능하지?"

그러나 히브리 성경 속 사탄의 위치를 이해하면 조금도 어려울 것이 없다. 오히려 욥기 속 사탄의 모습이 자연스럽게 느껴질 정도다. 사탄은 하나님이 시키는 일만 하는 심부름꾼이기 때문이다. 심부름을 제대로 하려면 지시사항을 잘 들어야 한다. 수첩에 잘 받아 적고 천사의 모습으로, 때로는 사람으로 변신하여 명령을 정확하게 수행해야 한다.

욥의 고통과 관련해서도 사탄은 철저하게 하나님의 통제 아래에 있다. 나는 『진리해부』에서 "사탄이 인간의 생명도 마음대로 취할 수 있는 것 아닌지"라고 썼지만,[4] 그건 히브리 성경을 제대로 이해하지 못했을 때 내뱉은 무식하기 이를 데 없는 소리였다.

애초에 사탄에게는 하나님이 정해놓은 경계선 밖으로 나갈 권한이 없다. 아니, 사탄은 그런 생각 자체를 할 수 있는 독립적 존재가 아니다. 히브리 성경이 보여주는 사탄은 철저하게 하나님의 지배 아래에서 주어진 일만

---

4   옥성호, 『진리해부』(테리토스, 2017), 202쪽.

충실하게 수행하는 존재일 뿐이다. 말 그대로 박근혜 앞에 서서 열심히 수첩에 메모하는 안종ㅇ이다.

그렇다면, 신약성경 속 사탄은 어떤 존재일까? 무려 150번이 넘게 등장하는 사탄이 가장 먼저 그 모습을 드러낸 곳은 어디일까? 기독교인이라면 누구나 쉽게 떠올릴 것이다. 그렇다. 바로 광야다. 사탄은 '감히' 예수를 시험하려고 광야에 그 모습을 드러냈다.

> 그때에 예수께서 성령에게 이끌리어 마귀에게 시험을 받으러 광야로 가사.
>
> (마태복음 4:1)

히브리 성경과 비교할 때 신약성경에서 사탄은 첫 등장부터 가히 충격적이다. 신약성경이 말하는 예수가 누구인가? 하나님이다. 따라서 지금 사탄은 하나님을 시험한다. 히브리 성경 속 사탄을 생각하면 차마 상상도 할 수 없는 일이다. 게다가 위 성경 본문은 사탄이 아니라 마귀가 나왔다고 한다. 흔히 알려지기로 마귀는 사탄 밑에서 일하는 일종의 행동대장 같은 녀석이다. 회사로 치면 대리나 계장 정도다. 그런 마귀가 감히 하나님인 예수를 시험해? 그게 신약성경에서 가장 먼저 모습을 드러낸 사탄의 위상이다.

천사의 모습으로 고작해야 발람의 당나귀가 가는 길이나 막았던 히브리 성경 속 최초의 모습과는 차원이 달라도 너무 다르다. 바울의 이름을 사칭해[5]

---

5   흔히 바울서신으로 알려진 열세 권 중에서 바울이 직접 쓴 것은 일곱 권뿐이라는 것이 보수 신학자를 제외한 대부분 신약성경 학자들의 공통된 의견이다(여기서 보수 신학자는 창세기를 역사적 사실로 받아들이는 신학자를 의미한다). 데살로니가전서, 갈라디아서, 고린도전서, 빌립보서, 빌레몬서, 고린도후서 그리고 로마서다. 골로새서와 데살로니가후서에 관해서는 학자들의 의견이 양분되었고, 에베소서, 디모데전후서 그리고 디도서에 대해서는 대부분 학자가 위서라는 데 의견을 같이한다.

디모데후서를 쓴 익명의 저자는 사탄의 가공할 힘을 다음과 같이 표현하였다.

> 거역하는 자를 온유함으로 훈계할지니 혹 하나님이 그들에게 회개함을 주사 진리를 알게 하실까 하며, 그들로 깨어 마귀의 올무에서 벗어나 하나님께 사로잡힌 바 되어 그 뜻을 따르게 하실까 함이라.
>
> (디모데후서 2:25-26)

이 글을 쓴 저자는 마귀에게 붙잡힌 사람들을 과연 하나님이 확실하게 구원할 수 있을지 전혀 확신하지 못하는 것 같다. 그는 그냥 희망 사항을 나열할 뿐이다.

"저기, 혹시 말이야. 상황이 좀 괜찮아지면…… 마귀가 우리를 놔주지 않을까? 아니, 하나님이 구해주실 수도 있지 않을까?"

그런데 정신을 차린다고 마귀가 '그들'을 순순히 놔줄까? 오히려 더 강하게 잡고 놔주지 않을 것만 같다. 그 정도로 마귀의 권세는 대단해 보인다. 당연히 이런 사탄에게 바울의 전도 여행 일정을 바꾸는 것은 일도 아니다.

> 형제들아, 우리가 잠시 너희를 떠난 것은 얼굴이요 마음은 아니니 너희 얼굴 보기를 열정으로 더욱 힘썼노라. 그러므로 나 바울은 한 번 두 번 너희에게 가고자 하였으나 사탄이 우리를 막았도다.
>
> (데살로니가전서 2:17-18)

전도가 무엇인가? 하나님의 복음을 전하는 거룩한 사명이다. 그런 전도를 사탄이 막는다? 그것도 신약성경의 최고 영웅이라 불러도 손색이 없는 사도 바울의 전도를 막는다고? 이처럼 바울을 손바닥 위에 놓고 쥐락펴락하는 것이 신약성경 속 사탄의 위상이다.

그렇다면 도대체 어떤 사탄이 맞을까? 히브리 성경의 사탄일까 아니면 신약성경 속 사탄일까? 만약 히브리 성경 속 사탄, 그러니까 철저하게 하나님의 명령만을 수행하는 사탄, 고작 하는 일이라고는 당나귀가 가는 길을 막고 서 있는 그런 사탄이 진짜 모습이라면…… 신약성경 전체는 일순간에 미스터리로 돌변한다.

기독교인이라면 당연히 물어야 할 근본적인 질문을 몇 가지 던져보자. 예수가 왜 죽어야만 했을까? 인간의 죄를 해결하기 위해서다. 죄의 원인이 무엇인가? 바로 사탄이다. 그러니까 신약성경 속 사탄이라는 존재는 하나님의 아들이 인간이 되어 십자가에서 죽어야 할 정도의 심각한 문제를 일으키는 힘을 갖고 있다. 그러나 이런 사탄에 대해 기독교 신학의 입장은 확고하다.

"뭘 모르고 하시는 말씀입니다. 사탄은 하나님의 절대적인 통치 또는 통제 아래에 있는 존재일 뿐입니다."

이런 대답은 상황을 해결하기는커녕 더 꼬이게 만든다. 사탄이 하나님의 절대적 통제 아래 있는데, 하나님의 아들이 죽어야 했다고? 이걸 도대체 어떻게 이해해야 할까?

아들에게 급성 맹장 수술비를 보내달라는 연락을 받은 부자 아버지가 있다고 생각해보자. 통장에 있는 돈을 온라인 뱅킹으로 보내기만 하면 된다. 그런데 그 아버지가 돈을 빌리러 돌아다니기 시작한다면? 참으로 이상한 아버지가 아닌가?

사탄이 100퍼센트 하나님의 통제 아래 있는데, 그 사탄 때문에 하나님의 아들이 죽어야만 했다고? 통장에 돈이 쌓여 있는데도 돈을 빌리러 다니는 아버지의 상황과 별로 달라 보이지 않는다.

사실 이게 어려운 문제다. 하나님의 아들이 죽어야 할 정도의 문제를 일으키는 힘을 가진 사탄이라면, 솔직히 말해서 거의 하나님과 동등하다고 말해도 과언이 아니다. 유대교가 기독교를 다신교라고 부르는 이유 중 하나가 바로 여기에 있다.

많은 기독교인에게 가히 충격적인 말이겠지만, 유대교는 기독교를 다신교라고 생각한다. 거기에는 크게 두 가지 이유가 있다. 첫 번째는 기독교가 히브리 성경에 없는 '삼위일체'와 '성육신'이라는 개념을 통해 예수를 하나님으로 섬기기 때문이다. 이 점에 관해서는 조금 뒤에 자세히 살펴보겠다. 두 번째는 사탄을 하나님과 동등한 수준의 힘을 가진 또 하나의 신으로 만들었기 때문이다. 기독교에서 펄쩍 뛰면서 손사래를 칠 일이다.

"무슨 소리예요? 삼위일체를 다신이라는 부르는 거야, 워낙 무식해서 하는 헛소리라고 해도…… 우리가 사탄을 하나님과 동등한 신으로 생각한다고요? 사탄을 하나님과 비슷한 수준으로 생각한다고요? 듣자 듣자 하니까, 어쩜 그렇게 말이 안 되는 그런 소리를…… 사탄도 전능하신 하나님의 100퍼센트 주권 아래 있을 뿐이라고요."

하지만 이런 설명은 이성적으로 이해하기 힘들 뿐 아니라, 동시에 상황을 더 어렵게 만든다. 하나님의 아들이 죽은 십자가 사건을 제쳐놓더라도 기독교의 오랜 난제, 고통의 문제를 오히려 더 깊은 미궁에 빠뜨리기 때문이다. 우리 주변에 널린 '억울한 고통'을 도대체 어떻게 이해해야 할까?

하나님이 사탄을 100퍼센트 주관하는데도 여전히 끊임없이 발생하는 '억울한 고통'을 어떻게 받아들여야 할까? 차라리 '이 세상에 선과 악 두 개의 동등한 세력이 존재하고 서로 싸운다'라고 한다면, 최소한 논리적으로는 훨씬 더 명확해진다. 게다가 인간의 이성에 훨씬 더 부합할 뿐 아니라 마음도 편해질 수 있다. 내 잘못도 사탄 때문이라고 돌리면 되기 때문이다.

"내가 그만 사탄의 시험에 빠져서…… 그놈의 사탄 때문에 내가 그런 짓을……" 이렇게 말하면 되기 때문이다. 사실 기독교는 시작부터 '실질적 이원론'을 채택했다. 교리로만, 정확히 말해 그냥 입으로만 하나님이 100퍼센트 전능하다고 주장한다. 그냥 솔직하게 하나님과 사탄이 이 우주에서 사활을 걸고 싸우는 중이라고 인정하면 되는데, 기독교는 결코 대놓고 그렇게 말하지 않는다. 그냥 실질적으로 삶에서만 사탄의 힘을 인정할 뿐이다. 말하자면 신학 따로, 현실 따로인 셈이다.

왜 그랬을까? 애초에 기독교가 그런 이원론을 채택하지 않았더라면, 이원론에 익숙한 로마제국의 종교가 될 수 없었기 때문이다. 나아가서 지난 2,000년간 서구사회를 지배하지 못했을 것이다. 그래서 나는 그런 기독교의 현실을 '실질적 이원론'이라고 부른다. 바로 거기에서 현실과 교리 사이에 근본적인 모순이 발생한다.

다음 장, '인간'에서 자세히 살펴보겠지만, 유대교에는 이런 이원론적 요소가 전혀 없다. 아무리 찾아봐도 찾을 수 없다. 그러나 기독교는 유대교의 유일신론에 그리스의 다신론을 교묘하게 섞었다. 그러고도 유일신을 섬긴다고 한다. 그러니 내적 모순이 생기지 않는다면 그게 더 이상할 정도다. 기독교 교리가 가진 수많은 모순의 근본 원인이다.

가만히 주변을 둘러보자. 아무리 하나님이 사탄을 100퍼센트 주관한다고 해도 현실은 하나님이 눈감고 있다고밖에 생각할 수 없을 정도다. 차라리 '하나님이 사탄과 싸우는데 지금 좀 밀리는 것 같다'라고 말하는 게 더 정직할 것 같은데, 대신 '하나님이 울고 있다'고 말한다. 고통받는 인간을 보면서 슬퍼한다고 말한다. 우리 주변에 널리고 널린 고백이다. 게다가 그런 고백을 하는 사람을 '대단한 신앙'을 가진 사람인 양 생각한다.

다시 하던 이야기로 돌아가자. 하나님이 사탄도 100퍼센트 완전하게 주관한다는 기독교의 교리를 있는 그대로 받아들일 때, 자연스럽게 따라오는 질문이 있다.

"그럼 왜 하나님은 사탄이 이렇게까지 강해지게 놔뒀을까요?"

정말로 궁금하다. 다른 이도 아닌, 하나님의 외아들이 죽어야 할 정도의 상황까지 가도록 내버려 둔 이유가 대체 무엇일까? 말도 못 할 정도의 억울한 고통이 끊이지 않을 정도로 사탄이 활개 치도록 놔두는 이유가 도대체 무엇일까? 기독교는 그 원인을 인간에게서 찾는다. 우리 인간이 잘못해서, 애초에 에덴동산에서 잘못해서 뼛속까지 썩어버린 전적으로 타락한 존재, 아예 희망이라고는 없는 존재인 인간에게서 찾는다. 이 모든 게 애초에 사탄의 유혹에 넘어간 이 못난 인간 때문이라고 말한다.

하나님이 전능하다고 고백하면서도 인간에게 책임을 돌리는 이런 주장은 대단히 성숙한 신앙고백 같지만, 사실은 엄청난 모순일 뿐 아니라 동시에 하나님의 전지전능을 전적으로 부정하는 신성모독이다. 그런데 이런 고백을 하는 기독교인은 그런 사실을 잘 모른다. 사탄뿐 아니라 인간도 100퍼센트 통치하는 하나님이, 왜 그럼 애초에 인간이 전적으로 타락하게 방치했는지 결코 답할 수 없다. 그냥 무조건 전적으로 타락해서 그렇다고 말할 뿐이다. 100퍼센트 세상을 주관하는 전능하신 하나님과 신약성경의 어마어마한 사탄이 공존하는 한, 이 모순에서 빠져나올 길은 없어 보인다.

전적인 타락이라는 말이 나온 김에 여기서 또 하나의 실질적인 질문을 던져보자.

"사탄과 하나님 중에서 누가 더 센가?"

하나님은 분명히 자신의 형상(이미지)을 따라 인간을 만들었다. 그리고 매우 만족했다. 하나님이 보시기에 매우 좋았다고 스스로 고백했을 정도다. 그 점을 기억하면서 다음 예를 생각해보자.

하나님이 창조한 인간을 컴퓨터라고 가정해보자. 처음에는 바이러스에 전혀 오염되지 않고 아주 깨끗하게 잘 만들어졌다. 물론 하나님이 보시기에 좋을 정도였다면 안티바이러스 정도는 깔렸어야 할 것 같은데, 그게 깔리지 않았던지 그만 덜커덩하고 치명적인 바이러스가 들어왔다. 사탄의 유혹이다. 그래도 하나님이 만들었는데 파일 몇 개가 망가지더라도 다시 복구되어야 정상이 아닐까? 하지만 그렇지 않았다. 결과는 실로 처참했다. 바이러스 때문에 컴퓨터에 저장된 모든 파일이 싹 다 날아갔고, 아예 전원이 켜지지 않을 정도로 처절하게 망가졌다.

자, 이게 전적으로 타락한 인간의 상태라면 다시 물어보자.

"애초에 컴퓨터를 만든 이가 더 강할까, 아니면 바이러스를 프로그램한 이가 더 강할까?"

대답은 뻔하다. 바이러스를 만든 존재가 훨씬 더 강하다. 즉 사탄이 더 강하다는 말이 된다. 그런데도 하나님은 전지전능하고 사탄도 다 하나님의 '경륜 안에서' 움직인다는 기독교의 주장은, 바이러스 때문에 컴퓨터가 아예 켜지지 않는데도 컴퓨터 만든 사람이 바이러스 만든 사람보다 더 뛰어나다고 말하는 것과 조금도 다르지 않다. 결국 합리적으로 사고하는 사람이라면 이런 주장 앞에서 혼란을 느끼지 않을 방법이 없다.

영화 〈나니아 연대기〉를 보면, 예수로 상징되는 사자가 사탄을 상징하는 마녀를 찾아간다. 그 사자는 갈기까지 깎이는 수모를 겪으며 비참한 죽임을 당한다. 이게 기독교 신자인 『나니아 연대기』의 작가 C.S.루이스[6]가 생각하는 사탄의 위상이다. 히브리 성경에서는 차마 상상도 할 수 없는 이야기다.

"무슨 소리예요? 그 사자가 다시 살아났잖아요? 더 당당한 사자로 부활했잖아요? 당신 영화 끝까지 안 보고 중간에 나가서 그런 소리 하는 거 아니에요?"

그러나 진짜 사자라면 상대도 되지 않는 하이에나 한 마리 때문에 애초에 죽지 않는다. 그게 정상이다. 신약성경에서 예수는 우리의 죄 때문에 죽었다. 그 정도로 죄의 문제가 심각하고, 인간은 죄 때문에 뼛속까지 썩은 존재다. 전적으로 부패한 존재다. 하나님이 만든 최고의 걸작인 인간을 이렇게 전적으로 타락시킨 엄청난 힘을 가진 사탄을 두고, 하나님이 사탄을 100퍼센트 주관한다고 누가 자신 있게 말할 수 있을까? 그런데 사탄의 힘은 인간 개인을 오염시키는 수준을 넘어서 상황은 더 심각하다. 신약성경에 의하면 사탄은 지금 이 세상을 아예 다스리기 때문이다. 말 그대로 이 세상의 지배자이기 때문이다.

만일 우리의 복음이 가리었으면 망하는 자들에게 가리어진 것이라. 그중에

---

6   Clive Staples Lewis, 1898~1963.

이 세상의 신이 믿지 아니하는 자들의 마음을 혼미하게 하여 그리스도의 영광의 복음의 광채가 비치지 못하게 함이니, 그리스도는 하나님의 형상이니라.

(고린도후서 4:3-4)

다른 사람도 아닌 고린도후서를 쓴 바울이 사탄을 "이 세상의 신god"이라고 부른다. 명실상부하게 이 세상을 다스리는 신이다. 바울의 이야기를 더 들어보자.

피조물이 고대하는 바는 하나님의 아들들이 나타나는 것이니. 피조물이 다 이제까지 함께 탄식하며 함께 고통을 겪고 있는 것을 우리가 아느니라.

(로마서 8:19, 22)

사탄이 지배하는 온 세상이, 온 피조물이 지금 썩어서 '그날'만을 기다리고 있단다. 이 세상을 지배하는 사탄 때문이다. 도대체 하나님은 어디 가셨나? 사탄이 어떻게 이렇게까지 온 세상을, 온 우주를 다 집어삼킬 수 있었을까? 세상은 지금 사탄의 지배 아래에서 신음하고 있다.

바이러스에 감염된 컴퓨터의 예를 다시 들자면, 바이러스가 컴퓨터 하나뿐만 아니라, 그 컴퓨터와 네트워크로 연결된 온 세상의 모든 컴퓨터, 그러니까 인터넷 세상 전부를 망가뜨린 것과 다르지 않다.

마귀의 간계를 능히 대적하기 위하여 하나님의 전신갑주를 입으라. 우리의 씨름은 혈과 육을 상대하는 것이 아니요, 통치자들과 권세들과 이 어둠의 세상 주관자들과 하늘에 있는 악의 영들을 상대함이라.

(에베소서 6:11-12)

바울에게 사탄은 실로 엄청난 존재였음이 틀림없다. 무엇보다 바울에게 사탄은 거의 하나님과 동등하게 맞상대하는 존재였다. 왜냐하면 사탄과 싸우려면 '하나님의 전신갑주'가 필요하기 때문이다. 우리 인간만의 힘으로는 무엇도 할 수 없다. 마치 〈아이언맨〉[7]의 주인공, 토니 스타크가 특수 제작한 슈트를 입지 않으면, 아무것도 할 수 없는 것과 같은 이치다.

어떻게 신약성경의 사탄은 히브리 성경 속 사탄과 이렇게까지 다를까? 바울만이 아니다. 예수도 이 땅에 사는 동안 사탄을 대단한 존재로 보았다.

> 너희는 너희 아비 마귀에게서 났으니, 너희 아비의 욕심대로 너희도 행하고자 하느니라. 그는 처음부터 살인한 자요, 진리가 그 속에 없으므로 진리에 서지 못하고 거짓을 말할 때마다 제 것으로 말하나니 이는 그가 거짓말쟁이요 거짓의 아비가 되었음이라.
>
> (요한복음 8:44)

무엇보다 그는 사탄을 하나님의 명령과 관계없이 주체적으로 행동하는 존재로 보았다. 이 부분에서 오로지 하나님의 명령만을 수행하는 히브리 성경의 사탄과 180도 다르다. 히브리 성경에 의하면 분명히 사탄은 하나님의 심부름꾼일 뿐인데, 왜 예수는 사탄을 주체적 존재라고 할까? 미스터리 중의 미스터리가 아닐 수 없다. 히브리 성경의 하나님과 신약성경의 예수가 근본적으로 심각한 의견 차이를 보이는 부분이다. 아무튼 예수까지 인정한 이런 사탄의 위상을 볼 때, 사탄이 사실상 하나님의 100퍼센트 통치 아래

---

7   〈아이언맨〉(존 파브로 감독, 2008).

있다는 기독교의 주장이 허무하게 들릴 수밖에 없다.

예수는 여기서 한 걸음 더 나아가 사탄을 아예 "이 세상의 임금"이라고 부른다. 그 결과 예수조차도 다가오는 사탄 때문에 제자들과 길게 이야기할 수 없을 정도였다.

이 후에는 내가 너희와 말을 많이 하지 아니하리니, 이 세상의 임금이 오겠음이라.

(요한복음 14:30)

더 놀라운 사실이 있다. 바울에 의하면 부활 승천해서 하나님 오른쪽에 앉은 예수조차도 사탄을 대단하게 생각했다. 바울이 예수를 만나고 회심했던 다메섹 도상에서 환상 속의 예수는 바울에게 직접 이렇게 이야기했기 때문이다.

내가 대답하되, 주님 누구시니이까. 주께서 이르시되, 나는 네가 박해하는 예수라. 일어나 너의 발로 서라. 내가 네게 나타난 것은 곧 네가 나를 본 일과 장차 내가 네게 나타날 일에 너로 종과 증인을 삼으려 함이니. 이스라엘과 이방인들에게서 내가 너를 구원하여 그들에게 보내어 그 눈을 뜨게 하여 어둠에서 빛으로, 사탄의 권세에서 하나님께로 돌아오게 하고 죄 사함과 나를 믿어 거룩하게 된 무리 가운데서 기업을 얻게 하리라, 하더이다.

(사도행전 26:15-18)

예수는 어둠과 빛처럼 사탄의 권세와 하나님의 권세를 병렬적인 관계,

그러니까 대등한 관계로 묘사한다. 마치 애플의 아이폰을 쓰던 사람이 삼성의 갤럭시로 바꾸듯이 말이다. 아이폰과 갤럭시를 두고 어떤 게 더 좋다고 말하기 어려운 것처럼, 어둠과 빛 중에서 누가 더 강하다고 할 수 없다. 때로는 어둠이 빛을 삼키고 때로는 빛이 어둠을 몰아낸다. 어둠이 빛에게 종속되었다고 할 수 없고, 빛이 어둠에게 붙잡혀 있다고도 할 수 없다. 그게 신약성경의 사탄이다. 예수조차 인정한 사탄의 위상이다. 이미 부활해서 하늘로 승천까지 한 예수가 인정하는 사탄의 힘이다.

결론적으로 신약성경 속 사탄은 하나님 빼고는 누구도 감히 상대할 수 없는 엄청난 존재다. 심지어 부활 승천한 예수마저도. 사탄은 전 우주를 충격에 빠뜨리고 자연마저 구원을 고대하게 만들었을 뿐 아니라 인간의 구원 여부에도 큰 역할을 한다. 이런 사탄이기에 영적 세계의 최순ㅇ이라고 불러도 조금도 과장이 아니다. 최순ㅇ은 고작해야 대한민국의 국정을 농단하다가 감옥에 갔지만, 사탄은 지금도 온 우주를 농단하고 있다.

어떻게 보면 이런 사탄의 위상은 당연한지도 모른다. 기독교는 사탄의 기원을 애초에 '타락한 천사', 즉 하나님께 반역한 존재로 보기 때문이다.[8] 누군가가 하나님을 반역할 수 있다는 이야기는 예수의 제자들 사이에서

---

8 사탄을 반역한 천사로 보는 것은 기독교 신학이 히브리 성경을 오역했기 때문이다. 기독교는 사탄의 기원으로 이사야서 14장 12절부터 14절까지를 지목한다. "너 아침의 아들 계명성이여, 어찌 그리 하늘에서 떨어졌으며 너 열국을 엎은 자여 어찌 그리 땅에 찍혔는고. 네가 네 마음에 이르기를 '내가 하늘에 올라 하나님의 뭇 별 위에 내 자리를 높이리라. 내가 북극 집회의 산 위에 앉으리라. 가장 높은 구름에 올라 지극히 높은 이와 같아지리라 하는도다." 여기 등장하는 금성에 해당하는 '계명성'이 사탄이다. 그러나 이 계명성으로 표현된 인물은 사탄이 아니라, 이사야서를 쓰던 당시에 악명을 떨치던 바벨론의 왕 느부갓네살을 가리킨다. 이사야 선지자는 14장을 시작하면서 이 예언이 누구에 대한 것인지 분명하게 말했다. "여호와께서 아픔과 불안과 네가 당해야 했던 심한 노동에서 네게 쉼을 주시는 그날에 너는 바벨론 왕을 비꼬아 이런 이야기를 만들어 노래할 것이다. 웬일이냐. 폭군이 없어지다니! 그 난폭함이 사라지다니!" 그런데 어떻게 여기에서 '사탄'을 끄집어낼 수 있었는지, 기독교 신학의 창의력이라고 해야 할까?

배신자가 나온 사실만큼이나 충격적이다. 전능한 하나님이 천사 중 하나가 반역하려는 마음을 몰랐을까? 그게 아니면, 알면서도 놔뒀나?

이것저것 다 떠나서 내부에서 반역자가 나올 정도의 지도자라면, 그 리더십에 심각한 문제가 있는 건 아닐까? 이처럼 사탄의 위상이 올라갈수록 결과적으로 하나님의 권위는 아래로 떨어질 수밖에 없다. 그런 상황을 변명하기 위해 도통 이해가 불가능한 '신학적 궤변'이 난무할 뿐이다.

이런 사탄의 위상이 유일신 하나님을 얼마나 심각하게 훼손하는지 신약성경의 저자들은 전혀 몰랐을까? 어떤 면에서 신약성경의 하나님은 '내가 전지전능하긴 하지만 사탄도 워낙 강하니까……' 하고 핑계를 대는 것 같다. '그래서 내가 이렇게 아들까지 보내서 죽게 했잖아' 하고 변명하는 것 같다.

지금도 그 하나님은 십자가를 통해서 사탄의 세력을 확실하게 제압했다고, 에덴동산에서 선포했듯이 여자의 후손이 뱀의 머리를 부쉈다며 인간을 다독이는지도 모르겠다. 그런데 지금 우리 주변 세상이 돌아가는 모습을 보면, 머리가 부서진 뱀치고는 그 힘이 너무 막강하다. 여전히 이 세상의 50퍼센트, 아니 70퍼센트 이상을 지배한다는 느낌을 도저히 버릴 수 없다.

여기서 우리가 기억해야 할 중요한 사실이 있다. 앞에서도 잠시 언급했지만, 하나님과 거의 동등한 힘을 가진 사탄이 존재한다는 이분법적 사고는 사실상 인간에게 위로를 준다. 인간은 자신이 결정하고 책임지기보다는 '이 세상을 지배하는 나쁜 세력이 있어서 어쩔 수 없지'라고 생각하는 게 더 편한 존재이기 때문이다.

"내 잘못이 아니에요. 귀신 들려서 그런 거예요. 내가 그때 잠시 뭔가에 씌었나 봐요."

잘한 것에 대해 인정받고 싶은 갈구만큼이나 잘못에 대한 책임을 회피하려는 인간의 욕망을 충족하는 데 사탄은 없어서는 안 되는 존재다. 그래서 신약성경의 사탄은 히브리 성경 속의 사탄을 신적 존재로 진화시켰다. 그 결과 헬레니즘이 뿌린 이원론적 기독교 사상은 책임지기 싫은 인간의 이율배반적 욕망을 자양분 삼아 지난 2,000년간 인류를 지배할 수 있었다. 굴러온 기독교가 박힌 유대교를 몰아낼 수 있었던 이유 중 하나다.

인간의 마음에 이원론처럼 매혹적인 것도 없다. 이 세상을 전 우주적 힘을 가진 하나님과 사탄의 싸움으로 이해하는 이원론은 감동적이고 또 동시에 자극적이다. 게다가 안락함을 바라는 우리 인간의 본성에도 잘 들어맞는다. 스스로 노력해서 선해질 가능성을 아예 포기하고 대신 신의 전능함에 자신을 의탁하고 그 품에 안겨 있으니 '이제는 안심이다'라는 생각은 달콤하다. 게다가 마음에 들지 않는 누군가를 악의 세상에 속한 것으로 단정하고 얼마든지 가학적으로 공격하면서도 양심의 가책을 느낄 필요가 없다는 점에서도 이분법은 인간에게 매혹적이다. 그러나 악의 세상에 속했다고 단정하는 그룹은 보통 힘없는 대상일 때가 많다. 왜냐하면 공격해야 할 대상이 힘이 있다면 (인간이 하기 싫어하는) 실제적인 투자와 헌신이 필요하기 때문이다.[9]

이원론 아래에서는 힘없는 상대를 공격해도 비겁하다고 느낄 필요가 없다. 왜냐하면 상대를 악의 세력으로 규정하면 간단하기 때문이다. 세상을 선과 악으로 나누는, 하나님과 사탄의 싸움으로 나누는 사고방식은 비겁

---

9   Hyam Maccoby, *Revolution in Judea*(Orbach and Chmbers, 1981), p.193.

함마저도 특별한 존재감으로 바꿔준다. 한 걸음 더 나아가 어떤 거짓도 합리화할 수 있다. 목적만 선하다면 과정은 상관없다는, 거짓이 있어도 얼마든지 괜찮다는 데까지 자연스럽게 나아간다.

지금 한국사회에서, 특히 교회에서 흔히 보는 풍경이다. 한국교회에 이런 식의 이분법처럼 자연스러운 것은 없다. 자신의 시각에 따라 '하나님의 영광을 높이는 사람'과 '하나님의 영광을 가리는 사람'으로 나눈다. 내 마음에 들면 '하나님의 사람'이고, 내가 보기 싫으면 '사탄의 자식'이다. 얼마나 쉽고 편한 방식인가? 그뿐만 아니라 죄를 짓고도 형식적으로 회개만 하면, 나야 언제나 특별한 존재이므로 면죄부를 받는다. 설혹 '진짜' 잘못했더라도 궁극적 원인은 언제나 사탄에게 있다. 나는 문제가 없는데 잠시 사탄의 시험에 빠졌기 때문이다. 이제 회개했으니까 다시 모든 게 원상복귀되었다. 할렐루야!

이 모두가 하나님의 맞은편에 서서 당당하게 세상의 빛과 어둠을 양분하는 신약성경 속 사탄이 등장했기 때문에 가능해졌다. 그러나 히브리 성경에 의하면 사탄은 안종0에 불과하다. 수첩을 들고 열심히 메모하는, 스스로 선택할 수 없는, 그래서 자유를 가진 인간과는 차마 비교조차 할 수 없는 하찮은 존재다.

따라서 히브리 성경은 죄도 인간 스스로 얼마든지 감당할 수 있다고 한다. 히브리 성경에 의하면 이 세상은 단 1초도 사탄의 지배 아래 있었던 적이 없다. 울부짖는 사자처럼 인간을 먹으러 다니는 사탄, 공중에 권세 잡은 사탄, 그런 힘을 가진 사탄은 애초에 존재하지 않는다. 오로지 하나님 한 분만이 이 세상을 책임지고 통치하기 때문이다. 어둠과 재앙 그리고 비극도 다 하나님이 주관한다. 사탄은 철저한 심부름꾼에 불과하다. 하나님은 이사야서 45장 7절에서 분명히 선언했다.

　나는 빛도 짓고 어둠도 창조하며 나는 평안도 짓고 **환난**도 창조하나니 나는
여호와라 이 모든 일들을 행하는 자니라 하였노라.

　이 구절은 중요하다. 기독교 신학에 의하면 사탄은 하나님이 만들지 않
았다. 완전한 선, 하나님이 사탄 같은 악을 창조할 리 없기 때문이다. 대신
스스로 반란을 저지른 천사가 사탄이 되었다고 한다.[10] 그러면서 동시에
하나님은 모든 것을 다 아는 전지한 존재다. 당연히 질문이 떠오른다.
　전능한 하나님이니까 천사의 반란도 미리 알았을 텐데, 알면서도 그냥
둔 것은 완전한 선함과 위배되지 않나?
　아무튼, 하나님이 악을 창조할 리 없다고 확신한 새국제성경(이하 NIV로 표
기) 편집자는 이사야서 45장 7절의 단어 하나를 수정했다.

　평안도 짓고 환난도 창조하나니.[11]

　NIV가 '환난disaster'이라고 번역한 히브리어는 '라'이고, 이 단어의 뜻은
'악evil'이다. 따라서 이사야서 45장 7절을 제대로 번역하면 이렇게 했어야
한다.

10　이런 설명도 사실 한 꺼풀 벗기면 궤변에 불과하다. 사탄이 되어버린 천사를 애초에 누가 만들었
　　는가?

11　"I form the light and create darkness, I bring prosperity and create disaster: I, the LORD, do all these
　　things."(NIV) "I form the light, and create darkness: I make peace, and create evil: I the LORD do all
　　these things."(KJV)

나는 빛도 짓고 어둠도 창조하였으며 평안도 짓고 악도 창조하나니. 나는 여호와라 이 모든 일들을 행하는 자니라 하였노라.

그러나 모든 한글성경도 새국제성경을 따라 히브리어 '라'를 악이라고 하지 않고, 환난 또는 재앙으로 번역했다. 읽는 사람이 이렇게 생각하도록 하기 위해서다. '아, 하나님이 모든 재앙, 재난까지도 다 주관하시는 게 당연하지. 온 우주와 자연을 다스리는 분이 하나님이니까 말이야.' 그러나 히브리 원문은 그런 의미가 아니다.[12] 신명기 30장 15절에서도 같은 단어 '라'가 나오지만 NIV와 한글성경은 여기서도 '악'이라는 단어를 빼고 대신 '멸망'이라는 단어를 넣었다.

보라. 내가 오늘 너희 앞에 생명과 번성, 죽음과 멸망을 두어.
See, I set before you today life and prosperity, death and destruction.[13]
(신명기 30:15)(NIV)

이런 의도적 오역이 있지만 이 구절의 의미는 분명하다. 하나님은, 빛은 나의 것이지만 어둠은 사탄에게 속했다고 말하지 않는다. 하나님은 선뿐만 아니라 악까지도 만들었다고 말한다. 말 그대로 100퍼센트 세상을 통치하고 책임지는 존재라고 선포한다. 그렇기에 히브리 성경의 하나님에게

---

12   "Who forms light and creates darkness, Who makes peace and creates evil; I am the Lord, Who makes all these."(Chabad version) "누가 빛을 구성하고 어둠을 창조했는가, 누가 평화를 만들고 악을 창조했는가, 나는 하나님이다. 이 모든 것을 내가 만들었다."

13   "See, I have set before thee this day life and good, and death and evil."(KJV)

라이벌은 있을 수 없고, 애초에 아들을 보내서 죽여야 할 정도로 심각한 문제도 이 세상에는 없었다. 하나님이 이 세상의 악을 없애고자 했다면 그다지 복잡한 과정을 거치지 않고 단숨에 처리할 수 있었다. 왜냐하면 악조차도 애초에 하나님이 만들었기 때문이다. 자동차를 만든 사람보다 자동차를 더 잘 아는 사람은 없다. 컴퓨터를 조립한 사람보다 컴퓨터를 더 잘 아는 사람은 없다. 하나님에게 스스로 만든 악을 없애는 건 아무런 문제가 아니다.

하나님에게 이 세상을 악 없는 '멸균 세상'으로 만드는 건 조금도 어렵지 않다. 그러나 하나님에게는 죄 없는 세상보다 더 중요한 것이 있다. 그것은 스스로 선택하고 그 선택에 책임지는 자유로운 인간이다. 아예 죄가 멸균된 세상과 죄를 짓지만 책임지는 인간이 살아가는 세상 사이에서, 하나님은 후자를 선택했다고 히브리 성경은 말한다. 무엇보다 히브리 성경에 의하면 인간은 사탄보다 위대하다. 사탄에게는 자유의지가 없기 때문이다. 하나님이 시키는 일만 하는 존재다. 사탄은 스스로 거역할 수 있는 능력이 애초에 없다. 그는 결코 하나님의 뜻을 거슬러 무엇도 스스로 할 수 없다. 아니, 그보다도 못하다.

그런데 그런 사탄 때문에 하나님의 위대한 창조물인, 인간이 뼛속까지 썩었다고? 전적으로 타락했다고? 상상도 할 수 없는 이야기다.

유대교에서 볼 때, 죄sin는 살아 있는 무엇a person이 아니다. 죄는 그냥 하나의 사건event일 뿐이다. 사건은 어제 발생했다. 어제는 어젯밤으로 끝났고 오

늘은 새로운 날이다.[14]

바로 이게 히브리 성경이 보여주는 사탄과 죄의 본질이다. 죄는 하나님에 버금가는 힘을 가진 사탄의 손에 쥐어서 인간을 뼛속까지 썩게 하는, 그런 주체적으로 살아 있는 '생물'이 아니다. 인간이 그때그때 감당할 수 있는 일회성 사건에 불과하다.

유대교와 기독교를 가르는 가장 중요한 단어가 있다면 그건 '자유의지'이다. 기독교가 말하는 예정론 등으로 가득한 '궤변의 자유의지'가 아닌 진짜 자유의지다. 에덴동산에서부터 인간은 스스로 결정했고, 그에 따른 결과를 책임졌다. 그게 인간이다.

그렇기에 자유의지가 아예 없는 사탄이 하나님께 반역한 천사라는 개념은, 히브리 성경의 기준으로 볼 때 생소함을 넘어 기이할 정도다. 아니, 아예 상상도 할 수 없는 개념이다. 반역은 오로지 자유로운 선택을 할 수 있는 존재에게만 가능하기 때문이다.

여기서 잠시 우리의 시선을 에덴동산으로 돌려보자. 기독교에 따르면 에덴동산은 인류 비극의 시작인 동시에 복음의 씨앗이 뿌려진 현장이기도 하다. 아담과 하와가 사탄의 유혹에 무릎을 꿇은 결과는 무엇인가? 인간의 전적인 타락은 말할 것도 없고 온 세상의, 우주 전체의 타락이다. 선악과를 하나 따먹은 게 그 정도의 결과를 가져왔다. 특히 로마서는 에덴동산 이후 타락한 상황을 아주 자세하게 묘사한다. 이건 뭐, 선악과를 한 입 베어 문 것은 하나님이 6일간 이룬 천지창조에 버금갈 규모라고 해도 과언이 아

---

14   Rabbi Tovia Singer, *Let's Get Biblical*, Vol.2(RNBN, 2014), p.89.

니다. 아니, 보기에 따라 그 이상이다. 결과적으로 하나님의 아들이 인간이 되어 이 땅에 와서 죽어야 할 정도의 상황까지 이르렀다.

그럼, 조금 충격적인 이야기를 해보자. 유대교에 의하면 사탄의 역할은 인간에게 주어진 가장 큰 축복 중 하나다.

"뭐라고요? 사탄이 인간에게 축복이라고요?"

어떻게 사탄이 인간에게 축복이 될 수 있을까? 그건 사탄이 인간을 인간답게 만드는, 욕망을 불러일으키는 인간의 에고와 관련 있기 때문이다. 욕망이 없다면 그게 인간일까? 모든 욕망을 다 내려놓아서 물아일체[15]가 된 모습이 인간다운 걸까? 동시에 인간 사회에 유혹, 어려움, 장애 등이 없다면 어떤 모습이 될까? 결국 그런 것들, 우리가 부정적으로 보는 것들 때문에 인간 사회는 발전한다. 기독교도 영적으로 시험이 없는 신앙생활은 없고, 고통이 없는 축복은 없다고 한다. 인간은 고통과 유혹, 환난 때문에 더 인간다워진다. 비 온 뒤 땅이 더 단단해지는 것과 같다. 성적 충동이 있기에 사랑하는 한 사람에게만 충실한 것이 아름다운 것이 아닐까? 거짓말 한마디가 가져오는 유익이 없다면, 정직함을 지켜서 손해보는 사람의 당당함이 뭐가 그리 대단할까? 쉽고 편리한 비원칙이 만연하기에 원칙을 지키는 소수의 가치가 더 빛나는 게 아닌가? 더러운 욕망이 없어서 훌륭한 게 아니라, 싸워서 이겼기 때문에 자랑스러운 게 아닐까?

바로 그게 사탄의 역할이다. 그런 사탄의 역할을 맡은 누군가를 훈련소에서 신병을 가르치는 교관으로 보아도 좋고, 또 헬스장에서 들어 올리는 무거운 역기로 생각해도 좋다. 오늘도 하나님의 명령을 받은 사탄은 어

---

15   물아일체物我一體: 외물外物과 자아, 객관과 주관 또는 물질계와 정신계가 한데 어울려 하나가 됨.

디선가 나를 자극하며 열심히 일하고 있다. 나는 이런 사탄 때문에 더 나은 인간이 될 수도 있고 또 넘어질 수도 있다. 설혹 넘어진다고 해서, 내가 뼛속까지 썩은 희망 없는 존재라는 말은 전혀 아니다. 더 나은 인간이 되기 위해 다시 일어날 것이다. 인간이 궁극적으로 더 인간다워지도록 다그치는 역할을 맡은 존재가 다름 아닌 사탄이다. 이것이 바로 히브리 성경이 말하는 사탄의 모습이다.

정말 신상언의 말대로 사탄이 인류의 대중문화를 다 정복했다면, 이 땅에 사는 게 뭐 그리 재미있을까? 그래서일까? 기독교는 이 세상을 나그네라고 부른다. 교회는 우리에게 이 세상을 잠시 스쳐 지나가는 나그네로 살라고 가르친다.

기독교의 논리대로라면 정말 맞는 말이다. 사탄이 지배하는 이 세상에 제대로 된 게 있을 리 없기 때문이다. 제대를 꿈꾸는 군인처럼 천국에 갈 날만을 바라보며 하루하루 바둥거리면서 살아가는 나그네 인생이 맞다. 그래서일까? 기독교는 어려운 문제일수록 현실에서 답을 찾는 대신 미래로, 천국으로 미룬다. 모든 것은 희미하고 알 수 없으며 천국에 가야만 모두 제대로 볼 수 있다고 한다. '사랑은 언제나 오래 참고……'로 시작하는 그 유명한 바울의 고린도전서 13장 '사랑장'의 결론도 그렇게 말한다.

우리가 지금은 거울로 보는 것같이 희미하나 그때에는 얼굴과 얼굴을 대하여 볼 것이요. 지금은 내가 부분적으로 아나 그때에는 주께서 나를 아신 것 같이 내가 온전히 알리라.

(고린도전서 13:12)

답답한 이야기다. 진짜 궁금한 이유는 우리가 지금 이 세상에서 살고 있기 때문인데, 죽고 천국에 가야만 그 답을 알 수 있다고 말한다.

그런데 말이다. 이미 천국에 갔는데 뭐가 굳이 더 궁금할까? 아무튼 신약성경에 의하면 이 세상은 절망을 느끼게 할 뿐이다. 사탄이 지배하기 때문이다!

물론 기독교에 '나그네 사상'만 있는 것은 아니다. 이런저런 개념으로 '하나님의 나라'를 설명하면서 이 세상에 가치를 두려는 시도도 적지 않다. 그러나 정말로 기독교적 세계관에 충실하다면, 이 세상에 희망이 있다는 가능성을 애초에 부정해야 한다. 인간 자체가 희망 없는 존재이기도 하지만, 예수가 재림하기 전까지 이 세상의 실질적 지배자가 사탄이기 때문이다.

저 멀리 뵈는 나의 시온성 오 거룩한 곳 아버지 집
내 사모하는 집에 가고자 한밤을 새웠네
저 망망한 바다 위에 이 몸이 상할지라도
오늘은 이곳 내일은 저곳 주 복음 전하리

아득한 나의 갈 길 다 가고 저 동산에서 편히 쉴 때
내 고생하는 모든 일들을 주께서 아시리
빈들이나 사막에서 이 몸이 곤할지라도
오 내 주 예수 날 사랑하사 날 지켜주시리
날 지켜주시리.

〈저 멀리 뵈는 나의 시온성〉이라는 유명한 가스펠송 가사처럼 망망한 바다 위, 빈들이나 사막, 이게 바로 이 땅의 모습이다. 전적인 타락과 더불어 사탄이 지배하는 이 땅의 현실이다. 그러니 저기 아득하게 보이는 시온 성 외에 바랄 게 무엇이겠는가. 그런 의미에서 하루라도 빨리 천국에 가서 예수님 곁에 있고 싶다는 바울의 고백은 울림이 크다.

> 우리가 담대하여 원하는 바는 차라리 몸을 떠나 주와 함께 있는 그것이라.
>
> (고린도후서 5:8)

바울에게는 어쩌면 당연한 고백이다. 바울처럼 사탄의 힘을 잘 느꼈다는 사람도 없기 때문이다. 그러나 나는 바울의 이런 고백 때문에 적지 않은 세월을 열등감에 젖어 살았다. 왜 나는 바울처럼 이 세상 모든 게 다 배설물처럼 보이지 않는지, 나 스스로 자학했다. 이 세상을 떠나고 싶지 않은 내가 너무 싫었다. 사실 신약성경의 사탄관 또는 세계관으로 볼 때 하루라도 빨리 죽어서 천국에 가는 게 답인데도 빨리 죽는 것은 왜 이렇게 싫은 건지, 나 자신은 모순덩어리였다.

내가 고백하는 신앙과 나의 진심 사이에는 도저히 건널 수 없는 큰 간격이 있었다. 자신도 모르게 전적으로 타락한 것도 힘들고 억울해 죽겠는데, 게다가 이 세상의 지배자도 사탄인 이 상황에서 바울처럼 하루라도 빨리 예수님이 보고 싶어야 하는데, 그렇지 않은 나는 희망이 없는 존재 같았다.

그런데 지금 보면 나만 그랬던 것은 아니었다. 기독교인이라 해도 이 땅에서 하루라도 더 살고 싶은 갈망은 다른 어떤 종교인에게도 뒤지지 않기 때문이다. 아니, 오히려 더 집요한지도 모르겠다. 그렇기에 얼토당토않은 신유집회의 인기가 여전한 게 아닐까?

그게 다가 아니다. 동시에 자칭 지도층이라는 기독교인일수록 이 땅에서의 권력에 더 집요하게 매달리는 것 같다. 왜 그럴까? 사탄이 지배하는 이 세상에 뭐 바랄 게 있다고. 그러나 돈과 권력을 향한 기독교인의 욕망은 다른 종교인에 비해 그 정도가 더욱 강하다. 성공비결 설교의 인기가 교회에서 결코 사라지지 않는 이유다. 한 걸음 더 나아가, 아들에게 안정된 목사직을 세습하려는 아버지의 사랑은 다른 종교인의 아들 사랑보다 훨씬 더 깊은 것 같다.

2017년 정권이 바뀌고 장관으로 추천된 모 기독교인의 국회 인사청문회가 있었다. 인사 검증 청문회에서 그 후보자의 창조론 신앙과 관련한 질의 응답이 쏟아졌다.

질문: 제가 여쭤보는 것은 창조과학자들은 과학적인 근거를 가지고 6,000년이라고 주장하고 있다. 그 부분에 대해 후보가 동의하나.

대답: 동의하지 않는다. 저는 신앙적으로 믿고 있다.[16]

지구의 나이가 6,000년인 것을 동의하지는 않는데 믿고는 있다니, 이게 도대체 무슨 소리인가. 그런데 문제는 이런 식의 모순이 교회 안에서는 그다지 생소하지 않다는 데 있다.

"이 세상이 사실상 사탄의 손에 있지만, 나는 신앙적으로 하나님이 100퍼센트 사탄을 주관한다는 걸 믿습니다."

"사탄 때문에 하나님이 인간이 되어서 직접 죽어야 하는 상황까지 왔지

---

16   http://www.newsnjoy.or.kr/news/articleView.html?idxno=213040.

만, 그래도 사탄이 100퍼센트 하나님의 주관 아래 있다고 믿습니다."

이런 고백과 지구의 나이가 6,000년인 것은 동의하지 않지만, 신앙적으로 믿는다는 대답이 뭐가 다를까?

앞으로 더 살펴보겠지만, 사탄을 포함해 무수한 모순으로 뒤엉킨 기독교 신학은 결국 인간 속에 내적 균열을 일으킬 수밖에 없다. 오늘날 교회 안에서 벌어지는 엄청난 자기기만의 근본 원인은 다름 아니라 자기모순의 기독교 신학 때문이라고 생각한다. 기독교 신학은 '초월'이라는 이름으로 상식과 이성을 아예 포기하게 할 뿐 아니라, 믿음과 은혜라는 재갈로 생각 자체를 멈추게 하기 때문이다. 그렇기에 그 어디에서도 말이 안 되는 일들이, 교회에서는 얼마든지 말이 되는지도 모르겠다.

결론을 맺자. 기독교에 의하면 인간이 죄를 짓는 것은 다 사탄 때문이다. 그리고 사탄이 인간보다 더 강한 이상 그 싸움의 승부는 정해져 있다. 그래서 싸움도 내가 아닌 성령의 전신갑주, 즉 성령이 대신 싸워야만 이길 수 있다. 그러나 히브리 성경에 의하면 인간이 죄를 짓는 것은 사탄 때문이 아니다. 인간 스스로가 선택했기 때문이다. 인간이라는 존재는 때로는 좋은 일을, 때로는 나쁜 일을 선택한다. 그리고 그 결과를 전적으로 책임진다.

에덴동산을 시작으로 인간은 끊임없이 선과 악 사이에서 선택하며 살아 왔다. 하나님이 인간에게 선택의 자유를 허락했기 때문이다. 인간이 자유 의지를 가진 유일한 피조물이기에 감히 하나님의 형상을 닮았다고 할 수 있었다. 그런 인간에게 하나님은 선을 선택하면 복을 주고 악을 선택하면 벌을 준다고 했다. 그러니 제대로 선택하라고 인간을 다그쳤다. 그런데도 인간은 악을 선택할 때가 더 많다. 뼛속까지 썩어서가 아니라 자유롭기 때문이다. 그만큼 주체적이기 때문이다.

히브리 성경은 거기서 그치지 않는다. 이후 더 살펴보겠지만, 인간은 유토피아를 꿈꾼다. 메시아가 이 세상에서 이룰 유토피아를 히브리 성경은 끊임없이 꿈꾸게 한다. 유토피아는 인간의 선택이 사라진, 자유가 사라진 세상이 아니다. 지혜로운 통치자, 메시아가 와서 만들어가는 더 나은 세상을 의미한다. 최소한 더는 억울한 피를 흘리지 않는 현실 속의 진짜 세상을 의미한다. 유토피아는 선한 행위에는 복을 주지만, 악한 행위에는 그에 상응한 대가를 반드시 치르게 하는 공정함이 보장되는 세상이다.

히브리 성경이 신이 아닌 인간이 만들어가는 유토피아를 꿈꿀 수 있는 건, 지금부터 살펴볼 기독교와 달라도 너무 다른 인간관이 그 중심에 있기 때문이다.

─── 인간 ───
02

에덴동산은 유대교와 기독교를 가르는 극적인 장소다. 기독교에 따르면 에덴동산은 사탄이 처음으로 등장해 인간을 뼛속까지 죄악으로 물들인, 100조에 가까운 인간의 모든 세포를 하나도 남김없이 죄로 오염시킨, 그래서 그 죄가 자손만대까지 이어지게 한 비극의 현장이다.

그러므로 한 사람으로 말미암아 죄가 세상에 들어오고 죄로 말미암아 사망이 들어왔나니 이와 같이 모든 사람이 죄를 지었으므로 사망이 모든 사람에게 이르느니라.

(로마서 5:12)

그러나 유대교는 에덴동산을 그렇게 보지 않는다. 오히려 에덴동산에서 인간의 자유를 읽는다. 예를 들면 이런 것이다.

부모에게 순종하는 착한 자식이 있다. 부모의 명령이라면 한 번도 어긴 적이 없는 자식이다. 그 자식은 지천명인 나이 50을 넘어서도 여전히 부모가 시키는 대로만 한다. 부모가 이 닦으라고 하면, 밥을 먹다가도 당장 숟가락을 놓고 화장실로 뛰어간다. 세상에 이런 자식을 보면서 '효자'라고 기뻐할 부모가 있을까? 스스로 생각하고 판단할 줄 모르는 이런 자식을 보면서 흐뭇하게 웃음 짓는 부모가 있을까?

유대교에 따르면, 에덴동산은 당장 이 닦으라는 어머니에게 아들이 이렇게 말하는 현장이다.

"엄마, 나 아직 밥 먹고 있거든? 그러니까 조금 있다가 천천히 이 닦을게요."

항상 아버지의 등에 업혀서 사는 아들이 있다. 그날도 평소처럼 아버지 등에 편안히 업혀 있던 아들의 눈에 딱 자기만 한 아이가 업히지 않고 혼자 걸어가는 것이 보였다. 몇 걸음 뒤뚱뒤뚱 걷다가 어김없이 넘어지지만, 그때마다 다시 일어나 발걸음을 옮기는 그 아이를 보고 아들이 아버지의 등에서 내려왔다. 한없이 편안하고 아늑했던 그 넓은 등에서 내려와 혼자 걷기 시작했다.

유대교에 따르면, 에덴동산은 아버지의 등에서 내려온 아들이 새 출발의 발걸음을 뗀 현장이다. 그러니 에덴동산에 등장한 뱀이 사탄일 리 없다.[17]

---

17   적지 않은 랍비는 이 구절을 놓고 뱀이 하와에게 성적 욕망을 품었다고 해석한다. 아담과 하와의 성관계를 보면서 하와에게 성적 충동을 느낀 뱀이 아담을 제거하려는 목적으로 하와에게 접근했다는 생각이다. 기독교에서 성은 눌러야 할 죄악의 원천이라면, 유대교에서 성은 하나님이 주신, 말 그대로 최고의 선물이다. 가톨릭 신부는 말할 것도 없고 중세 수도사는 결혼하지 않고 자기 몸을 채찍으로 때리며 혹사하기도 했다. 금욕을 위해 자신의 고환을 스스로 자른 초대교회의 교부 오리게네스는 그런 면에서 기독교가 가진 성에 대한 거부감을 상징적으로 보여준다. 그러나 유대교의 랍비는 결혼하지 않는 사람을 이상하게 생각했다. 성을 죄악시하며 멀리하는 사람을 이해하지 못했다. 유대교에서는 아내와 뜨겁게 사랑해서 최대한 많은 자식을 낳는 것이 하나님이 주시는 가장 큰 축복이다. 그런 면에서, 결혼하지 않았을 뿐 아니라 성을 죄악시한 바울은 매우 독특한 인물이다. 그의 여성관은 기존 유대인, 특히 바리새인이라고 하기에 너무도 기이하다.

뱀은 말 그대로 간교한 역할을 한 동물일 뿐이다.

> 여호와 하나님이 지으신 들짐승 중에 가장 간교하니라.
>
> (창세기 3:1)

간교한 뱀의 말을 듣고 비록 실수하지만 그 실수를 발판 삼아 인간이 더 성장했다는 유대교의 시각과 사탄의 꼬임에 빠져 순식간에 '전적으로' '영원히 후세에 이어질 정도의 유전적 결함을 가진 존재'로 부패했다는 기독교의 시각은 달라도 너무 다르다.

"도대체 무슨 소리예요? 에덴동산에 사탄이 없다고요? 그럼 바로 뒤에 나오는 구절, 여자의 후손이 뱀의 머리를 상하게 한다는 말씀은 도대체 어떻게 이해하라는 거예요?"

> 내가 너로 여자와 원수가 되게 하고 네 후손도 여자의 후손과 원수가 되게 하리니, 여자의 후손은 네 머리를 상하게 할 것이요 너는 그의 발꿈치를 상하게 할 것이니라 하시고.
>
> (창세기 3:15)

기독교에서 여자의 후손은 예수를 의미한다. 즉, 이 구절은 예수가 뱀의 머리, 그러니까 사탄의 머리를 상하게 함으로 치명상을 주지만, 사탄은 고작해야 예수의 발꿈치를 아프게 할 정도의 타격, 그러니까 십자가상의 고통을 줄 뿐이라고 해석한다. 기독교가 말하는 '원시복음'이다.

그러나 유대교는 그렇게 보지 않는다. 그냥 쓰인 그대로 이 구절을 이해

한다. 뱀은 기어 다니기 때문에 사람의 발 또는 발목밖에 물 수 없다.[18] 뱀
이 펄쩍 뛰어올라 사람의 머리를 물순 없다. 그리고 뱀을 죽일 때 사람은
뱀의 머리를 찍는다. 머리(입)에서 독이 나오기 때문이다. 뱀을 잡겠다고 꼬
리를 때리는 사람은 없다. 그러다가는 오히려 뱀에게 물리기 십상이다. 게
다가 유독 뱀과 인간은 상극관계다. 가끔 뱀을 애완동물로 키우는 사람도
있지만, 여전히 뱀은 사람에게 가장 두렵고 징그러운 동물이다. 구절 그대
로 인간과 뱀 사이에 '증오심'이 있다고 말할 정도다.

　기독교는 이 구절 속 "여자의 후손"이라는 구절을 중요시한다. 왜냐하면
남자 중심의 사회에서 '여자의 후손'이라고 부르는 이유야말로 예수가 남
자의 정자 없이 오로지 마리아의 몸에서 태어난다는, '처녀탄생'의 예언이
라는 주장의 근거로 보기 때문이다. 그러나 유대교는 '여자의 후손'이라는
말에도 특별한 의미를 두지 않는다. 히브리 성경 다른 곳에서도 여자의 후
손이라는 구절이 쓰였기 때문이다. 다름 아닌 천사가 아브라함의 첩인 하
갈에게 말하는 대목이다.

　여호와의 사자가 또 그에게 이르되 내가 네 씨를 크게 번성하여 그 수가 많
　아 셀 수 없게 하리라.

　(창세기 16:10)

　흔히 하갈의 아들인 이스마엘을 이슬람의 원조로 본다. 기독교식으로
'여자의 후손'을 해석한다면 지금 천사는 이슬람교를 통해서 메시아를 보

18　　창세기에 나오는 뱀에 대한 저주를 근거로 기독교인 중에는 뱀에게 원래 다리가 있었다고 생각
　　하는 사람이 적지 않다. 그럼 뱀은 창세기의 저주대로 '흙'만 먹고 사는 동물일까?

내겠다는 말일까? 아니면 이스마엘이 처녀의 몸에서 나온다는 말일까? 이미 하갈은 아브라함과 동침해서 아이를 가졌는데도?

다시 말하지만 유대교에서 에덴동산이 중요한 이유는 인간의 자유의지 때문이다. 선악과를 따먹음으로 인간은 비로소 자유롭게 선택하고 책임지게 되었다. 선한 일을 하면 하나님에게 상을 받고, 악한 일을 하면 벌을 받는 독립적 존재가 되었다. 하나님은 스스로 선택해서 '불순종'한 아담 부부에게 분명한 벌을 내려 그 사실을 명확하게 보여주었다. 그러나 그게 반드시 비극만은 아니다. 에덴동산에서 쫓겨났지만, 100퍼센트 하나님이 주는 것만 먹고살던 어린아이에서 스스로 농사를 지어서 먹고사는 성인으로 독립했음을 의미하기 때문이다.

여자는 또 어떤가? 배가 아파서 아이를 낳아야 자식에 대한 모성애가 더 커진다. 소중한 것일수록 고통 속에서 탄생하지 않던가. 그렇기에 에덴동산에서 추방조차 비극이 아니라 독립된 인간이 딛는 '자유를 향한 첫 발걸음'이라는 상징적 의미가 있다. 이런 유대교의 해석에 따르면 인간이 에덴동산에서 타락해 죄로 오염된 유전자를 가진 게 아니라, 오히려 독립함으로써 주체적 유전자를 갖게 되었다.

에덴동산을 독립이 아닌 타락의 현장으로 보는 한 창세기는 처음부터 이해하기 어려워진다. 특히 1장부터 나오는 '하나님의 기쁨'은 당황스럽기조차 하다.

하나님이 지으신 그 모든 것을 보시니 보시기에 심히 좋았더라.

(창세기 1:31)

'아니, 뭐가 그렇게 좋았다는 거지?' 이런 의문이 들지 않는 게 더 이상하다. 이미 창세 전 하나님에게 반란을 일으킨 사탄이라는 막강한 존재가 조만간 인간을 포함한 전체 피조물 세계를 완전 쑥대밭으로 만들 텐데.

도대체 뭐가 그리 좋다는 거지? 아담과 하와가 선악과를 먹고 온 인류를 죄악의 저주로 밀어넣을 텐데. 도대체 뭐가 좋다는 거지? 예수의 이름조차 모른 채 태어날 수십, 수백억의 인류가 아담에게서 유전된 죄로 인해 영원히 지옥 불에서 고통을 당할 텐데. 도대체 뭐가 그리 좋다는 거지?

기독교 신학에 갇혀 있는 한, 피조물을 보면서 좋다고 만족하는 하나님을 전혀 이해할 수 없다. 온 세상을 오염시킬 신종 전염병의 숙주를 배양한 사악한 천재 생물학자가, 죽어갈 인간들을 생각하며 연구실 구석에서 혼자 키득거리는 것과 크게 다르지 않기 때문이다. 그나마 하나 가능한 설명은 '하나님이 창세기 3장에서 바로 나올 아담과 하와의 불순종을 전혀 몰랐기 때문이다'인데 이건 기독교 신학이 절대 받아들일 수 없다.

하나님이 누구인가? 전지전능한 신이 아닌가? 그렇기에 기독교 신학은 결코 '만드신 모든 것이 좋았다'는 하나님을 설명할 수 없다.

하나님의 기쁨을 이해하는 길은 단 하나, 아담과 하와의 불순종이 반역이 아니라 성장이라고 보는 시각이다. 21세기 기독교적 시각에서는 이해할 수 없지만, 유대교는 말할 필요도 없고 초기 기독교도 에덴동산을 비극적으로 해석하지 않았다. 비록 바울의 가르침을 충실하게 따른 초기 기독교였지만, 인간의 시작인 에덴동산에서 '원죄'를 읽어내는 데까지는 상상력이 차마 미치지 못했다. 적어도 기독교 역사상 가장 위대한 신학자 중

한 명으로 추앙하는 아우구스티누스[19]가 등장하기 전까지는 그랬다. 그러나 그가 나타나면서 모든 것이 달라졌다.

아우구스티누스는 과거와 전혀 다른 패러다임으로 에덴동산을 읽어낸 놀라운 상상력의 소유자였다.

아우구스티누스는 아담과 하와 이야기를 이전의 대다수 유대인과 기독교인들과는 다르게 읽었다. 수 세기 동안 인간의 자유에 대한 이야기로 읽혔던 아담과 하와 이야기는 아우구스티누스에 의해 인간의 속박에 관한 이야기로 바뀌었다. …… 오늘날에도 가톨릭이나 개신교의 많은 교인들은 아담과 하와 이야기에서 원죄를 읽어내고 있다. 아우구스티누스 시대에 다양한 기독교인들은 그의 이론에 반대했고, 일부는 그의 이론을 심하게 논박했다. 하지만 불과 몇 세대도 지나지 않아 인간의 자유에 대한 전통적 관점을 고수하던 기독교인들은 이단으로 파문당하게 된다.[20]

스스로 책임지는 인간관을 가졌던 시대에 아우구스티누스가 느닷없이 에덴동산에서 원죄설을 끄집어내자, 기독교 안에서조차 반론이 일었다. 그러나 정통은 반드시 옳아서 정통이 된 게 아니다. 숫자가 많으면 무엇이든 정통이 될 수 있고, 숫자가 적으면 어떤 진리도 한순간에 이단으로 낙인찍힐 수 있다. 정통과 이단을 가르는 것은 '누가 주류인가'에 달렸다. 그리고 주류는 언제나 당시 사회환경(또는 인간의 욕망)을 더 정확하게 읽은 세력의 몫이다. 여전히 하루 세 끼를 먹기 힘든 사회에서 누군가 나서서 '개인의

---

19   Sanctus Aurelius Augustinus, 354~430.

20   일레인 페이걸스, 류점석·장혜경 옮김, 『아담, 이브, 뱀: 기독교 탄생의 비밀』(아우라, 2010), 26쪽.

인격과 개성 존중'을 강조한다면, 그 목소리는 오래지 않아 '잘살아보세'라는 구호[21]에 묻혀 사라질 것이다. 아우구스티누스의 원죄설이 기존의 긍정적이고 책임지는 인간관을 밀어낸 데는, 당시 정치사회적 상황이 큰 역할을 했다. 당시를 이해하는 데 매우 중요하기 때문에 카렌 암스트롱의 긴 글을 인용한다.

서구 세계에서 이 시기(아우구스티누스가 활동하던 시기)는 어둡고 두려운 시대였다. 야만족이 유럽을 침입해 로마제국을 몰락시키기 시작하였다. 당시 서구 기독교인은 성모 마리아의 순결한 육체를 지키듯 그들의 신학적 교리를 미개한 이방 민족의 허위 교리로부터 온전히 지켜야 한다는 긴박감에 사로잡혀 있었다. 로마제국의 몰락은 아우구스티누스의 원죄에 관한 교리 형성에도 지대한 영향을 끼쳤다. 아우구스티누스는 신이 아담의 죄로 인해 모든 인류에게 영원한 파멸의 운명을 내렸다고 믿었으며, 이러한 믿음은 그 이후 서구인의 세계관의 핵심을 이루었다. 아우구스티누스의 원죄 교리의 기본 요지는 아담의 원죄가 색욕concupiscence에 의해 더럽혀진 성행위를 통해 모든 인류 후

---

21 박정희의 유신 시대를 여러 가지로 표현할 수 있지만, 새마을운동으로 대표하는 '잘살아보세'도 그중 하나다. 배고픈 사람들이 잘살아보겠다는 데에 문제를 삼을 수 없다. 그러나 그 구호 하나에 모든 불의와 악행이 다 덮인 사회였다는 것이 문제다. 독재도, 고문도, 성차별도, 획일화도. 인간을 인간답게 만드는 모든 가치가 '잘살아보세'라는 구호가 울려 퍼지는 순간 연기처럼 사라질 수 있는 사회였다는 것이, 온갖 불의를 조금의 양심의 가책이 없이 자행할 수 있는 사회였다는 것이 문제였다. 당시 한국교회도 그 '잘살아보세'에 편승해 성장했다. '잘살아보세' 당시에 승승장구했던 교회가 왜 개인의 권리를 중시하는 시대가 오자 답보상태에 빠졌을까? 고민해볼 만한 주제다. 교회 지도자가 '잘살아보세'를 그리워하고, 그 시대를 상징하는 정치권력에 기웃거리는 것은 어쩌면 당연한지도 모르겠다. 그러나 그 자체로서 한국교회는 스스로 모순에 빠진다. 어린 시절 열심히 불렀던, 〈잘살아보세〉라는 노래의 마지막 가사는, "부귀영화는 우리 것이다"이다. 안타깝게도 한국교회가 가장 간절히 원하는 게 행여 바로 이 가사가 아닐까? "부귀영화는 우리 것이다."

손에게 이어진다는 것이었다. 색욕은 신보다는 인간에게서 쾌락을 추구하려는 비이성적 욕망으로서, 인간의 이성이 격정에 사로잡혀 신을 완전히 잊고 인간끼리만 쾌감을 나누는 방탕의 결정적 성행위를 통해 가장 강력히 드러난다는 것이 그의 생각이었다.

(그러나) 유대교인도 동방정교회 기독교인도 아담의 타락을 파멸적인 빛으로 보지 않았다. 또 무슬림도 원죄라는 희망 없는 신학을 채택하지 않았다. 오직 서방 기독교회에서만 독특하게 나타난 원죄 교리는 냉혹한 모습의 신을 강조한 테르툴리아누스Tertullian에 의해 처음 제시되었고, 아우구스티누스에 의해 확고한 신학적 체계를 갖추어 서구인의 세계관에 지대한 영향을 미쳤다. 따라서 아우구스티누스는 서구인에게 한 가지 곤혹스러운 유산을 남겨주었다. 그는 서구인에게 인간의 근원적 결점을 강조하는 기독교 신앙을 가르침으로써 인간 소외의 원인을 제공했다. 그의 원죄론에서 비롯된 인간 소외 현상은 성sexuality 이해의 격하, 특히 **여성에 대한 억압적 이해**를 통해 가장 두드러지게 나타났다. 본래 기독교는 여성을 긍정적으로 생각한 종교였으나 아우구스티누스를 통해 서구 문명에 여성 혐오의 뿌리가 생겼다. 사실 아우구스티누스는 신이 여성을 창조했다는 점에 대해 매우 곤혹스러워했다. 그것은 그가 "만일 아담에게 좋은 동료와 대화 상대가 필요했다면 배우자로서의 여성보다는 친구로서의 남성을 창조하는 것이 훨씬 더 좋았을 텐데"라고 말할 정도였다. 육체와 여성에 대한 기독교의 경시와 죄악시는[22] 신이 인간의 육

---

22 이 점에서 유대교는 완전히 상반된 입장을 가진다. "랍비들은, 신은 사람이 고통받는 것을 원하지 않는다고 믿었다. 육체는 신의 형상이기 때문에 존중되고 보호되어야 한다. 신이 인간의 기쁨을 위해 선물하신 술이나 섹스 등의 즐거움을 기피하는 일은 차라리 사악한 일이기도 했다. 신은 고통과 금욕주의를 통해 발견되지 않는다. 랍비들이 사람들에게 성령을 '소유하는' 실제적인 방법들을 권면한 것은 어떤 의미에서 곧 사람이 스스로 신의 형상을 창조하라는 요구였다." 카렌 암스트롱, 배국원·유지황 옮김, 『신의 역사 1』(동연, 1999), 145쪽.

신의 변명

64

체를 통해 인간적 속성을 취했음을 강조하는 기독교의 성육신 교리를 생각해보건대 매우 모순적이다.[23]

아우구스티누스에게는 로마제국의 몰락을 책임질 희생양이 필요했다. 아무리 아우구스티누스라고 해도 하나님에게 그 책임을 물을 수는 없었다. 그러던 그의 눈에 사람 좋은 미소를 띠고 어슬렁어슬렁 한가하게 에덴 동산을 거니는 사람 하나가 들어왔다.

아담이었다. 멍청하게도 '여자'에게 속아서 죄를 지은 남자. 아담이 아우구스티누스의 눈에 들어왔다. 그는 아마도 이렇게 생각했을지도 모르겠다. 아담이 그토록 멍청하게 하와의 말에 넘어간 근본적 원인은 분명 섹스를 너무 좋아했기 때문이라고. 비록 성경에 등장하지는 않았지만, 아마도 하와가 이렇게 말했을지도 모른다고.

"아담, 당신 오늘 이거 나랑 같이 안 먹으면 앞으로 나 안을 생각일랑 꿈도 꾸지 말아요. 내 몸에 손도 댈 생각하지 말아요."

아우구스티누스에게 아담의 원죄는 자연스럽게 섹스와 연결되었고, 또 성으로 남성을 지배하는 '힘'을 가진 여성에 대한 분노로 이어졌다.

아우구스티누스의 원죄 교리에서 기본 요지는 아담의 원죄가 색욕에 의해 더럽혀진 성행위를 통해 모든 인류 후손에게 이어진다는 것이다. 그의 원죄론에서 비롯된 인간 소외 현상은 성 이해의 격하, 특히 여성에 대한 억압적 이해를 통해 가장 두드러지게 나타났다. 본래 기독교는 여성을 긍정적으로

---

23   위의 책, 222~224쪽(괄호 저자 추가).

생각하였으나 아우구스티누스를 통해 서구 문명에 여성 혐오의 뿌리가 생겨 났다.[24]

누구나 새로운 것을 상상한다. 그래서 같은 본문을 읽어도 수백, 수천 가지의 다양한 해석이 나올 수 있다. 하지만 문제는 에덴동산에서 새로운 해석을 끄집어낸 사람이 권력자 아우구스티누스였다는 사실이고, 더 큰 문제는 그의 해석이 인간을 조금도 건강하게 바라보지 않았다는 점이다. 하지만 오래지 않아 원죄설이 기독교의 움직일 수 없는 핵심 교리가 되었고, 칼뱅[25]을 거치면서 '전적인 타락'이라는 비극적인 인간 소외의 개념으로 완전하게 정착되었다.

인간은 전적으로 타락했기 때문에 아예 희망이라고는 찾아볼 수 없는 존재라는 '비참한 인간관'은 그 후 무려 2,000년 가까이 서구 사회를 지배했다. 아니, 과거형은 적절하지 않다. 지금도 그 힘은 여전하기 때문이다.[26]

그가 남긴 영향력이 얼마나 대단한지, 21세기가 한참 지난 지금도 기독

---

24   위의 책, 223쪽.

25   Jean Calvin, 1509~1564.

26   중학교 시절, 교회 중고등부 전도사님이 어느 설교에서 아우구스티누스를 언급했다. 아마도 그때 처음으로 그의 이름을 들었던 것 같다. 물론 전도사님은 아우구스티누스라고 하지 않고, 어거스틴이라고 불렀다. "여러분, 유명한 사람들은 다 말년에 회고록을 씁니다. 그런데 어거스틴은 회고록이 아닌 참회록을 썼어요. 정말로 진정한 하나님의 사람이 아닙니까? 우리 인간은 언제나 하나님 앞에서 참회하는 마음으로 살아야 해요. 아니, 인간인 지가 얼마나 잘났다고 늙어서 뒤를 돌아보며 여유 있게 회고를 한답니까? 우리 인간은 회고가 아니라, 참회해야 하는 존재예요. 정말로 이런 어거스틴을 보면서 여러분도 나중에 늙어서 유명해지면 회고록이 아니라 꼭 참회록을 쓰세요." 이런 요지의 설교였다. 당시 신앙 열정에 푹 빠져 있던 나는 말 그대로 '깊은' 감동을 받았다. 당장 그의 참회록을 사서 읽고 싶은 충동을 느낄 정도였다. 지금 내 책장에는 아우구스티누스의 참회록이 꽂혀 있다. 이 책을 쓰는 중에 한두 번 꺼내서 참고했다. 지금 생각하면, 아우구스티누스가 참회록을 쓴 것은 정말로 적절했다. 그러나 그가 참회해야 하는 대상은 잘못되었다. 하나님이 아니라 인류에게 참회해야 했다.

교 안에는 정체불명의 죄책감으로 사는 사람들이 적지 않다. 신앙생활을 잘하면서도 '더' 잘하지 못해서 죄책감을 느낀다. 못할 때는 못하니까 당연히 괴로워한다.

이른바 기독교 복음의 시작은 다름 아닌, '내가 죄인입니다'다. 나 역시 어린 시절부터 교회에 다니면서 이 문제로 많이 고민했다. 친구들과 함께 지내는 수련회를 기다리고 좋아했지만, 갈 때마다 곤혹스러웠다. 내가 죄인이라는데 정작 내가 뭘 그렇게까지 하나님한테 잘못했는지 수긍하기 어려웠기 때문이었다. 고작해야 열몇 살 먹은 청소년이었다. 그러나 기독교에서는 나이가 어리다고 죄가 덜하다고 하지 않는다. 태어나면서부터 죄인이기에 한 살짜리 아이나 백 살 먹은 노인이나 죄인이라는 점에서는 조금도 다를 게 없었다. 죄인이라는 사실을 깨닫는 것이 은혜의 시작이라는 수련회만 가면, 나는 언제나 이렇게 중얼거렸다. "내가 은혜를 못 받아서 죄인이라는 걸 뼈저리게 느끼지 못하는구나. 내가 은혜를 모르는구나." 그래서 은혜를 달라는 기도는 내가 죄인임을 깨닫게 해달라는 기도와 다르지 않았다. 수련회마다 빠지지 않고 그 기도를 했다. 기독교인이라면 다 잘 알겠지만, 수련회에서 가장 중요한 순서는 마지막 밤, '회개기도' 시간이다.

중학교 시절 수련회에서는 회개할 제목을 찾다 보니 어머니가 떠올랐다. 어머니에게 잘못한 게 한두 가지가 아니었기 때문이다. 그러다가 감정이 고조되면 회개는 하나님께로 향했다. 엉엉 울면서 하나님께 잘못했다고 기도했다. 너무도 강렬한 나의 회개기도에 주변에서 기도하다가 감동하는 사람까지 심심찮게 생기곤 했다.

죄라는 것, 그러니까 누군가에게 뭔가를 잘못한다는 말은 '피해'를 끼쳤다는 뜻이다. '죄인'이라는 단어와 관련한 내 고민은 단순했다. 숱하게 수련회를 다녔지만, 내가 하나님께 무슨 피해를 줬는지 알 수 없었다. 아니, 전능한 하나님이 나 같은 피조물 하나 때문에 무슨 피해를 본다고?

정말 이해되지 않았다. 그래서인지 고등학교에 들어가면서부터 회개를 위해 어머니를 떠올려도 감정이 전과 같지 않았다. 중학교 때보다 머리가 더 커져서 그런지도 몰랐다. 여전히 내가 왜 하나님 앞에 죄인인지 알고 싶었다.

어느 날 나는 용기를 내어 아버지에게 상담을 청했다. 내가 왜 죄인인지 도저히 모르겠다고 말했다. 아버지의 대답은 간단했다.

"성호야, 로마서를 읽어라."

몇 번이고 로마서를 읽었다. 하지만 솔직히 말해 무슨 소리인지 전혀 이해할 수 없었다. 그랬다. 조금도 이해할 수 없었다. 그렇다고 로마서가 이해되지 않는다고 아버지에게 되물을 용기도 없었다. 아버지를 실망시키고 싶지 않았기 때문이다. 아버지 눈에 멍청한 아들이고 싶지 않았기 때문이다.

내가 로마서를 이해하든 말든 수련회에서는 여전히 같은 메시지가 울려 퍼졌다. 나의 죄가 워낙 심각해서 하나님이 나 때문에, 다른 사람도 아닌 나 때문에 인간의 몸을 입고 십자가에서 고통스럽게 죽어야만 했다고 했다. 다행히 어머니 대신 다른 생각이 하나 떠올랐다. 회개기도를 할 때마다 예수님이 십자가에서 얼마나 아팠을지 상상하기 시작했다. 결혼도 못하고 나 때문에 고작 서른세 살에 죽은 예수님이 얼마나 억울했을까를 생각했다. 그 곁에서 아들이 처참하게 죽는 모습을 보는 예수의 어머니, 마리아를 상상했다. 그러자 죄책감이 좀 생기더니 하나님한테까지 미안한 마음이

들기 시작했다.

그랬다. 나는 죄인이었다. 그렇게 나는 죄인이 되었다. 내 청소년 시절을 되돌아볼 때, '타락한 인간은 희망이 없다'는 '비참한 인간관'은 나에게 치명적이었다. 나에 대해 건강하고 희망찬 생각을 하기가 어려웠다. 물론 교회에서는 "당신은 사랑받기 위해 태어난 사람"이라고 팔을 벌리고 노래하며, 건강한 자아상을 고취하려고 노력한다. 그러나 원죄에 오염된 인간관의 토양에 어떻게 건강한 자아상의 씨앗이 뿌리내릴 수 있을까?

흔히 예수님이 우리를 위해 죽었다는 그 사랑 때문에 인간은 얼마든지 긍정적인 자아상을 가질 수 있다고 말한다. 그러나 그 사랑에는 조건이 있다. 내가 죄인이라는 사실을 깨닫고 고백하는 데서 시작한다. 하지만 원죄론에 근거해서 자신이라는 존재가 정말로 희망 자체가 없는, 뼛속까지 썩은, 부패한 인간이라고 느끼는 사람이 있다면 말이다. 그 사람은 십자가 앞에 나아가기 전에 다른 곳을 먼저 찾아야 하지 않을까?

생각해보자. 연좌제라는 말처럼 미개하고 야만적인 제도도 없다. 본 적도 없는 먼 친척의 사상 때문에 사법시험을 아무리 잘 봐도 합격할 수 없던 시절이 있었다. 이런 잔인한 연좌제도 원죄에 비하면 아무것도 아니다. 존재 자체를 확인할 수 없는 '아담'이라는 인류의 조상 때문에 내가 뼛속까지 썩었다고? 그래서 하나님 앞에서 너무 죄송하다고? 죄스럽다고? 그 사실을 깊이 깨닫지 못하고 죽으면 영원히 지옥에서 고통받아야 한다고?

칼뱅 신학은 이른바 칼뱅주의 5대 교리, 영어 첫 자를 따서 'TULIP'으로 집약된다. TULIP의 첫 번째 글자인 T가 바로 Total Depravity, '전적인 타락'을 의미한다. 전적인 타락은 한마디로 죄에 **감염되었다**는 뜻이다. 전적으로 타락한 인간이, 죄에 감염된 인간이 무엇을 할 수 있을까? 큰 병원을 가면 간병인 없이는 아예 화장실도 못 가는 환자들이 많다. 바로 그게 기독교가 말하는 전적으로 타락해서 죄에 완전히 오염된 인간의 모습이다. 인간 스스로 할 수 있는 게 없다. 만약에 바울과 아우구스티누스에게 이런 질문을 던진다면 그들은 어떻게 대답할까?

"그럼 말이죠, 우리 인간이 할 수 있는 게 뭐가 남았죠?"

그 두 사람은 뭘 그리 뻔한 질문을 하냐는 듯 동시에 이렇게 소리치지 않을까?

"믿음을 쥐어짜는 능력, 그래도 그거 하나는 남아 있습니다. 절망하지 마십시오. 절망하지 말고 믿으세요!"

물론 이런 대답은 말도 안 된다. 전적인 타락에서 '전적'은 100퍼센트다. 따라서 믿음을 갖는 능력조차 불가능해야 한다. 물론 여기에 대답하기 위해 '예정론' 같은 설명이 있지만, 굳이 자세히 살펴볼 필요는 없다. 인간의 '자유의지'라는 더 심각한 문제에 봉착하기 때문이다.

자, 본론으로 들어가자. 그렇다면 유대교가 바라보는 인간, 히브리 성경의 하나님이 창조한 인간은 어떤 인간일까? 유대교에서 인간이란 과연 어떤 존재인가?

한 문장으로 이렇게 요약할 수 있다.

'인간은 스스로 힘으로 죄를 이기고 하나님 앞에서 의롭다고 인정받을 수 있는 존재다.'

많은 기독교인이 놀랄 수밖에 없는 이야기다. 전적인 부패를 이야기하는 기독교(바울)의 가르침과는[27] 달라도 너무 다르기 때문이다. 전적으로 부패

---

[27]   물론 서신서에서 바울이 전적인 부패를 확실하게 말했는지에 대해서는 이견이 있을 수 있다. 하지만 칼뱅의 전적인 부패 교리는 상당수의 기독교 교단에서 정통 교리다. 따라서 기독교 또는 신약성경이 전적인 부패를 말한다고 해도 무리는 아니라고 생각한다.

한 것은 말할 것도 없고, 그 부패가 대를 이어 유전되는 게 기독교가 보는 인간이다. 그런데 인간에게 죄를 이길 힘이 있다고? 그뿐 아니라 의롭게 될 수 있다고?

말 그대로 기독교인이 지금까지 알아왔던 교리와는 달라도 너무 다른 이야기다. 그런데 정말로 그럴까? 몇 개의 구절을 살펴보자. 인간이 죄를 이길 수 있다는 사실은 창세기 초반부터 명확하게 드러난다. 놀랍게도 그 메시지는 에덴동산에서 쫓겨난 후, 더 놀라운 것은 하나님이 동생을 죽인 최초의 살인자 가인조차도 얼마든지 스스로 죄를 이길 수 있다고 강조한다.

> 여호와께서 가인에게 이르시되, 네가 분하여 함은 어찌 됨이며 안색이 변함은 어찌 됨이냐. 네가 선을 행하면 어찌 낯을 들지 못하겠느냐 선을 행하지 아니하면 죄가 문에 엎드려 있느니라. 죄가 너를 원하나 너는 죄를 다스릴지니라.
>
> (창세기 4:6-7)

죄가 너를 먼저 지배하기 전에 네가 먼저 죄를 지배, 정복하라는 명령이다. 충분히 할 수 있기에 인간에게 이런 명령이 주어진 게 아니었을까? 애초에 아예 불가능한 일을 하라고 다그치는 부모가 있을까? 지금까지 아주 당연하다고 여기던 교리의 지붕을 걷고 한번 상식적으로 생각해보자. 세상에 이런 부모가 있을까?

"넌 죽었다 깨어나도 못 지켜, 그건 할 수가 없어. 하지만 난 계속 네가 할 수 있다고 말하면서 너를 속일 거야. 계속 다그칠 거야. 정말 재미있겠다. 죽었다 깨어나도 안 되는 놈이 가능한 줄 알고 발버둥 치는 모습을 구경할 생각을 하니까."

세상에 이런 부모가 있을까?

영화에서 이와 비슷한 선생을 본 적이 있다. 드러머의 꿈을 키우는 한 젊은 음악가, 앤드류의 열정을 담은 명작 〈위플래쉬〉[28]라는 영화다. 여기에는 플레처라는 음악선생이 나온다. 그는 앤드류를 혹독하게 훈련시킨다. 그러나 결과적으로 그는 앤드류를 가지고 놀았다. 가장 중요한 순간에 그를 좌절시키고, 많은 관객 앞에서 망신당하게 한다. 물론 플레처보다 훨씬 더 잔인한 인간도 적지 않다. 심지어 자식을 때려죽이고 백골이 될 때까지 방치한 부모도 있다.

그러나 하나님이 그럴 리는 없지 않은가? 할 수 있으니까 하라는 게 아닐까? 가능하니까 노력하라고 채찍질하는 게 아닐까? 하지만 기독교는 그렇게 생각하지 않는다. 기독교 교리에 따르면 율법(토라)은 절대 인간이 지킬 수 없다. 율법이 주어진 이유는 단 하나, 인간이 얼마나 무력한지를 스스로 깨닫도록 하기 위해서다.

인간이 율법을 지킬 수 없다는 이 교리가 맞다면, 히브리 성경 전체가 미궁에 빠진다. 사탄을 심부름꾼에 불과한 모습으로 그린 히브리 성경이 맞다면, 신약성경의 모든 내용이 미궁에 빠지는 것과 비슷한 정도로 말이다.

당장 히브리 성경의 하나님은 '거짓말쟁이'가 된다! 그것도 한 번이 아니라 수도 없이 같은 거짓말을 반복한 무서운 거짓말쟁이가 된다. 유대민족을 향해 하나님은 이렇게 선언했다.

---

28   〈위플래쉬〉(다미엔 셔젤 감독, 2014).

네 하나님 여호와께서 이 40년 동안에 네게 광야 길을 걷게 하신 것을 기억하라. 이는 너를 낮추시며 너를 시험하사 네 마음이 어떠한지 그 명령을 지키는지 지키지 않는지 알려 하심이라.

(신명기 8:2)

하나님은 분명히 너희의 마음에 무엇이 있는지, 너희가 명령을 지키는지 알고 싶다고 말했다. 그래서 토라를 주었다고 말했다. 그런데 신약성경에 따르면 그런 하나님의 모든 말이 다 거짓말이 된다. 하나님은 못 지킨다는 것을 알면서 일부러 인간을 자극해 더 발버둥 치게 유도했다고 한다. 전적으로 타락한 인간이니 하나님의 명령을 지키지 못하는 것은 당연한데도 다그쳤다는 것이다.

정말로 그럴까? 그런 잔인한 하나님이 과연 유대민족이 섬긴 하나님일까? '유대인은 유대교를Jews for Judaism'의 대표 중 한 명인 랍비 스코백Michael Skobac[29]은 인간이 전적으로 타락했기에 결코 토라를 지킬 수 없다는 기독교의 주장에는 크게 다음 세 가지의 심각한 문제가 있다고 설명한다.[30] 지금부터 그의 주장에 귀 기울여보자.

1. 인간은 토라(하나님의 명령)를 지킬 수 있다고 하나님이 분명히 말했기 때문에 전적인 타락을 말하는 기독교의 주장은 잘못되었다.

신명기 30장 11절에서 14절은 뭐라고 말하는가?

---

29   https://www.torahinmotion.org/users/rabbi-michael-skobac.

30   https://www.youtube.com/watch?v=AexvJi9jUiY.

내가 오늘 네게 명령한 이 명령은 네게 어려운 것도 아니요 먼 것도 아니라. 하늘에 있는 것이 아니니 네가 이르기를 누가 우리를 위하여 하늘에 올라가 그의 명령을 우리에게로 가지고 와서 우리에게 들려 행하게 하랴 할 것이 아니요. 이것이 바다 밖에 있는 것이 아니니 네가 이르기를 누가 우리를 위하여 바다를 건너가서 그의 명령을 우리에게로 가지고 와서 우리에게 들려 행하게 하랴 할 것도 아니라. 오직 그 말씀이 네게 매우 가까워서 네 입에 있으며 네 마음에 있은즉 네가 이를 행할 수 있느니라.

하나님이 거짓말쟁이가 아닌 이상 이보다 더 명확하고 확실한 선포가 있을까? 달에 가서 방아 찧는 토끼를 잡아 오라는 명령이 아니다. 바다를 건너가야 하는 대단한 일도 아니다. 하물며 동생을 때려죽인 가인조차도 마음을 잡으면 지킬 수 있듯이 누구나 할 수 있다는 것이다. 영어로 하면 하나님은 이렇게 말한다.

"YOU CAN DO IT! JUST DO IT!"

그런데 정말 놀라운 구절이 로마서에 있다. 바울이, 토라가 더 이상 필요 없다는 주장의 창시자인 바로 그 바울이 로마서 10장 6-8절에서 이 신명기 30장을, 토라를 지킬 수 있다는 이 구절을 인용하기 때문이다.

믿음으로 말미암는 의는 이같이 말하되, 네 마음에 누가 하늘에 올라가겠느냐 하지 말라 하니, 올라가겠느냐 함은 그리스도를 모셔 내리려는 것이요. 혹은 누가 무저갱에 내려가겠느냐 하지 말라 하니, 내려가겠느냐 함은 그리스도를 죽은 자 가운데서 모셔 올리려는 것이라. 그러면 무엇을 말하느냐 말씀이 네게 가까워 네 입에 있으며 네 마음에 있다 하였으니 곧 우리가 전파하는 믿음의 말씀이라.

나는 이 구절을 읽고 정말 큰 충격을 받았다. 어린 시절 로마서를 반복해서 읽었지만, 도통 이해할 수 없었던 게 당연했다는 생각까지 들었다. 어떻게 이런 식으로 신명기 30장을 바울이 인용하는지 말문이 막힐 정도다. 신명기가 하늘과 바다를 언급하는 이유는 분명하다. 토라를 지키는 것이 하늘에 올라가거나 바다를 건너는 것처럼 어렵지 않다는 점을 말하기 위해서다. 하나님은 이렇게 분명히 말씀한다.

"내가 오늘 너희에게 명령하는 것은 너희에게 지나치게 어려운 것도 아니고 너희가 다다를 수 없는 것도 아니다."

그러니까 하늘로 올라가야 하는 일인 양, 바다 밑으로 내려가야 하는 일인 양 호들갑을 떨지 말라는 것이다. 못한다고 하지 말라는 것이다. 너희 인간의 힘으로 충분히 할 수 있다는 것이다.

"오히려 그 말씀은 네게 아주 가까워 너희 입에 있고 너희 마음에 있어 너희가 순종할 수 있다."

그런데 이 구절이 로마서에서 어떻게 바뀌었을까? 바울은 그 내용을 도대체 어떻게 이해했을까? 정말로 뜬금없이, 다른 단어가 떠오르지 않는다. 정말로 '뜬금없이' 그는 그리스도를 거기다가 갖다 붙인다.

믿음으로 말미암는 의는 이같이 말하되, 네 마음에 누가 하늘에 올라가겠느냐 하지 말라 하니, 올라가겠느냐 함은 그리스도를 모셔 내리려는 것이요. 혹은 누가 무저갱에 내려가겠느냐 하지 말라 하니, 내려가겠느냐 함은 그리스도를 죽은 자 가운데서 모셔 올리려는 것이라.

로마서 10장에서 말하는 주체가 졸지에 하나님에서 '믿음으로 말미암은 의'로 바뀌었다. 둔갑한 정체불명의 주어, '믿음으로 말미암은 의'가 지금 이렇게 말한다.

"너희는 하늘로 올라가서라도 율법을 지키겠다고 하고 지옥에 내려가서라도 꼭 율법을 지킨다고 하는데 제발 율법을 지킬 수 있다는 말도 안 되는 소리를 하지 마라!"

율법을 지키려고 제발 아등바등하지 말라고 바울은 말한다. 바울에게 그건 예수를 욕보이는 일이기 때문이다. 그렇기에 하늘까지 올라가고, 지옥으로 내려가는 노력이 부질없다고 말한다. 바울이 하나님을 쏙 빼고 만든 새로운 주어, '믿음으로 말미암은 의'만 있으면, 즉 믿음만 있으면 되는데 왜 그런 쓸데없는 데 힘을 빼냐는 것이다. 그는 결론을 이렇게 맺는다.

말씀이 네게 가까워 네 입에 있으며 네 마음에 있다 하였으니 곧 우리가 전파하는 믿음의 말씀이라.

아래 신명기 구절과 비교해보자.

오직 그 말씀이 네게 매우 가까워서 네 입에 있으며 네 마음에 있는즉 네가 이를 행할 수 있느니라.

신명기 30장에서 하나님이 지칭하는 '말씀'은 의심할 여지 없이 토라다. 그러니까 너희는 얼마든지 토라에 순종할 수 있다고 한다. 그런데 바울은 토라를 자신이 전하는 '믿음의 말씀'으로 바꾸었다. 그러니까 더는 토라에 대한 순종은 필요 없고, 믿음만 있으면 된다고 바꾸었다.

군이 그리스도를 언급하려고 신명기에 분명히 나온 '바다' 대신 '무저갱' 이라는 생뚱맞은 단어를 넣은 게 애교로 보일 정도로 바울의 왜곡은 심각 하다. '아니, 이런 왜곡이 정말 가능한 거야?'라는 경악이 나올 정도다. 기 독교 방송을 보면 가끔 정말 성경 구절의 원래 뜻과는 '전혀' 상관없이 해 석하여 설교하는 목회자들을 본다. 하지만 신명기 30장을 왜곡한 바울의 로마서 10장만큼 성경 구절을 왜곡한 설교를 여태껏 보지 못했다!

이 상황만을 보면 결국 둘 중 하나다. 바울이 히브리어를 모르는 것은 말 할 것도 없고[31] 아주 유대교에 무식했거나 아니면 아주 간교했거나.

나는 『야고보를 찾아서』[32]에서 바울의 첫 예루살렘 방문 시점을 놓고 전 혀 다른 이야기를 하는 사도행전과 갈라디아서를 비교했다. 그리고 갈라 디아서를 쓴 바울보다는 사도행전 저자의 말을 더 신뢰한다고 말했다. 내 눈에 바울은 자신의 목적을 달성하기 위해서라면 수단과 방법을 전혀 가 리지 않는 사람으로 보이기 때문이다. '자신의 복음'을 전할 수만 있다면 어떤 거짓말도 눈물을 흘리면서 할 수 있는 사람처럼 보이기 때문이다. 히 브리 성경에 분명하게 적힌 신명기 30장의 말씀을 아예 바꾸는 바울을 어 떻게 보아야 할까? 그러나 나중에 살펴보겠지만, 바울의 히브리 성경 왜곡 은 이게 다가 아니다.

다시 신명기 30장의 결론으로 돌아가자. 하나님은 분명히 선언했다. 인 간이 할 수 있다고 약속했다.

---

31   히브리어를 모르는 것은 핑계가 될 수 없다. 바울이 활동하기 훨씬 전에 모세오경(토라)은 이미 그리스어로 번역되었기 때문이다. 그 유명한 칠십인역 성경이다.

32   옥성호, 『야고보를 찾아서』(테리토스, 2018), 66~69쪽

2. 인간이 토라를 지킬 수 없다는 사실을 잘 알면서도 적극적으로 지키라고 반복해서 명령하는 잔인한 하나님을 어떻게 사랑하고 신뢰할 수 있겠는가? 따라서 기독교가 말하는 전적인 타락은 있을 수 없다.

토라를 제대로 지키지 못해 유대민족이 하나님에게 받은 징벌은 셀 수 없을 정도다. 그런데 그들이 결코 토라를 지키지 못할 것을 뻔히 알면서도 하나님이 지키라고 주었다고? 아니, 아는 정도가 아니라 한시라도 빨리 제발 못 지킨다는 사실을 깨닫기 원했다고? 만약에 그렇다면 유대민족이 토라를 못 지켰을 때, 칭찬은 못 해줄망정 최소한 벌은 주지 않아야 하지 않을까?

그런데 하나님은 그럴 때마다 유대민족을 벌했다. 그것도 매우 가혹했다. 이게 말이 될까? 못 지킨다는 사실을 뻔히 알면서도 그렇게 자식을 가혹하게 벌하는 부모라면 소시오패스가 아닐까?

기독교 목사로 오랜 세월을 보낸 한 유대인 기독교도Messianic Jew가 전통 유대교로 돌아온 후 이렇게 절규했다.

"수천 년간 노예 생활에, 광야에, 유배 생활에 그 기간 내내 '내 계명(토라)을 잘 지켜라, 그럼 내가 너를 축복하겠다' 그렇게 분명하게 약속하셨던 하나님이 갑자기 예수를 보내면서 이렇게 말합니다. '하하, 이제 알겠지? 너희는 안 되는 거 알겠지? 애초에 안 되게 되어 있었어. 그러니까 이제부터 내가 보낸 예수를 믿어. 어차피 내 계명은 너희들 수준으로는 죽었다가 깨어나도 못 지켜. 그러니까 좀 더 쉬운 길을 줄게. 그냥 믿어. 그럼 그걸로 다 지킨 것으로 해줄게. 괜찮지? 이제라도 이렇게 좋은 길을 줘서 고맙지?' 이렇게 말한다

고요? 이런 분이 하나님이라고요? 아니, 이런 하나님을 나 보고 사랑하라고
요?"**33**

3. 기독교는 인간이 전적으로 타락했기에 토라를 지키라는 하나님의 명령은 일시적이고 임시적이라고 주장한다. 그러나 그건 '영원'이라는 하나님의 속성에 비춰볼 때 사실일 수 없다. 하나님의 속성과 정면으로 배치되기 때문이다.

하나님이 준 토라가 어떻게 일시적temporal일 수 있을까? 영원한 하나님
이 왜 일시적인 토라를, 예수가 오면 폐기할 토라를 주었을까? 불변하는
하나님의 속성에 비추어 볼 때 상상하기 어렵다. 히브리 성경에는 토라가,
하나님이 유대민족과 맺은 언약이 영원하다는 구절이 반복해 나온다.

> 하나님이 또 아브라함에게 이르시되 그런즉 너는 내 언약을 지키고 네 후손
> 도 대대로 지키라. 너희 집에서 난 자든지 너희 돈으로 산 자든지 할례를 받
> 아야 하리니 이에 내 언약이 너희 살에 있어 영원한 언약이 되려니와.
>
> (창세기 17:9, 13)

바울은 서신서에서 반복해서 강조한다. 예수의 십자가 죽음과 부활로 인
해 더는 할례가 필요 없다고 한다. 그는 할례 문제와 관련해서도 예수의
제자들과 심각한 갈등을 겪어야만 했다.**34** 그럼 바울과 달리 예수의 제자
들은 왜 그토록 할례에 집착했을까? 바울과 달리 그들은 14절에 이어지는

---

33   https://www.youtube.com/watch?v=dn4sy72MjEE.

34   옥성호, 앞의 책, 48~95쪽.

하나님의 준엄한 경고를 심각하게 받아들였기 때문이다.

> 할례를 받지 아니한 남자 곧 그 포피를 베지 아니한 자는 백성 중에서 끊어
> 지리니, 그가 내 언약을 배반하였음이니라.
>
> (창세기 17:14)

바울이 '일시적'이라고 주장한 하나님의 명령에 대해서 다윗은 또 무엇
이라고 경고했는가?

> 주의 율례들에게 떠나는 자는 주께서 다 멸시하셨으니 그들의 속임수는 허
> 무함이니이다.
>
> (시편 119:118)

히브리 성경 어디에도 예수의 십자가 때문에 할례를 포함한 하나님의
명령이 폐기되었다는 말씀은 없다. 하나님의 명령이 '일시적'이라는 말도
없다.

> 너희는 무교절을 지키라. 이 날에 내가 너희 군대를 애굽 땅에서 인도하여
> 내었음이니라. 그러므로 너희가 **영원한 규례**로 삼아 대대로 이 날을 지킬지
> 니라.
>
> (출애굽기 12:17)

예수가 오면 무교절을 지키지 않아도 된다는 말씀은 어디에도 없다. 대

신, '영원한 명령'이라고 말한다. 히브리 성경의 마지막 장인 말라기서 4장 4절에서조차 하나님은 이렇게 명령했다.

너희는 내가 호렙에서 온 이스라엘을 위하여 내 종 모세에게 **명령한 법**, 곧 **율례와 법도를 기억하라.**

잠깐 눈을 돌려서 히브리서 8장을 보자. 기독교 신학자 중에서는 로마서보다 히브리서의 가치를 더 인정하는 사람들도 꽤 있다고 한다. 왜냐하면 어떤 신약성경보다도 '구약성경'을 많이 인용하기 때문이다. 따라서 히브리서를 흔히 구약성경과 신약성경이 절묘하게 조화를 이룬 유일한 성경이라고도 한다.

히브리서의 저자는 8장에서 예레미야서를 인용했다. 그리고 결론으로 이렇게 말한다. 애초에 하나님이 유대민족에게 준 토라는 '헌 언약'이기 때문에 새 언약, 즉 예수가 오시면 사라진다고 한다.

또 주께서 이르시되 그날 후에 내가 이스라엘 집과 맺을 언약은 이것이니 내 법을 그들의 생각에 두고 그들의 마음에 이것을 기록하리라. 나는 그들에게 하나님이 되고 그들은 내게 백성이 되리라. 또 각각 자기 나라 사람과 각각 자기 형제를 가르쳐 이르기를, 주를 알라 하지 아니할 것은 그들이 작은 자로부터 큰 자까지 다 나를 앎이라. 내가 그들의 불의를 긍휼히 여기고 그들의 죄를 다시 기억하지 아니하리라 하셨느니라. 새 언약이라 말씀하셨으매 첫 것은 낡아지게 하신 것이니 낡아지고 쇠하는 것은 없어져 가는 것이니라.

(히브리서 8:10-13)

2부에서 곧 살펴보겠지만, 히브리 성경에 의하면 메시아가 이 세상에 오면 다섯 가지 놀라운 변화가 일어나는데, 그중 하나가 온 세상이 하나님을 알게 되기에 굳이 하나님을 전할 필요가 없는 환경으로 바뀐다는 점이다. 예레미야 선지자는 히브리서 저자가 인용한 바로 그 부분에서 그런 세상을 다음과 같이 묘사한다.

여호와의 말씀이니라. 보라, 날이 이르리니 내가 이스라엘 집과 유다 집에 새 언약을 맺으리라. 그들이 다시는 각기 이웃과 형제를 가르쳐 이르기를 너는 여호와를 알라 하지 아니하리니 이는 작은 자로부터 큰 자까지 다 나를 알기 때문이라. 내가 그들의 악행을 사하고 다시는 그 죄를 기억하지 아니하리라. 여호와의 말씀이니라.

(예레미야서 31:31, 34)

히브리서 저자는 예레미야서를 인용하면서 심각한 착각을 한다. 그가 히브리서를 쓸 때도, 또 그때로부터 무려 2,000년 가까운 시간이 흐른 지금도 이 세상에는 여호와를 모르는 사람이 아는 사람보다 훨씬 더 많다. 히브리 성경에 의하면 그 이유는 자명하다. 아직 메시아가 오지 않았기 때문이다. 그런데 히브리서 저자는 마치 그런 세상이 온 것처럼 글을 쓰고 있다.

아마도 31절에 등장하는 '새 언약'이라는 단어 하나에 흥분했기 때문이 아닐까? 저자는 이 단어를 어떻게든 예수와 연결하고 싶었을 것이다. 그 결과 하나님의 영원한 명령을 '낡고 오래된 것'으로 폐기 처분한 것도 모자라 스스로 모순에 빠져버렸다. 세상은 여전히 여호와를 모르는 사람으로 넘쳐나기 때문이다.

그러나 히브리 성경은 한 치의 오차도 없이 분명하게 말한다. 하나님의 토라는 일시적이지 않고 영원하다고. 히브리서 저자의 말처럼 낡고 오래되어서 사라지는 것이 아니라고.

이런 히브리 성경이 맞는다면, 인간은 전적인 부패와는 거리가 멀어도 한참 먼 존재다. 스스로 얼마든지 하나님의 명령인 토라를 지킬 수 있다. 그런데 토라를 지킨다고 인간이 하나님 앞에서 의로운 존재가 될 수 있을까? 여기서 유대교와 기독교는 또 하나의 중대한 차이를 보인다. 아니, 차이 정도가 아니라 아예 정반대의 길을 걷는다. 히브리 성경은 분명하게 '그렇다'라고 대답하기 때문이다. 인간 스스로의 힘으로 얼마든지 의로워질 수 있다고 말한다.

여기서 잠깐 기독교가 말하는 '의로움'을 생각해보자. 거룩하지 않은 인간에게서, 아니 본질적으로 거룩할 수 없는 피조물에서 창조주와 같은 거룩함을 기대할 수 있을까? 아니, 절대 거룩해질 수 없는 피조물을 향해 거룩하지 않다고 진노를 뿜어내는 창조주가 있을까? 아무리 아이를 사랑해도, 엄마가 아닌 이상 '엄마의 마음'과 같을 수 없다. 아무리 회사를 사랑해도, 월급 받는 직원은 '사장의 마음'과 같을 수 없다.

인간들 사이도 이런데 하물며 창조주와 피조물 사이에 간격은 어떨까? 결국 창조주가 생각한 방법이란 게 거룩하지 않은 인간을 거룩하다고 간주하는 이른바 '칭의justification'라면?

이게 과연 창조주다운 방법일까?

누구나 이런 말을 들으면 기분 나쁘다.

"알았어, 알았다고 그렇다고 쳐줄게. 됐지? 이제 그만 불평하고 가봐."

자기와 전혀 다른 자녀를 어떻게든지 자기처럼 만들려는 부모를 종종 만난다. 그건 부모에게도 자식에게도 피차 감당하기 힘든 비극이다.

내 초등학교 동창은 어릴 때부터 무조건 한의사가 되어야 한다는 부모 때문에 매우 힘들어했다. 한의사인 아버지가 평생 익힌 '비기'를 결코 남에게 전수할 수 없다는 논리였다. 그 친구의 책상 위에는 엄한 눈으로 아래를 내려다보는 아버지의 사진이 걸려 있었다. 공부하기 싫을 때마다 그 사진을 보면서 마음을 잡으라는 의미였다. 그러나 그 친구는 한의학과에 가지 않았다.

부모와 자식 사이도 그런데 하물며 하나님과 인간 사이야 말해서 무엇할까? 그 무한대의 간격을 어떻게 메울 수 있을까? 그 사실을 가장 잘 아는 하나님이 간격을 메우지 못한 인간을 모두 영원한 고통의 지옥으로 보낸다고? 그러나 히브리 성경의 하나님은 그렇지 않다. 그 하나님은 결코 인간에게 완벽해지라고 요구하지 않는다. 왜냐하면 인간은 절대 완벽할 수 없기 때문이다.

그래서 인간에게 **토라**를 주었다. 토라에 순종함으로써 의롭게 되라고 한다. 그리고 히브리 성경에는 분명히 하나님이 '의롭다'라고 한 사람들이 여러 명 등장한다. 그들은 하나같이 완벽하지 않았음에도 하나님의 눈에는 분명히 의로운 사람들이었다. 하나님이 의롭다고 쳐준 것이 아니다. 하나님이 의롭다고 간주한 것이 아니다. 하나님의 눈에 그들은 정말로 의로웠다. 토라를 지켰기 때문이다.

에녹은 하나님과 동행하더니 하나님이 그를 데려가시므로 세상에 있지 아니하였더라.

(창세기 5:24)

창세기 6장 노아에 대한 구절을 보면 하나님과 동행했다는 말은 하나님 앞에서 의로웠다는 말과 다르지 않다.

이것이 노아의 족보니라. 노아는 의인이요 당대에 완전한 자라 그는 하나님 과 동행하였으며.

(창세기 6:9)

그러나 내 종 갈렙은 그 마음이 그들과 달라서 나를 온전히 따랐은즉 그가 갔던 땅으로 내가 그를 인도하여 들이리니 그의 자손이 그 땅을 차지하리라.

(민수기 14:24)

우스 땅에 욥이라 불리는 사람이 있었는데 그 사람은 온전하고 정직하여 하 나님을 경외하며 악에서 떠난 자더라.

(욥기 1:1)

여호와께서 내 의를 따라 상 주시며 내 손의 깨끗함을 따라 내게 갚으셨으 니, 이는 내가 여호와의 도를 지키고 악하게 내 하나님을 떠나지 아니하였으 며 그의 모든 규례가 내 앞에 있고 내게서 그의 율례를 버리지 아니하였음이 로다. 또한 나는 그의 앞에 완전하여 나의 죄악에서 스스로 자신을 지켰나니, 그러므로 여호와께서 내 의를 따라 갚으시되 그의 목전에서 내 손이 깨끗한 만큼 내게 갚으셨도다.

(시편 18:20-24)

스스로 의롭다고 말하는 시편 저자의 고백은 기독교의 기준에서 볼 때 말도 안 되는 소리다. 아니, 자신이 악을 행하지 않았다고? 죄를 짓지 않았다고? 기독교의 전적인 타락에 따르면 결코 있을 수 없는 일이다. 그런데 이런 의로운 사람이 히브리 성경에 계속 등장한다.

> 요시야가 여호와 보시기에 정직히 행하여 그의 조상 다윗의 모든 길로 행하고 좌우로 치우치지 아니 하였더라.
>
> (열왕기하 22:2)

요시아 왕이 걸었던 조상 다윗의 길은 다름 아닌 의로운 길을 의미한다.

> 여호와의 말씀이 또 내게 임하여 이르시되, 인자야 가령 어떤 나라가 불법을 행하여 내게 범죄하므로 내가 손을 그 위에 펴서 그 의지하는 양식을 끊어 기근을 내려 사람과 짐승을 그 나라에서 끊는다 하자. 비록 노아, 다니엘, 욥, 이 세 사람이 거기에 있을지라도 그들은 자기의 공의로 자기의 생명만 건지리라. 나 주 여호와의 말이니라.
>
> (에스겔서 14:12-14)

하나님은 당신의 입으로 노아, 다니엘 그리고 욥을 의롭다고 선언한다. 이게 도대체 어떻게 가능할까? 기독교의 전적인 타락이 맞는다면 어떻게 거룩한 하나님의 기준에 맞아떨어지는 인간, 의로운 인간이 존재할 수 있을까? 어쩌면 히브리 성경이 말하는 '의로움'과 바울이 말하는 '믿음으로 말미암은 의로움'이 아예 다른 것은 아닐까? 잠언 20장 9절은 이렇게 말한다.

내가 내 마음을 정하게 하였다 내 죄를 깨끗하게 하였다 할 자가 누구냐.

그런데 바로 앞 7절에는 이런 구절이 나온다.

온전하게 행하는 자가 의인이라 그의 후손에게 복이 있느니라.

하나님 앞에 진실하게 사는 의인이 분명히 있다는 말이다. 남의 부인 밧세바를 탐하고, 심지어 그의 남편 우리야까지 죽게 한 다윗의 고백을 한번 들어보자.

나는 경건하오니 내 영혼을 보존하소서. 내 주 내 하나님이여. 주를 의지하는 종을 구원하소서.

(시편 86:2)

이는 주께서 내 영혼을 스올에 버리지 아니하시며 주의 거룩한 자를 멸망시키지 않으실 것임이니이다.

(시편 16:10)[35]

황당해서 말이 안 나올 지경이다. 어떻게 하나님 앞에서 다른 사람도 아닌 다윗이 감히 이런 소리를 할 수 있을까? 요셉이나 모세 또는 엘리야 정

---

35   어떤 학자는 이 구절을 놓고 예수의 부활을 말한다고 한다. 그러나 문맥상 전혀 그렇지 않다. 이 구절은 하나님 앞에서 스스로 지킨 신앙인이 자신 있게 말하는 자기 고백이자 자신감이다. 그 이상도 그 이하도 아니다.

도 되는 사람이 이렇게 고백해도 놀라 뒤로 자빠질 판인데 하물며 죄 많은 다윗의 입에서 이런 소리가 나오다니.

"에이, 당연히 미래에 오실 예수님을 미리 보고 믿었기 때문이죠."

그럼 예수가 이미 한참 전 과거가 된 지금에는 과연 어떨까? 스스로 거룩하다는 사람이 더 많아져야 정상이 아닐까? 그러나 감히 자신을 향해 '거룩하다'라고 말하는 기독교인은 없다. 아무리 스스로 가치에 고취된 목사라도 강단에서 차마 이렇게 말하지는 않는다.

"성도 여러분, 나는 거룩한 목사입니다. 그래서 하나님이 내 영혼을 특별히 보호하십니다."

그런데 예수가 오기도 수백 년 전에 살았던 히브리 성경 속 인물들이 예수 때문에 스스로 거룩하다고, 의롭다고 말했다고 한다. 받아들이기 힘든 주장이다. 한편 의인과 관련해 바울은 단호했다. 그는 히브리 성경까지 인용하면서 의인은 단 한 명도 없다고 선언했다.

> 기록된 바 의인은 없나니 하나도 없으며.
>
> (로마서 3:10)

아마도 바울이 인용했을 시편 14편은 이렇게 시작한다.

> 어리석은 자는 그의 마음에 이르기를 하나님이 없다 하는도다. 그들은 부패하고 그 행실이 가증하니 선을 행하는 자가 없도다.
>
> (시편 14:1)

그러나 "선을 행하는 자가 없도다"라는 표현은 강조법이다. 몇 구절 지나서 저자가 이렇게 고백하기 때문이다.

> 그러나 거기서 그들은 두려워하고 두려워하였으니 하나님이 의인의 세대에 계심이로다.
>
> (시편 14:5)

의인이 있다는 것이다! 이처럼 히브리 성경에는 하나님이 인정한 의인이 적지 않게 나온다. 히브리 성경에 등장하는 인물들, 하나님에게서 의롭다 함을 받은 인물들은 범죄하지 않아서 인정받은 게 아니다. 가장 대표적인 인물이 다윗이다. 노아도 마찬가지다. 그들을 통해 의롭다는 하나님의 기준에 대해 아주 중요한 사실을 알 수 있다. 인간은 죄를 짓지 않아서 의로운 게 아니라 죄로부터 돌이키기 때문에 의롭다.

잠언 24장 16절은 이렇게 말한다.

> 대저 의인은 일곱 번 넘어질지라도 다시 일어나려니와 악인은 재앙으로 말미암아 엎드러지느니라.

넘어지지 않아서 의인이 아니다. 다시 일어나기 때문에 의인이다. 인간은 넘어져도 다시 일어날 수 있다. 인간에게는 그런 능력이 있다. 다시 일어나기 때문에 의인이라고 불릴 수 있다. 이게 히브리 성경이 분명하게 증언하는 하나님의 말씀이다. 정말로 그럴까? 그렇다면 인간은 도대체 어떻게 다시 일어날 수 있다는 말일까? 어떻게 죄를 이길 수 있다는 말일까?

오로지 하나의 방법밖에 없다. 바로 회개다.

솔로몬 왕은 성전에서 제사 드릴 수 없는 현실을 맞을 후손들을 위해 다음과 같이 기도한다. 성전이 없어도, 제물이 없어도 회개하는 마음만 있다면 하나님이 용서할 것을 알았기 때문이다.

> 그들이 사로잡혀 간 땅에서 스스로 깨닫고 그 사로잡은 자의 땅에서 돌이켜 주께 간구하기를 우리가 범죄하여 반역을 행하며 악을 지었나이다, 하며 자기를 사로잡아 간 적국의 땅에서 온 마음과 온 뜻으로 주께 돌아와서 주께서 그들의 조상들에게 주신 땅 곧 주께서 택하신 성읍과 내가 주의 이름을 위하여 건축한 성전 있는 쪽을 향하여 주께 기도하거든, 주는 계신 곳 하늘에서 그들의 기도와 간구를 들으시고 그들의 일을 돌아보시오며.
>
> (열왕기상 8:47-49)

제물을 갖고 나오지 않아도 된다. 마음을 쏟아 회개하고 돌이키면 된다.

> 그러나 악인이 만일 그가 행한 모든 죄에서 돌이켜 떠나 내 모든 율례를 지키고 정의와 공의를 행하면 반드시 살고 죽지 아니할 것이라. 그 범죄한 것이 하나도 기억함이 되지 아니하리니 그가 행한 공의로 살리라.
>
> (에스겔서 18:21-22)

죄에서 돌아서서 토라를 지키는 그 행위가 하나님에게 바로 '의로움'이다.

> 너는 그들에게 말하라. 주 여호와의 말씀이니라. 나의 삶을 두고 맹세하노

니 나는 악인이 죽는 것을 기뻐하지 아니하고, 악인이 그의 길에서 돌이켜 떠나 사는 것을 기뻐하노라. 이스라엘 족속아, 돌이키고 돌이키라. 너희 악한 길에서 떠나라 어찌 죽고자 하느냐 하셨다 하라.

(에스겔서 33:10-11)

악한 행동에서 떠나면 된다. 돌이키면 된다. 회개는 언제나 돌이킴, 달라짐을 동반한다. 신약성경 시대의 세례자 요한이 제시한 방법도 이와 조금도 다르지 않다.

그러므로 회개에 합당한 열매를 맺고 속으로 아브라함이 우리 조상이라 말하지 마라. 내가 너희에게 이르노니 하나님이 능히 이 돌들로도 아브라함의 자손이 되게 하시리라. 이미 도끼가 나무뿌리에 놓였으니 좋은 열매 맺지 아니하는 나무마다 찍혀 불에 던져지리라. 무리가 물어 이르되 그러면 우리가 무엇을 하리이까. 대답하여 이르되, 옷 두 벌 있는 자는 옷 없는 자에게 나눠 줄 것이요 먹을 것이 있는 자도 그렇게 할 것이니라 하고.

(누가복음 3:8-11)

단지 믿음이 아니라 행동이 따르는 믿음을 강조하는 신약성경 야고보서가 말하는 '열매'는 바로 돌이킴의 결과다. 예수가 산상수훈에서 말하는 열매와도 다르지 않다.

그들의 열매로 그들을 알지니.

(마태복음 7:16)

유대교와 기독교는 어떻게 다른가?

이 점이 중요하다. 히브리 성경에서 회개하고 돌이킬 때 그 어떤 '중보자'를 필요로 하지 않는다. 어디에도 그런 메시지는 없다. 하나님과 나 사이에 있는 누군가에게 내 죄를 전가하고 그 사실을 믿어서 의롭다 함을 받지 않는다. 그런 '믿음'은 히브리 성경 그 어디에도 존재하지 않는다. 오로지 스스로의 회개와 돌이킴만이 필요하다. 유대인이든 아니면 니느웨성의 이방인이든 조금도 다르지 않다.

요나가 그 성읍에 들어가서 하루 동안 다니며 외쳐 이르되, 40일이 지나면 니느웨가 무너지리라 하였더니, 니느웨 사람들이 하나님을 믿고 금식을 선포하고 높고 낮은 자를 막론하고 굵은 베 옷을 입은지라. 그 일이 니느웨 왕에게 들리매 왕이 보좌에서 일어나 왕복을 벗고 굵은 베 옷을 입고 재 위에 앉으니라. 왕과 그의 대신들이 조서를 내려 니느웨에 선포하여 이르되 사람이나 짐승이나 소 떼나 양 떼나 아무것도 입에 대지 말지니 곧 먹지도 말 것이요, 물도 마시지 말 것이며, 사람이든지 짐승이든지 다 굵은 베 옷을 입을 것이요 힘써 하나님께 부르짖을 것이며 각기 악한 길과 손으로 행한 강포에서 떠날 것이라. 하나님이 뜻을 돌이키시고 그 진노를 그치사 우리가 멸망하지 않게 하시리라 그렇지 않을 줄을 누가 알겠느냐 한지라.

(요나서 3:4-9)

인간이 하나님 앞에서 의인으로 설 수 있는지 여부는 철저하게 자신의 몫이다. 죄 때문에 쓰러지는 사람도 자신이지만 다시 일어나는 사람도 나 자신이다. 히브리 성경의 메시지는 단순하다. 바로 이것이다.
'하나님의 법을 지키면 복을 받고 지키지 않으면 벌을 받는다.'

그 중간에 제3자가 들어설 여지가 없다. 앞에서 살펴봤던 신명기 30장은 그 점을 분명하게 보여준다.[36] 히브리 성경에서 하나님은 분명하게 말씀한다.

"인간아, 너희는 할 수 있다. 얼마든지 스스로 돌이킬 수 있다. 그리고 얼마든지 의로운 자가 될 수 있다. 내 명령을 지키면 복을 받을 것이고 그렇지 않으면 벌을 받을 것이다. 내가 너희들을 그렇게 창조했다."

신명기 30장을 보니 앞에서 이 구절을 인용했던 바울이 다시 떠오른다. 사실 바울이 여러 서신서에 인용한 히브리 성경은 매우 방대하다. 특히 로마서를 쓰면서 그는 엄청나게 많은 히브리 성경 구절을 인용했다. 그가 지금 논의하는 주제와 관련해, 로마서에서 히브리 성경을 인용한 구절을 하나 더 살펴보자. 로마서 11장 26절이다.

그리하여 온 이스라엘이 구원을 받으리라. 기록된 바 구원자가 시온에서 오사 야곱에게서 경건하지 않은 것을 돌이키시겠고.

---

36   "내가 오늘 네게 명령한 이 명령은 네게 어려운 것도 아니요 먼 것도 아니라 하늘에 있는 것이 아니니. 네가 이르기를, 누가 우리를 위하여 하늘에 올라가 그의 명령을 우리에게로 가지고 와서 우리에게 들려 행하게 하랴 할 것이 아니요. 이것이 바다 밖에 있는 것이 아니니 네가 이르기를 누가 우리를 위하여 바다를 건너가서 그의 명령을 우리에게로 가지고 와서 우리에게 들려 행하게 하랴 할 것도 아니라. 오직 그 말씀이 네게 매우 가까워서 네 입에 있으며 네 마음에 있은즉 네가 이를 행할 수 있느니라. 보라, 내가 오늘 생명과 복과 사망과 화를 네 앞에 두었나니 곧 내가 오늘 네게 명령하여 네 하나님 여호와를 사랑하고 그 모든 길로 행하며 그의 명령과 규례와 법도를 지키라 하는 것이라. 그리하면 네가 생존하며 번성할 것이요 또 네 하나님 여호와께서 네가 가서 차지할 땅에서 네게 복을 주실 것임이니라. 그러나 네가 만일 마음을 돌이켜 듣지 아니하고 유혹을 받아 다른 신들에게 절하고 그를 섬기면, 내가 오늘 너희에게 선언하노니 너희가 반드시 망할 것이라. 너희가 요단을 건너가서 차지할 땅에서 너희의 날이 길지 못할 것이니라. 내가 오늘 하늘과 땅을 불러 너희에게 증거를 삼노라. 내가 생명과 사망과 복과 저주를 네 앞에 두었은즉 너와 네 자손이 살기 위하여 생명을 택하고 네 하나님 여호와를 사랑하고 그의 말씀을 청종하며 또 그를 의지하라. 그는 네 생명이시요 네 장수이시니 여호와께서 네 조상 아브라함과 이삭과 야곱에게 주리라고 맹세하신 땅에 네가 거주하리라."(신명기 30:11-20)

바울에 의하면 '야곱에게서 경건치 않은 것', 그러니까 '죄'를 제거하는 주체가 누구인가? 시온에서 나온 '구원자'다. 그런데 바울이 인용한 이사야서 59장 20절을 우리말성경에서 살펴보자.

그분이 구원자로 시온에 오시고 야곱 가운데 자기 죄를 뉘우치는 사람에게 오신다. 여호와의 말씀이다.

바울에 의하면 '죄'를 제거하는 주체인 '구원자'가 이사야에서 하는 일이 무엇인가? 오시는 것이다. 누구에게? '자기 죄를 뉘우치는 사람'에게 오신다.

바울이 이사야서의 말씀을 어떻게 바꿨는지를 보면 놀랄 수밖에 없다. 우리는 이미 앞에서 신명기 30장을 수정하는 바울의 능력을 목격했다. 로마서 11장 26절도 거기에 못지않다.

다시 정리하자. 이사야서에 따르면 자기 죄를 뉘우치는 '주어, 주체'는 각 사람이다. 그리고 그 결과로 그에게 구원자가 온다. 지금까지 살펴본 히브리 성경의 인간관이 그대로 드러난 구절이다. 구원자가 온다는 말은 '하나님 앞에서 의롭게 된다'는 의미다.

그런데 바울은 주어를 바꾸었다! 죄를 제거하는 주체를 '나'에서 '구원자'로 바꾸었다. 죄를 뉘우치는 '내'가 사라지고, 그 자리를 나를 대신해 죄를 제거하는 '구원자'가 차지했다. 바울에게 인간은 스스로 죄를 뉘우칠 능력이 없는 전적으로 타락한 존재다. 그래서 나를 대신해서 구원자가 와서 죄를 없애주어야만 한다. 그랬기에 아마도 바울은 이사야서 59장 20절을 보면서 놀랐을 것이다. 아니, 참을 수 없을 정도로 분노를 느꼈는지도 모른다.

"뭐라고? 우리 인간에게 스스로 뉘우치는 능력이 있다고? 전적으로 타락한 인간을 뭐로 보고 이런 소리를 하는 거야? 이사야 선지자, 이 사람 미친 거 아니야? 어떻게 인간에게 이런 선이 남아 있다고 생각한 거지?"

그래서 바울은 이사야의 말씀을 아예 바꿔버렸다.

그러나 히브리 성경에서 하나님은 분명하게 말씀한다. 인간은 얼마든지 스스로 회개하고 돌이킬 수 있고, 스스로 죄를 이길 수 있는 존재라고.

그러나 그런 가르침을 바울은 참을 수 없었다. 그는 아예 한 걸음 더 나아간다. 그리고 갈라디아서 2장 21절에서 다음과 같이 선언한다.

> 내가 하나님의 은혜를 폐하지 아니하노니 만일 의롭게 되는 것이 율법으로 말미암으면 그리스도께서 헛되이 죽으셨느니라.

바울이 말하는 '율법으로 말미암는다'라는 말은 하나님의 명령을 지키는 것을 의미한다. 문 앞에 서 있는 죄를 정복했다는 뜻이다. 자기 죄를 뉘우치는 모습을 말한다. 일곱 번 넘어진 사람이 다시 일어나 토라를 지키는 바로 그 모습을 말한다.

그러니까 바울은 지금 이렇게 절규한다.

"인간이 하나님의 명령을 지킬 수 있다면, 죄를 정복할 수 있다면, 자기 죄를 뉘우칠 수 있다면, 일곱 번 넘어지고도 다시 일어날 수 있다면 그건 그리스도가 없어도 된다는 소리잖아? 어떻게 그런 일이 있을 수 있는가?"

그렇기에 바울은 한사코 그런 히브리 성경을 받아들일 수 없다. 그는 단호하게 선언한다. 히브리 성경의 가르침과 그리스도 사이에서 양자택일하라고 협박에 가까운 선포를 한다.

그런데, 누가 옳을까? 바울이 옳다면, 그는 왜 굳이 히브리 성경을 왜곡 해야만 했을까? 왜 그는 없는 내용까지 만드는 무리수를 두어야 했을까? 하나님은 토라의 점 하나도 바꾸면 안 된다고 분명히 경고했는데, 점 정도 가 아니라 이사야서 구절의 내용을 아예 통째로 바꾼 사람이 누구인가?

내가 너희에게 명령하는 말을 너희는 가감하지 말고 내가 너희에게 내리는 너희 하나님 여호와의 명령을 지키라.

(신명기 4:2)

그러나 바울이 어떤 사람인가? 예수의 직계 제자들에게까지 복음을 전 파한 사람이다.[37] 사람들 앞에서 베드로를 꾸짖으며 가르친 사람이다. 그런 바울에게 토라, 즉 지금 기독교에서 말하는 구약성경의 점 하나도 더하거 나 빼면 안 된다는 하나님의 경고는 별문제가 되지 않았다. 그는 필요하면 주어도 바꾸고 없는 문장을 만들어 넣기도 했다. '나의 복음'을 전파하려는 목표를 달성하기 위해서 그가 하지 못할 일은 없었던 것처럼 보인다.

바울이 이렇게 히브리 성경의 내용을 바꾸면서까지 로마서를 쓴 이유는 무엇일까? 그에게 메시아가 세상에 온 목적은 오로지 하나, '인류의 죄악 제거'이기 때문이다. 바울에게 인간이 죄를 이기는 길은 오직 하나, 예수 그리스도의 보혈에 대한 믿음밖에 없다. 인간은 절대 스스로 죄 문제를 처 리할 수 없는, 전적으로 타락한 가련한 존재이기 때문이다.

---

37   옥성호, 앞의 책, 69~70쪽.

기독교인은 어쩌면 바로 이 지점에서 바울의 편을 들며 내게 이렇게 반론할지 모르겠다.

"여보세요. 구약성경만 봐도 지켜야 하는 율법이 무려 613가지예요. 그 중에서 무려 75퍼센트는 이스라엘 땅에 살지 않으면, 아예 지킬 수가 없는 거예요. 다시 말해서 성전이 있어야만 지킬 수 있다고요. 지금 이스라엘에 두 번째 성전이 무너지고 아직 세 번째 성전이 세워지지 않은 것 정도는 알지요? 무너진 성전 자리에는 오히려 이슬람 사원이 세워진 것도 아시죠? 제발 뭘 좀 알고 이야기하세요. 그러니까 내 말은 이거예요. 유대인 중에서 누구라도 최대한 지킬 수 있는 율법은 25퍼센트밖에 안 된다고요. 그런데 생각해보세요. 하나님이 25퍼센트로 만족하실 그런 분입니까? 고작 25퍼센트를 지켰다고 의인으로 인정받겠어요? 아무리 좋게 쳐줘도 70퍼센트 정도는 지켜야 하지 않겠어요? 그게 원천적으로 불가능하잖아요? 성전이 없으니까. 그러니까 율법을 지켜서 구원받을 수 있는 길이 애초에 없는 거예요. 제발 뭘 좀 알고 이야기하세요. 바울 사도가 당신보다 모르겠어요? 그는 그런 상황을 미리 다 예상한 거예요. 그래서 믿음밖에 없다고 하는 거예요. 정말로 남은 건 믿음밖에 없다고요. 게다가 예수님을 믿기만 하면 하나님이 100퍼센트 의롭다고 쳐주신다는데 왜 그걸 거부하죠? 그게 싫어요? 도통 난 그게 이해가 안 돼요. 그게 바로 교만이에요. 내 힘으로 여전히 뭔가 할 수 있다는 생각 자체가 교만이라고요. 하나님이 그런 교만을 제일 싫어하시는 걸 모르세요?"

다시 말하지만, 하나님은 지킬 수 없는 것을 지키라고 하지 않는다. 성전이 없는데 성전과 관련한 토라를 지키라고 하지 않는다. 그리고 중요한 것은 마음이다. 토라의 몇 퍼센트를 지켰는가가 아니라 마음이다. 기독교도 그렇지만 히브리 성경에서도 핵심은 마음에 있다.

> 이스라엘아 들으라. 우리 하나님 여호와는 오직 유일한 여호와시니. 너는
> 마음을 다하고 뜻을 다하고 힘을 다하여 네 하나님 여호와를 사랑하라.
>
> (신명기 6:4-5)

1세기 후반 유대에는 아키바라는 대단히 존경받는 랍비가 살았다. 랍비 아키바는 유대교의 근간이 되는 『미쉬나Mishnah』와 『미드리쉬 할라카 Midrash halakha』[38]를 만드는 데 중요한 역할을 했다. 그는 『탈무드』에서 가장 위대한 토라 연구자에게만 붙이는 호칭인 '하캄Hakam' 중에서도 최고의 하캄으로 불리는 사람이다.[39]

랍비 아키바는 제2차 유대-로마 전쟁이라 불리는 바르 코크바 반란[40]을 책임지고 로마제국에 의해 잔인하게 처형당했다. 전쟁이 끝난 후 로마제국은 거의 '인종 청소'하듯 유대 땅을 초토화했는데, 그 와중에 본보기로 랍비 아키바를 비롯해 당시 유대교를 이끌던 대표적인 열 명의 랍비를 각각 다른 방식으로 공개 처형했다.

랍비 아키바는 욤 키푸르Yom Kippur(유대인의 속죄 축일) 전날 시저이아Caesarea 에서 공개 처형당했다. 말할 수 없는 고문을 받으면서도 그는 유대인이 암송하는 위대한 신앙고백의 마지막 구절, 오로지 한 분이신 하나님에 대한 믿음

---

38   유대교 전승 문헌 중 일부.

39   Rosh la-Hakhamim, 'Chief of the Sages'로 불린다.

40   The Bar Kokhba revolt(132~135).

의 고백을 반복했다.

"들으소서, 이스라엘, 하나님은 우리의 하나님입니다. 하나님은 한 분이십니다."

로마인들이 쇠로 만든 빗을 불에 달구어 랍비 아키바의 피부를 벗길 때, 그의 곁에는 제자들이 서 있었다. 그들이 물었다.

"스승님, 지금 이 순간에도, 이런 참혹한 순간조차 하나님 앞에서의 의무를 생각하십니까?"

랍비 아키바가 대답했다.

"나는 평생을 기다렸다. 내가 하나님을 얼마나 사랑하는지 그 사랑을 보여줄 이런 기회를 기다렸다. 그런데 지금 바로 내게 그때가 왔다. 그런데 내가 어떻게 이 순간을 그냥 흘려보내랴?"

이 말과 함께 그는 숨을 거두었다.[41]

보통 유대인은 형식적으로, 겉으로만 율법을 지키는 사람들이라고 생각하기 쉽다. 복음서 속 바리새인에 대한 왜곡된 묘사가 무려 2,000년 가까이 사라지지 않았기 때문이다. 그러나 유대교에 랍비 아카바 같은 순교자는 수도 없이 많다. 유대교에서 형식은 믿음과 사랑의 표현이다. 사랑하기 때문에 율법을 지키려고 애쓴다. 시편 119편의 다윗의 고백 그대로다. 사랑하기 때문에 율법이 꿀보다 달다고 고백한다. 도리어 많은 유대인은 기독교인의 다음과 같은 항변을 전혀 이해하지 못한다.

"아니, 당신은 도대체 율법의 몇 퍼센트나 지키는데요? 100퍼센트 못 지

---

41   http://www.jewishhistory.org/rabbi-akiva-2.

키잖아요? 보세요, 이렇게 말해서 그렇지만, 죽었다 깨어나도 안 된다니까요? 그러니까 믿으세요. 믿기만 하면 그냥 한순간에 100퍼센트가 되는데 왜 그걸 안 해요? 정말 이상하네. 믿는 게 그렇게 어려워요?"

그러면 그들은 도리어 이렇게 묻는다.

"그럼 당신은 몇 퍼센트 순도의 믿음을 갖고 있습니까? 그 믿음이 100퍼센트인지 어떻게 알지요? 그 믿음이 70퍼센트인지도 모르잖아요? 하나님이 그럼 70퍼센트 믿음은 받아주시는가요? 몇 퍼센트부터 불합격인가요?"

강단에서는 성적 순결을 설교하면서 보이지 않는 곳에서 미성년자를 성추행하는 목사는 과연 몇 퍼센트의 믿음을 가진 사람일까? 원래 100퍼센트의 믿음인데 성추행할 때만 20퍼센트 정도로 '훅' 하고 급속도로 내려가는 걸까? 그랬다가 회개하면 100퍼센트로 다시 '슉' 하고 충전되나?

믿음이란 것을 한번 생각해보자. 예수를 구세주로 영접하는 순간, 그러니까 믿음을 갖는 그 순간부터 하나님이 하지 말라고 한 것이 그냥 싫어지나? 대신 하나님이 하라는 것은 너무너무 하고 싶어지나? 마치 모르핀 주사를 맞는 것처럼 말이다. 그렇다면 믿음은 중요하다.

약 10년 전의 일이다. 허리 디스크로 한참 고생했을 때였는데, 중요한 미팅 하루 전날 허리가 악화되어 아예 움직일 수도 없었다. 어쩔 수 없이 미팅을 몇 시간 앞두고 정형외과를 찾았다. 의사는 약 일고여덟 개의 주사를 허리에 놓았다.

"효과가 세 시간에서 세 시간 반 정도는 갈 겁니다."

정말 놀랍게도 순식간에 통증이 사라졌다. 허리를 굽히지도 못했고 어기적거리며 걷는 것조차 힘들었는데 당장에 축구, 아니 씨름이라도 할 수 있을 것 같았다. 비록 몇 시간이었지만 그 효과는, 아니 변화는 확실했다.

믿음이 그런가? 믿음이 사람을 그렇게 단숨에 바꾸는가?

"예수 믿고부터 그토록 좋던 담배연기가 너무 싫어지는 거 있죠? 하루라도 술 안 마시면 못 살았는데, 그 후로는 술잔만 봐도 막 토할 것 같아요."

그러나 믿음과 아무 상관 없이도 이런 고백은 얼마든지 가능하다. 템플스테이를 다녀온 사람 중에도 부지기수다. 내가 아는 어떤 사람은 병원에서 암 진단을 받자마자, 하루에 세 갑씩 피우던 담배와 하루도 빼놓지 않고 마시던 술을 단 1초의 망설임도 없이 바로 끊었다.

행동이 없는 마음은 거짓말이다. 마찬가지로 행동이 따르지 않는 믿음도 거짓말이다. 차라리 마음이 없어도 바르게 행동하는 사회가 훨씬 더 공정할 수 있다. 마음으로만 사랑과 믿음이 넘치는 사람들이 사는 사회보다 훨씬 더 좋은 사회가 될 것이다.

오늘날 기독교가 욕을 먹는 이유가 무엇일까? '값싼 은혜'라는 말이 넘쳐나는 이유가 무엇일까? 믿음이 너무 쉽기 때문이다. 믿지 않는 게 오히려 이상할 정도다.[42]

열 번 넘어져도 다시 일어나서 토라를 지키려고 발버둥 치는 신앙과 행위 없이 믿기만 하면 100퍼센트 해결된다는 신앙 사이에서 무엇이 더 바른 길일까? 다시 말해서 믿음이 중요한가 행위가 중요한가? 히브리 성경에 따르면 행위는 마음의 결과다. 그러나 기독교에서는 오로지 보이지 않는 '믿음'만 있으면 된다.

---

42   옥성호, 『진리해부』, 313쪽.

어느 랍비가 이렇게 말했다.

"한번 생각해보세요. 결혼이 배우자에 대한 신성한 의무라는 확실한 믿음과 확신이 있지만 행동은 그렇지 않은 사람과, 그런 믿음은 없지만 배우자에게 정직하게 행동하는 사람이 있다면 누가 더 낫습니까? 나라가 있어야 내가 있기에 나라를 지키는 것이 가장 중요하다고 믿지만, 정작 전쟁이 났을 때 도망가는 사람과, 그런 믿음을 굳이 떠들고 다니지 않지만 총을 들고 전쟁터로 나가는 사람 가운데 누가 옳은가요?"

요즘은 사업할 때도 상대가 기독교인이면 특히 조심해야 한다고 한다. 가능하면 모든 대화를 녹취하고 만약의 사태에 대비하라고 한다. 입을 열면 '믿음'을 말하지만, 정작 가장 믿을 수 없기 때문이라고 한다. 말과 행동이 다르기 때문이다. 물론 모두 그렇지는 않지만 진짜 문제는 상당수의 기독교인이 말과 행동을 다르게 하면서, 거짓말하고 속이고 온갖 악랄한 짓은 더 하면서도 양심의 가책을 그다지 느끼지 못하기 때문이다.

왜 그럴까? 믿음이 가진 본질적 속성 때문이다.

'믿음'의 동기가 무엇일까? 믿음의 동기가 사랑일 수 있을까? '사랑하기 때문에 믿는다'라는 말은 전혀 자연스럽지 않다. 어색하다. 사랑하면 즉각 행동하기 때문이다. 믿음의 가장 큰 동기는 '이기심'이다. 교회에서 가장 자주 듣는 외침, "믿습니다!"는 다른 말로 하면 이거다.

"제발 좀 주세요. 믿으니까 좀 달라고요!"

기독교에서 믿음은 대부분 무언가를 얻기 위해서 필요하다.[43] 하물며 예

---

43 히브리 성경에도 믿음에 관한 구절들이 나온다. 창세기 15장 6절, 출애굽기 4장 31절 · 14장 31절 · 17장 2절, 예레미야서 5장 3절, 이사야서 26장 2절 등이다. 그러나 여기 나오는 믿음은 기독교의 믿음과 다르다. 유대교 믿음의 본질은 '믿음으로 얻는다'가 아니다. '믿기에 하나님을 경외한다'는 뜻이다.

수의 십자가를 믿는 것도 구원받아 죽어서 천국 가기 위해서다. 예수를 사랑해서 믿을까? 아니, 예수를 사랑한다면 행동한다. 예수처럼 불의에 항거해서 싸울 것이다. 저 사람은 예수 믿기 때문에 도통 신뢰할 수 없다는 말 자체가 설 자리가 없을 것이다. 그러나 기독교의 현실은 전혀 그렇지 않다.

얼마 전 한국 언론의 비극을 다룬 〈공범자들〉[44]이라는 다큐멘터리 영화를 보았다. 거기에 등장하는 언론을 망친 사람들 다수가 기독교인이라고 한다. 이런 현실을 도대체 어떻게 이해해야 할까? 믿음이 가진 '이기심'이라는 속성 외에도 자신은 거짓말을 해도 다 이유가 있고, 거짓말조차도 다 하나님을 위해서 한다고 스스로 합리화하는 놀라운 능력을 갖추었기 때문이라고 생각해야 할까? 그런 사고방식의 원조를 바울로 보아야 할까? 우리는 이미 그가 자신의 목적을 달성하려고 히브리 성경을 어떻게 왜곡했는지를 보았다.

앞에서 한번 언급했던 사람에 관한 기사를 하나 더 살펴보자.

모 후보자는 창조과학회 활동 이력에 대한 논란이 일자 장관 인사청문회를 앞두고 창조과학회 이사직을 전격 사퇴했다. 모 미래창조과학부 장관도 후보자 시절 창조과학자로 분류되는 한 학자와 공동으로 저서를 발간한 사실이 밝혀져 논란이 일었다. 모 장관은 당시 국회 청문회에서 "창조과학 내용에 동의하지 않는다"며 논란을 피해갔다.[45]

오래전 노무현 대통령이 대통령 선거에 나왔을 때 장인이 빨치산이었

---

44   〈공범자들〉(최승호 감독, 2017).

45   http://www.hankookilbo.com/v/0d474b7036214a7b90f3d4ded85124d0.

유대교와 기독교는 어떻게 다른가?

다는 사실 때문에 곤혹을 치른 적이 있었다. 그때 노무현 대통령은 이렇게 말했다.

> 제 장인은 좌익 활동을 하다가 돌아가셨습니다. …… 저는 이 사실을 알고 아내와 결혼했습니다. 그리고 아이들 잘 키우고 서로 사랑하면서 잘살고 있습니다. 뭐가 잘못되었습니까? 이런 아내를 제가 버려야 합니까? 그렇게 하면 대통령 자격이 있고, 그 아내를 그대로 사랑하면 대통령 자격이 없다는 말씀이십니까? 여러분, 여러분들이 이 자리에서 심판해주십시오. 여러분이 이 자리에서 이 아내를 계속 사랑한다고 해서 대통령이 될 자격이 없다고 하면, 저는 대통령 후보 그만두겠습니다.[46]

바로 위에서 언급한 창조과학회 활동으로 곤란에 처한 사람들이 만약에 노무현 대통령과 같은 상황을 맞았더라면 어떻게 했을까? 아마도 이렇게 말하지 않았을까?

"저 어제 부인과 이혼했습니다. 이제 되었지요? 장인 문제, 아니 전 장인 문제 이제 깨끗하게 해결된 거지요? 그러니까 저 꼭 찍어주세요!"

믿음이라는 단어가 나온 김에 좀 더 생각해보자. 믿는다고 상황이 바뀔까? 아들이 아버지가 친아버지가 아니라고 생각한다고, 한 치의 의심도 없이 그렇게 믿는다고 피가 물로 바뀔까? 옆집 애가 갑자기 나를 아버지라고 믿는다고 그 아이가 내 아들이 될까? 말이 안 되는 것을 정말로 믿는다면, 그건 미쳤다는 게 아닐까? 옆집 아이가 나를 아버지라고 믿는다면, 미쳤다

---

46   https://pgr21.com/pb/pb.php?id=freedom&no=58393.

는 소리가 아닐까?

살다 보면 별로 호감을 느끼지 않는 이성에게 구애를 받을 때가 있다. 그 이성이 한 치의 의심도 없이, 정말로 100퍼센트 온전한 믿음으로 하나님께 내 마음을 바꿔달라고 기도하면 내가 바뀔까? 싫은 이성이 갑자기 좋아질까? 내 마음에 그 사람에 대한 사랑이 싹틀까? 스스로 아무리 살인자가 아니라고 믿어도 증거가 나오면 그 사람은 유죄다. 내가 아무리 한 치의 의심도 없이 강동원보다 더 잘생겼다고 믿어도 그건 사실이 아니다.

확실한 사실 앞에 믿음은 전혀 필요치 않다! 내일 아침 태양이 뜬다는 사실을 믿으려고 애쓰는 사람은 없다. 사실상 믿음이란 '진짜' 앞에서는 언제나 액세서리이고 거추장스러울 뿐이다.

그 반대는 어떨까? 말이 안 되는 것을 어떻게든 믿으려고 발버둥 친다고 믿어지지 않는다. 단식까지 하며 발버둥 친다고 산타클로스가 믿어지지 않는다. 살인자가 자신이 무죄라고 믿는 것은 불가능하다. 한 치의 의심도 없이 강동원보다 잘생겼다고 믿는 것은 아무리 노력해도 가능하지 않다. 인간의 머리가 그렇게 만들어지지 않았기 때문이다. 다른 사람은 몰라도 내가 나를 속일 수는 없기 때문이다.

말이 안 되는 것을 '정말로' 믿는 맹목적 믿음은 다음 두 가지 경우일 때에만 가능하다. 옳고 그름을 아예 판단할 수 없는 어린아이 때에 주입된 세뇌 또는 절망에 빠져 사리판단이 거의 불가능할 때 지푸라기라도 잡고 싶은 심정으로 스스로 주입한 세뇌.

그런데 믿음의 중요성을 그토록 강조한 바울은 정작 이해하기 힘든 이야기를 한다. 모든 인간의 운명은 이미 태초에 결정되었다는 주장, 이른바 '예정론'이다. 어떻게 가장 믿음과 상관없는 예정론과 믿음의 조화가 가능할까? 99퍼센트는 태초 전에 '결정'되었지만, 막판에 화룡점정을 찍는 게 믿음일까?

예정론이 맞다면 한 치의 의심도 없이 믿어도 바뀌는 것은 아무것도 없다. 이미 정해져 있으니까. 천국 갈 사람은 천국 가고 지옥 갈 사람은 지옥에 간다. 고작 가능한 건 반복적인 암시로 살아 있는 동안에 스스로 착각에 빠지는 정도다. 예정론이 맞다면 한마디로 말해 믿음처럼 하찮은 것도 없다. 이런 믿음이 언제부터 하나님에게 그토록 중요해졌을까? 인간의 영원 여부가 결정될 정도로?

정상적인 인간에게 믿음은 그냥 따라올 뿐 불러일으켜야 하는 무엇이 아니다. 믿는지 안 믿는지를 따질 필요조차 없다. 나는 어머니를 보면서 과연 진짜 내 어머니일지 믿으려고 애쓴 적이 없다. '믿음'이란 단어조차 떠오른 적이 없다.

믿음을 불러일으켜야 할 상황이 되었다면, 그건 사실이 아닐 가능성이 커졌기 때문이다. 배우자에 대한 믿음이 필요해졌다면, 그건 심각한 문제가 있다는 의미다. 동업하는 파트너에 대한 믿음이 필요해졌다면, 그건 뭔가 위기가 다가온다는 의미다. 배우자 또는 사업파트너가 내게 이렇게 말한다면 기뻐하는 대신 긴장해야 한다.

"제발 나 좀 믿어줘라."

믿음이 필요할 때는 거의 언제나 도무지 믿기 힘든, 바로 그때다.

2015년 5월, 메르스 사태가 일어났을 때 박근혜 정부를 보는 많은 국민에게는 정부의 위기관리 능력에 대한 '강한 믿음'이 필요했다.

따라서 "믿어주세요"라는 말 속에는 '언제나' 적색경보가 숨어 있다.

바울은 갈라디아서 1장 20절에서 이런 말까지 했다. 워낙 다급했기 때문이다.[47]

보라, 내가 너희에게 쓰는 것은 하나님 앞에서 거짓말이 아니로다.

하나님의 이름까지 거명하면서 거짓말이 아니라는 바울의 말은 다름 아니라, 제발 좀 믿어달라는 애원이다. 마찬가지로 아버지가 아들에게 이런 말을 할 때는 언제일까?

"내가 제발 너의 아버지라는 걸 믿어다오."

딱 한 경우밖에 없다. 아버지라면 차마 할 리 없는 잘못을 자식에게 했을 때다. 따라서 누군가가 믿어달라고 애원하는 상황은 그 자체로도 위기를 의미하지만, 그 말을 하는 주체에게 심각한 문제가 있을 때가 대부분이다. 이 점에서 기독교의 하나님을 살펴보자. 기독교의 하나님에게 가장 중요한 것은 믿음이다.

하나님이 믿음을 요구하는 존재라고 정의한 사람은 다름 아닌 바울이다. 자신의 서신서를 읽는 성도들에게 자기를 제발 믿어달라고 애원했던 바울은 하나님도 자신과 비슷하게 만들었다. 바울은 하나님을 믿음을 요구하는 '문제가 있는 존재'로 바꾸었다. 아마도 바울은 몰랐던 것 같다. 믿음을 요구하는 존재가 되는 순간 문제가 많아진다는 사실을 말이다. 믿음을 요구하는 이유는 언제나 똑같다. 도저히 믿을 수 없기 때문이다. 그래서 믿음이 필요하다. 거짓말을 많이 하는 사람을 향해서도 믿음이 필요하고, 또 말

---

47   옥성호, 『야고보를 찾아서』, 82쪽.

유대교와 기독교는 어떻게 다른가?

이 안 되는 주장을 향해서도 믿음이 필요하다. **황당함의 정도가 클수록 '더 큰 믿음'이 필요하다.**

그래서일까? 힘든 믿음을 요구하는 주체는 언제나 한 가지를 더 손에 들고 있다. '협박'이다. 자신을 믿어달라고 호소하는 바울도 다르지 않다.

> 율법 안에서 의롭다 함을 얻으려 하는 너희는 그리스도에게서 끊어지고 은혜에서 떨어진 자로다.
>
> (갈라디아서 5:4)

크고 강한 믿음을 요구하는 신일수록 협박의 강도도 세다. 기독교의 협박이 무엇일까? '믿고 방향을 바꾸거나 아니면 믿지 말고 지옥 가서 불에 타라'를 의미하는 'turn or burn'이다. 불에 탄다고? 얼마나 오래? 영원히…… 영원히 지옥 불에서 고통받는다는 협박이다.

기독교 개혁신앙의 최고봉으로 일컫는 조너선 에드워즈[48]는 1741년 코네티컷 엔필드에서 기독교 역사에 남는 설교를 했다. 그의 설교는 한마디로 협박이었다. 그 협박이 얼마나 대단했는지 설교를 들은 청중의 반응은 그날부터 거의 300년이 흐른 지금까지도 회자될 정도다. '진노한 하나님의 손에 잡힌 죄인들'[49]이라는 제목의 설교였다.[50]

---

48 Jonathan Edwards, 1703~1758.

49 Sinners in the hands of an angry God.

50 "죄인들이 지옥에 떨어지지 않게 지켜주는 것은 아무것도 없습니다. 하나님을 부인하는 패역한 자들이 지옥에 던져지는 것은 너무나도 당연합니다. 죄인들은 이미 지옥에 가도록 정죄를 받았습니다. 여러분은 마귀에게 속한 자들입니다. 여러분의 타락한 본성이야말로 지옥의 고통의 토대가 됩니다. 여러분이 계속 그리스도를 거부하고 악한 인간으로 남아 있는 동안은 지옥에서 벗어나고자 하는 여러분의 계략은 아무런 쓸모가 없습니다. 여러분은 지옥의 구덩이 위에서 하나님

조너선 에드워즈가 단상에 힘든 걸음으로 올라갔다. 그는 원고지를 펼쳐 지극히 평이하고도 나지막한 어조의 설교를 시작했다. 얼마 지나지 않아, 여기저기에서 흐느끼며 우는 소리가 들리고, 고통에 얼굴이 일그러진 사람들이 웅성거리더니 그가 설교를 마치기 무섭게 모여 있던 군중들이 두려움에 몸을 떨며 하나님 앞에 나아와 회개하기 시작했다. 교회 안은 삽시간에 비명에 가까운 울음 섞인 회개와 사냥개에 쫓기다 못해 두려움에 사로잡힌 듯한 절규로 가득 찼다.[51]

믿음을 유지하는 것과 무능하고 부패한 정부가 수명을 연장하는 방식은 비슷하다. 협박이 없으면 불가능하기 때문이다. 믿음을 유지하기 위해 지옥이라는 협박이 있다면, 과거 우리나라의 경우 독재 정부일수록 '북한의 위협'이라는 협박이 있었다. 믿음은 그런 것이다. 믿음이 필요하다면, 그건 비극의 씨앗이 뿌려졌음을 의미한다.

아버지와 자식의 관계를 한 번 더 생각해보자. 이 세상에 내가 아버지라는 사실을 믿으라고 자식을 다그치는 아버지는 없다. 아버지라면 자식을 가르치고 훈계한다. 히브리 성경의 하나님은 유대민족에게 가르침을 주는 아버지였다. 토라를 주며 순종하라고 했지, 나를 믿으라고 다그치지 않았다. 히브리 성경의 하나님은 순종의 대상이었지 믿음의 대상이 아니다.

그런데 바울은 이 모두를 단숨에 바꾸었다. 결코 순종할 수 없는, 희망 없는 인간에게 남은 희망은 믿음뿐이라고 했다.

의 손에 매달려 있습니다. 여러분은 불타는 구덩이에 들어가야 마땅한 자들이며, 그러한 판결은 이미 선고되었습니다." 출처: http://reformanda.co.kr.

51   http://reformanda.co.kr.

유대교의 인간관에 대해 마지막으로 한 가지만 더 짚고 넘어가자. 히브리 성경에 의하면 인간은 스스로 죄를 이길 수 있는 주체적 존재다. 따라서 당연히 자신의 죄는 스스로 책임져야 한다. 내 죄를 누군가 대신 책임지지 않는다.[52] 잘하면 상을 받고, 잘못하면 벌을 받는다.

"무슨 소리예요? 구약에서 자기 죄를 어린 양에게 씌우고 죽여서 용서받는 거 몰라요?"

히브리 성경에서 양을 제사로 바치는 번제karbanot는 중요하다. 그러나 번제는 만병통치약이 아니다. 대부분 번제는 오로지 모르고 지은 죄를 사할 뿐이다.[53]

대부분의 경우 번제는, 모르고 지은 죄만 속죄한다. 그리고 강제적 상황에서 어쩔 수 없이 지은 죄, 해당 죄에 대한 지식이 전혀 없는 상황에서 지은 죄의 경우에는 번제 자체도 필요 없이 그 죄를 묻지 않는다. 대부분의 경우, 번제를 하더라도 악독하고 고의로 지은 죄는 속죄되지 않는다. 게다가 죄를 지은 사람이 진정으로 회개하고 자신이 해를 끼친 사람에게 그에 합당한 사죄를 하지 않는 한 번제는 그 어떤 속죄의 역할도 하지 않는다.[54]

히브리 성경은 아무런 회개나 피해자에 대한 보상 없이 제사 하나로 모

---

52   이 점은 곧 다룰 '메시아' 주제와도 직결된다. 왜 유대인은 예수를 메시아로 받아들일 수 없느냐는 질문과 관련한 문제다.

53   "만약 한 사람이 실수로 죄를 지었을 경우에는 그 사람은 1년 된 암염소를 속죄 제물로 드려야 한다. 제사장이 실수로 죄를 짓게 된 그 사람의 죄를 속죄해주면 그는 용서받게 될 것이다."(민수기 15:27-28)

54   https://www.jewishvirtuallibrary.org/sacrifices-and-offerings-karbanot.

든 문제를 해결하려는 사람에 대해서 단호하게 선언한다. 이사야서 1장 11-13절을 살펴보자.

여호와께서 말씀하시되 너희의 무수한 제물이 내게 무엇이 유익하뇨. 나는 숫양의 번제와 살진 짐승의 기름에 배불렀고 나는 수송아지나 어린 양이나 숫염소의 피를 기뻐하지 아니하노라. 너희가 내 앞에 보이러 오니 이것을 누가 너희에게 요구하였느냐 내 마당만 밟을 뿐이니라. 헛된 제물을 다시 가져오지 마라. 분향은 내가 가증히 여기는 바요 월삭과 안식일과 대회로 모이는 것도 그러하니 성회와 아울러 악을 행하는 것을 내가 견디지 못하겠노라.

히브리 성경에서 죄의 문제는 에덴동산에서 시작한 자유의지라는 개념과 밀접하게 연결되어 있다. 따라서 죄와 책임은 별개가 아니다. 번제는 하나의 상징일 뿐이다. 번제물을 태웠다고 죄가 사라지지 않는다. 번제 속에 진정한 '돌이킴'이 있을 때만 그 연기가 하나님 앞에서 향기로울 수 있다. 그게 히브리 성경의 제사다.

예를 들면 이런 것이다. 매일 아침 새벽에 무릎 꿇고 기도하는, 여러 명의 여자를 성추행한 목사를 생각해보자. 흔히들 새벽기도를 '새벽 제단을 쌓는다'고 표현한다. 제사에 비교하는 말이다. 그러니까 달리 말하면 매일 새벽 어린 양을 가져와 죽이고 태운다는 말이다. 그럼 그 목사의 제사가, 새벽 제단이 하나님 앞에서 향기로울까?

오로지 한 경우에만 가능하다. 그가 죄에서 돌아섰을 때다. 돌이킴이란 무엇인가? 가장 먼저 피해자에게 진심으로 사죄하고 용서를 구해야 한다. 그리고 손해를 끼친 교회와 사회에 진심으로 사죄하고 용서를 구해야 한다. 다시는 그런 일을 하지 않아야 한다. 그게 돌이킴이고 회개다. 이런 일련의 돌이킴 없이, 매일 새벽에 쌓는 제단의 제물은 하나님 앞에 역겨운 냄새일 뿐이다.

다시 말해 죄의 문제는 양을 죽여 태운다고 '자동으로' 해결되지 않는다. 철저히 나에게 달린 문제다. 내 죄를 해결하는 사람은 오로지 한 사람, 나 자신뿐이다. 신명기 24장 16절을 보자.

아버지는 그 자식들로 말미암아 죽임을 당하지 않을 것이요, 자식들은 그 아버지로 말미암아 죽임을 당하지 않을 것이니, 각 사람은 자기 죄로 말미암아 죽임을 당할 것이니라.

누가 누구를 대신해서 죽는다고 죄가 해결되지 않는다는 뜻이다. 에스겔서 18장 20절은 또 이렇게 말한다.

범죄하는 그 영혼은 죽을지라 아들은 아버지의 죄악을 담당하지 아니할 것이요, 아버지는 아들의 죄악을 담당하지 아니하리니 의인의 공의도 자기에게로 돌아가고 악인의 악도 자기에게로 돌아가리라.

예레미야서 31장 29절은 죄의 책임은 오로지 자신에게만 있음을 은유적으로 표현한다.

그때에 그들이 말하기를 다시는 아버지가 신 포도를 먹었으므로 아들들의 이가 시다 하지 아니하겠고.

이처럼 죄 문제는 오늘날처럼 '믿습니다'를 주문처럼 외운다고 해결되지 않는다. 믿고 말고를 떠나서, 히브리 성경에서는 애초에 내 죄 때문에 다른 사람이 대신 죽는다는 개념 자체가 생소하다. 자신의 잘못에 대한 책임을 다른 누군가에게 돌리고, 그를 향해 '믿습니다'라고 외치는 모습은 유대교의 입장에서 볼 때 이해할 수 없을뿐더러 무책임하기 이를 데 없다.

여전히 기독교 교리는 이렇게 항변한다.

"하지만 우리 인간이 어떻게 죄에서 돌이키겠어요? 우리는 전적으로 타락했다니까요? 그러니 우리에게 무슨 능력이 있겠어요? 믿음이라는 것도 성령님께서 은혜를 주셔야만 가능한 비참한 존재라고요."

그러나 히브리 성경은 결코 그렇게 이야기하지 않는다. 인간이 할 수 있다고 말한다. 그런 능력을 갖춘 인간이기에 자신이 저지른 죄를 스스로 책임져야 한다. 누구도 대신 그 짐을 지지 않는다. 게다가 인간은 결코 뼛속까지 부패하지도 않았고, 하나님 스스로 보기에도 '좋을 정도로' 아주 잘 만들어진, 창조주의 이미지를 고스란히 간직한 위대한 존재다. 사탄에게는 없는 자유의지도 갖고 있다.

인간성의 위대함은 무한한 존재로부터 기인한다. 그렇기에 인간은 존중받을 수 있고, 하나님의 형상대로 만들어졌기에 순수한 인간의 가능성을 온전히 실현하려는 목표를 가진, 그런 존재로 살아갈 수 있다. 신적 기원을 가진 인간에 대한 생각, 모든 인간은 예외 없이 다 '하나님의 아들들Sons of God'이라는 생각, 하나님의 창조 원칙에 따라서 몸과 영혼이 하나로 이어진다는 생각은 이방 기독교Gentile-Christianity가 들어오면서 망가졌다. 영혼은 육체 속에 갇혀버렸고 어떻게든 이 육체의 감옥을 벗어나려면 신적 동기divine spark가 필요

하다는 헬레니즘 사고가 그 자리를 차지하고 말았다.[55]

그렇다. 히브리 성경의 인간관은 기독교로 인해 아주 처참하게 망가졌다. 기독교가 지난 2,000년간 인간에게 끼친 유익도 물론 많지만, 그에 못지않게 많은 해악도 남겼다. 그중에서 가장 큰 해악이 바로 하나님의 걸작품인 인간을 아예 가망 없는 죄인으로 만든 것이다.

하나님이 인간 속에 심은 인간의 고유한 감정과 욕망까지도 '죄의 씨앗'으로 바꾸었다.

미국 종교사회학자 필 주커먼[56]이 1년간 북유럽에 거주하면서 다양한 사람들을 만나 작성한 일종의 보고서 같은 책이 있다. 『신 없는 사회』[57]다. 북유럽은 말 그대로 종교가 설 자리가 거의 없다. 기독교는 종교가 아닌 문화유산에 불과하다. 단지 적은 숫자의 정통 기독교인만 있다고 한다. 저자는 다양한 사람과 인터뷰했는데, 그중에는 호스피스 간호사들도 있었다. 그들의 말이 뇌리를 강하게 때렸다.

"기독교인들이 가장 죽음을 두려워해요."

아이러니하다는 생각 대신 당연하다는 생각이 먼저 들었다. 그게 기독교이기 때문이다. 숨을 거두는 순간까지 인간을 죄책감에서 풀어놓지 않는게 기독교 교리이기 때문이다. 죽어서 막상 하나님 앞에 섰는데, "너 누구냐?"라는 질문이 날아올지도 모른다는 은연중의 공포를 품고 사는 게 기독교인이기 때문이다.

---

55   Hyam Maccoby, 앞의 책, p.194.

56   Philip(Phil) Zuckerman, 1969~ .

57   필 주커먼, 김승욱 옮김, 『신 없는 사회』(마음산책, 2012).

종교개혁을 시작한 마르틴 루터는 죽기 직전 친구에게, 기독교를 대표하는 인물답게 기독교의 인간관을 요약하는 기념비적인 말을 남겼다.

"우리는 거지들이야. 그건 진실이야We are beggars. This is true." [58]

---

58   http://www.ligonier.org/blog/martin-luthers-last-words.

─── 유일신 ───
03

평생 교회에서 이른바 정통 기독교의 가르침만을 받아온 사람이라면, 지금까지 읽은 내용이 더없이 생소할 것이다. 아니, 생소한 정도가 아니라 아예 거부감을 느끼는 사람도 적지 않을 것이다. 그러나 한번 생각해보자. 살아서 꿈틀거리는 낙지, 참기름과 소금이 살짝 뿌려지자 더 미친 듯이 움직이는 산낙지를 보면 한국 사람은 침을 흘린다. 그러나 외국인에게 그 장면은 혐오 그 자체다. 세계적으로 각광 받은 영화 〈올드보이〉[59]에서 외국인이 뽑은 가장 충격적인 장면은 단연, 막 탈출에 성공한 오대수(최민식 분)가 일식집에서 산낙지를 통째로 씹어 먹는 모습이다. 그러나 한국인 중에는 그 장면에 오히려 군침을 흘리는 사람도 꽤 되지 않았을까? 우리도 외국에 나가면, 특히 동남아 시골에 가면 이와 비슷한 상황을 만난다. 말린 지네를 비롯한 각종 곤충뿐 아니라 도마뱀 같은 파충류를 맛있게 먹는 모습이 그렇다. 그들은 없어서 못 먹는데, 우리에게는 말 그대로 혐오식품이다. 돈

---

59   〈올드보이〉(박찬욱 감독, 2003).

주고 먹으라고 해도 쉽지 않다. 어려서부터 보고 자란 환경이 만들어낸 선입관이다.

이런 선입관의 예를 하나 들어보자. 그리스 신화에 종종 등장하는, 하늘의 신이 땅에 내려와 인간을 범하고 애를 낳는 장면을 아름답다고 생각하는 사람은 거의 없다. 그러나 기독교인은 본질상 그리스 신화와 별다를 것 없는, 신약성경 속 동정녀 수태에서는 조금의 거부감이나 이질감도 느끼지 않는다. 아니, 감동(은혜)까지 받는다. 어려서부터 너무도 자연스럽게 체득했기 때문이다. 그러나 엄밀히 말해서 동정녀 수태도 신이 일방적으로 인간을 범한 사건이다. 마리아는 자기도 모르는 사이에 임신했고, 나중에 그 사실을 통보받았을 뿐이다.

어릴 때부터 듣고 자라서 생긴 선입관이 우리의 일상 사고에 얼마나 깊은 영향을 미치는지를 염두에 두고 논의를 진행해보겠다. 대부분 기독교인은 다른 건 몰라도 유대교와 기독교가 유일신 하나님을 믿는다는 점에서만은 정확하게 일치한다고 확신한다. 그런데 정작 유대교가 기독교에 가장 이질감을 느끼는 부분이 바로 이 지점이다. 유대교는 기독교가 유일신 하나님을 다신으로 만들었다고 생각하기 때문이다.

유대교 교리의 핵심은 유일신 사상이다. 어떤 경우에도 그것만은 양보하지 못한다. 그런 유대민족이기에 유일신 하나님을 모욕하는 로마제국과 거의 100년에 걸친 참혹한 전쟁까지 치렀다. 그랬기에 그들은 같은 하나님을 믿는다는 기독교가, 비록 히브리 성경에 '구약성경'이라는 황당한 이름을 붙였지만, 그래도 아브라함을 '믿음의 아버지'라고 부르는 기독교가 유일신 신앙을 훼손하는 데 배신감을 느낀다.

그러나 기독교의 입장에서 볼 때 이거야말로 어이없는 소리다. 아니, 역울해서 목구멍이 다 꽉 막힐 지경이다. 세상에 기독교처럼 확실하게 하나님 한 분만을 믿는 종교가 또 있을까? 기독교도 유대교처럼 '나 외에 다른 신을 네 앞에 두지 마라'는 십계명을 지키는 데 한 치의 어긋남이 없다는 걸 모르나? 아니, 다 떠나서 한국만 놓고 생각해보자. 비록 기독교가 들어온 지 이제 100년 조금 넘은 나라지만, 그사이에 수도 없이 많은 기독교인이 하나님 한 분만을 섬기다가 뜨거운 순교의 피를 뿌렸다. 일제강점기 때 신사참배를 거부하다가 죽임을 당한 기독교인의 숫자도 결코 적지 않다. 솔직히 황제를 신으로 섬기라는 로마제국에 대항했던 유대민족과 비교해도 하나도 꿀리지 않는 한국 기독교인이다.

그게 다가 아니다. 현실은 또 어떤가? 한국의 기독교인은 수천 년간 이어온 제사라는 한민족 전통조차도 우상숭배라는 이름으로 단호하게 거부해버렸다. 유대민족과 달리, 전통을 거부하여 한국 기독교인이 가족에게 엄청난 핍박을 받는다는 사실을 과연 그들이 이해할 수 있을까?

"그런데 뭐라고요? 기독교인이 유일신을 믿지 않는다고요? 기독교가 다신교라고요? 이건 정말 아무리 좋은 마음으로 이해하려고 해도 참을 수 없는 모욕이네요. 도대체 무슨 근거로 그 사람들은 그런 말도 안 되는 생각을 한답니까?"

왜 그럴까? 앞장에서 살펴본 대로, 사탄을 하나님과 거의 대등한 신적인 존재로 보는 것도 중요한 이유다. 그러나 진짜 이유는 따로 있다.

기독교는 예수를 신으로 만들었기 때문이다.

유대인 중에는 예수를 아예 '예수'라고 부르지 않는 사람도 적지 않다. 굳이 이름을 불러야 할 때는 지저스 크라이스의 약자인 'JC'를 쓰기도 한다. 왜냐하면 다음의 명령 때문이다.

내가 네게 이른 모든 일을 삼가 지키고, 다른 신들의 이름은 부르지도 말며 네 입에서 들리게도 하지 말지니라.

(출애굽기 23:13)

기독교에서 예수는 엄연한 '신'이고 당연히 유대인에게는 이름도 부르면 안 되는 '다른 신' 중 하나이기 때문이다. 그런데 기독교의 다신 개념은 예수에서 끝나지 않는다. 한 걸음 더 나아가 기독교는 삼위일체라는, 히브리 성경에서는 차마 상상도 할 수 없는 개념을 만들어냈다. 유대인의 눈에 삼위일체는 이집트 신화의 '삼인조 신Triad'인 '오시리스' '이시스' 그리고 '호루스'와 크게 다르지 않다. 아니, 삼위일체는 유일신 하나님에 이방의 잡신 개념을 섞은 차마 상상할 수 없는 죄악이다.

"뭐라고요? 삼위일체요? 삼위일체 때문에 유대인이 기독교를 다신교로 생각한다고요? 아니, 삼위일체야말로 성경이 신구약 전체에 걸쳐서 확실하게 증거하는 진실인데, 도대체 무슨 소리를 하는 겁니까? 그리고 삼위일체는 세 분의 신이 있다는 소리가 아니에요. 말 그대로 삼위가 하나가 되어 일체로 있는 유일신 하나님을 말하는 거라고요. 하나님이 어떤 분인지를, 그러니까 하나님의 속성을 설명하는 거라고요. 도대체 그게 어떻게 다신의 근거가 된다는 거죠? 아니, 게다가 어떻게 거룩한 삼위일체를 이집트 신화 따위와 비교해요? 이건 유대인이 그만큼 영적으로 눈이 멀었다는 걸 스스로 인정하는 것, 그 이상도 이하도 아닙니다."

삼위일체를 자세히 살펴보기 전에 먼저 누군가가 완전한 인간이자 동시에 완전한 신이라는 기독교의 주장을 살펴보자. 바로 '성육신' 교리다. 삼위일체와 성육신은 서로 떼려야 뗄 수 없는 불가분의 관계다. 그럼 '성육신'이 무슨 의미일까? '하나님이 인간이 되었다'는 뜻이다.

오래전에 나온 일본 만화 〈마징가 제트〉에는 반은 남자고 반은 여자인 아수라 백작이 나온다. 한마디로 '반남반녀'인데, 인간 역사에서 그런 '반남반녀'를 만나는 일은 쉽지 않지만, '반신반인', 그러니까 반은 신이고 반은 인간인 존재는 흔했다. 하지만 옛날에도 또 오늘날에도 '완전한 인간이자 동시에 완전한 신fully human and fully god(divinity) at the same time'이라는 개념, 그러니까 '완신완인'이라는 말은 없다. 오로지 기독교에만 있는 독특한 존재인데 다름 아닌 '예수'를 지칭한다.

모든 것을 접어두고 이런 질문을 한번 던져보자. 내가 완전한 남자이자 동시에 완전한 여자일 수 있을까? '동시에' 남자이면서 여자인 '완남완녀'는 불가능하다. 남자와 여자를 정의하는 속성이 상호 배타적이기 때문이다. 달리 말해 둘 중 하나가 되는 순간, 다른 하나는 사라지고 만다.

신과 인간의 관계도 마찬가지다. 신과 인간을 다른 말로 하면 창조주와 피조물이다. 완벽한 창조주이자 완벽한 피조물이 동시에 가능하다고? 그렇다면 누가 누구를 창조하고, 누가 누구에게 창조된 걸까? 예수의 인성(예수가 100퍼센트 완전한 인간이었다는 교리)과 관련해서 교회에서는 이렇게 말한다.

"예수님도 피곤해서 주무시고 배가 고프셨잖아요. 눈물도 흘리시고 우리 인간이 살면서 느끼는 모든 고통을 다 겪으셨잖아요? 이거야말로 바로 예수님이 완전한 인간이셨다는 증거에요."

그러면서 예수의 인성을 강조하기 위해서 히브리서 4장 14-15절을 인용한다.

그러므로 우리에게 큰 대제사장이 계시니 승천하신 이 곧 하나님의 아들 예수시라 우리가 믿는 도리를 굳게 잡을지어다. 우리에게 있는 대제사장은 우리의 연약함을 동정하지 못하실 이가 아니요, 모든 일에 우리와 똑같이 시험을 받으신 이로되 죄는 없으시니라.

이 구절은 예수가 육신을 입었기 때문에 인간의 연약함을 잘 안다는 설명이다. 그런데 전지全知한 하나님이 인간이 되기 전까지는 인간의 상황을 모른다고? 이해하기 어려운 설명이다. 또한 인용한 히브리서는 예수가 시험을 당했지만, 죄가 없다고 말한다. 이거야말로 예수가 인간이 아니었음을 가장 명백하게 보여주는 대목이 아닐까?

저자는 기독교인을 위로하려고 이런 구절을 썼겠지만, 위로는커녕 도리어 절망하게 한다고 생각한다. 시도 때도 없이 넘어지는 인간을 아무리 시험받아도 끄떡없는 예수가 어떻게 이해할까, 하는 질문이 자연스럽게 떠오르기 때문이다.

굳이 예수와 인간까지 갈 것도 없다. 인간 사이에서도 이런 사례는 너무 많다. 항상 전교에서 1등 하는 학생이 반에서 중간 성적 유지도 힘겨워하는 친구의 심정을 알까? 아이큐 150이 아이큐 70의 심정을 알까? 교과서를 한 번만 쭉 읽어도 다 외우는 학생이 온종일 연습장에 써가면서 외우고 또 외워도 자꾸 까먹는 친구의 절망을 알까? 하물며 인간 사이에서도 이런데, 시험을 받아도 죄를 짓지 않는 예수가 인간을 이해한다고? 히브리서의 주장이 위로가 아니라 절망감을 안겨줄 가능성이 훨씬 큰 이유다.

지금부터 인간이 무엇인지 잠시 생각해보자. 몽골 평원을 달리는 말도 피곤을 느끼고 배고파한다. 새끼가 죽으면 말을 못 해서 그렇지 인간 이상으로 슬픔을 느낄지도 모른다. 자고 일어나고 배고프면 먹고 또 화장실 가고…… 이런 게 인간일까? 아니다. 그건 그냥 동물이다. 동물과 다른 인간의 가장 큰 특징이 무엇일까? 이성이다. 이성의 기능 중 하나는 시간을 이해하는 능력이다. 과거를 인지하고 현재를 느끼고 또 미래를 바라본다. 미래만을 놓고 보자면 인간은 동물과 달리 불확실성을 느낀다. 인간만이 느끼는 이 감정. 미래가 주는 불안과 두려움은 사슴이 수풀 속에 숨은 맹수를 감지하고 느끼는 본능과는 전혀 차원이 다르다. 그래서 인간은 신을 찾았다. 인간에게 종교가 있는 가장 큰 이유다. 전지전능한 신에게 불확실성이 있을 수 없기 때문이다. 신은 절대 불안할 수 없다.

그런 신에게 불안한 내 존재를 의탁함으로써 불안을 제거하는 것이 종교의 본질이다. 그렇기에 존재의 불안함 또는 존재의 위기감이야말로 100퍼센트 인간임을 증명한다. 따라서 인공지능 AI가 아무리 발달해도 이런 감정을 느끼지 못한다면, 그냥 기계에 불과할 뿐이다.

그럼 예수에게도 불확실성이 주는 불안이 있었을까? 그렇다면 그는 완전한 인간이다. 그러나 결코 신은 될 수 없다. 왜냐하면 인간의 불안함을 근본적으로 해결하는 존재, 인간의 모든 결함이나 한계가 제거된 완전한 존재가 신이기 때문이다. 인간과 신의 거리는 여자와 남자의 간격과 비교할 수 없을 정도다. 어느 한쪽이 되는 순간, 다른 하나의 속성은 흔적도 없이 사라지기 마련이다. 따라서 예수는 동시에 신이고 인간일 수 없다.

아주 오래전에 만든 영화 중에 숀 코너리가 주연한 〈왕이 되려던 사나이〉[60]라는 영화가 있었다. 어느 미개한 부족에 탐험을 하러 간 영국인이 이런저런 일을 겪으면서 그 부족의 왕이자 신으로 군림했다. 한동안 모두 행

---

60   〈왕이 되려던 사나이〉(존 휴스턴 감독, 1975).

신의 변명

122

복했다. 신이 된 영국인은 사랑으로 부족을 다스렸고, 부족은 그를 떠받들었다. 비록 신이 되었지만, 그는 외로웠다. 다행히 부족 안에 영국에서도 보기 드문 미인이 한 명 있었고, 그는 그녀를 부인으로 삼기로 했다. 말 그대로 신과 인간 사이의 성대한 결혼식이 거행되었다. 결혼식 내내 신부의 눈동자가 거의 뒤집혀 있었는데, 인간이 신의 아내가 된다는 사실이 너무나 두려웠기 때문이다. 결혼식이 끝나고 신이 된 영국인이 아내에게 키스하려고 입술을 가져다 대는 순간, 공포를 이기지 못한 여자가 그를 거칠게 밀쳐냈다. 그 와중에 그만 여자의 손에 끼여졌던 반지가 신이 된 영국인의 얼굴을 긁었고, 상처에서 피가 흐르기 시작했다. 선연한 한 줄기 붉은 피가 그의 볼에서 주르르 흘러내렸다. 그 모습에 사람들이 웅성거리기 시작했다.

"뭐야, 저거 피 아니야?"

"뭐라고 피를 흘린다고? 피가 난다고?"

"피라고 했어? 신이 피를 흘린다고?"

마침내 분노한 사람들이 신이라고 믿었던 영국인을 향해 다가오기 시작했다.

"너, 신 아니지? 세상에 피를 흘리는 신이 어디 있냐? 너, 인간이지?"

한동안 신이라 불렸던 영국인은 절벽에서 떨어져 비참한 죽음을 맞았다.

사실 엄밀하게 말해 예수가 십자가에서 피를 흘리고 죽었다는 사실은 그가 100퍼센트 인간이지 절대 신이 아니었음을 의미한다. 신은 죽지 않는다. 신이라는 단어의 개념 안에는 '불멸immortal'이라는 뜻도 담겨 있기 때문이다. 초기 기독교에서도 이 문제는 큰 고민이었다.

"100퍼센트 신인데 피를 흘리고 죽었다고?"

그래서 나왔던 설명 중 하나가 '예수가 십자가에 달려 있던 동안만 100퍼센트 인간이었다'였다. 그런데 그게 다가 아니었다. 신이라고 하기에는 이해할 수 없는 예수의 행동이나 말이 사람들의 시선을 끌기 시작했다. 그중 하나가 이 세상의 끝이 언제 올지 묻는 제자들의 질문에 대한 답이었다.

> 그러나 그날과 그때는 아무도 모르나니 하늘의 천사들도, 아들도 모르고 오직 아버지만 아시느니라.
>
> (마태복음 24:36)

완전한 신이 모르는 게 있다고? 이게 다가 아니었다. 배가 고팠던 예수는 열매가 열리지도 않은 무화과나무에 열매를 따러 갔다가 실망해서 그 나무에 저주를 퍼붓기도 했다. 그뿐이랴? 십자가를 앞두고는 제발 이 잔을 마시지 않게 해달라며 겟세마네 동산에서 땀이 피가 되도록 기도하기도 했다.

아무리 보아도 완전한 신이라고 부르기에는 부족한 모습이 한둘이 아니었다. 광야에서 마귀에게 시험받았을 때도 따지고 보면 100퍼센트 인간이지 않았을까? 그렇지 않다면 어떻게 감히 사탄의 행동대장에 불과한 마귀가 예수를 시험하겠다고 덤볐을까? 그렇다면 예수는 100퍼센트 인간임에도 마귀를 무찔렀고, 승리의 순간 100퍼센트 신으로 바뀌었을까? 엄밀히 관찰하면 예수는 이 땅에서 꽤 자주 신성을 벗어야 했다. 그 때문에 이 땅에 사는 동안 예수가 100퍼센트 인간이었다는 결론을 내린 초기 기독교 신학자들이 적지 않았다.

이처럼 '동시에' 완전한 신이자 완전한 인간이라는 주장은 이해하기 어려운 점이 많다. 차라리 초기 기독교 신학자들처럼 예수가 시시때때로 신과 인간 사이를 오갔다고 생각하는 것이 훨씬 더 설득력이 있다. 그러나 기독교가 가르치는 교리는 그렇지 않다. 예수는 '언제나' 완전한 인간이자 완전한 신이었다. 그러나 세상의 모든 이치가 다 그렇듯 어설프게 푼 문제는 언제나 더 큰 문제를 일으킨다.

지금부터 삼위일체를 알아보자. 삼위일체가 무엇인지 논하는 것은 의미가 없다. 어차피 인간의 머리로는 이해할 수 없는 궤변이기 때문이다. 꼭짓점이 세 개 달린 원을 그리라는 말과 똑같기 때문이다. 삼위일체가 무엇인가보다 훨씬 더 중요한 질문이 있다. 바로 이것이다.

왜 삼위일체 교리가 나왔을까?

로마제국의 모든 황제는 태어나면서부터 신이었다. 황제는 태생부터 특별한 존재였고 특별한 존재는 다름 아닌 신이다. 신인데도 불구하고 다들 죽었다. 지금의 관점에 비춰보면 신이 죽는다는 말은 모순처럼 느껴진다. 하지만 당시 육체와 영혼을 분리하는 이론원적 사상이 지배하는 로마에서는 크게 모순되지 않았다. 황제는 죽었지만 여전히 신일 수 있었다. 잠시 인간의 몸을 입고 태어났던 신이 인간의 몸을 벗는다는 것은 하등 이상하지 않았다.

황제가 신성한 힘을 구현한다는 믿음은 로마인들의 전통적 인식이 반영된 것이다. 교육받은 이교도들(로마인들)이 신들과 황제들의 신성을 믿었겠느냐는 다분히 논쟁적인 질문은 고전학자 사이먼 프라이스[61]가 지적했듯 시대착오적인 질문이다. 교육받은 많은 이교도는 제국의 무수한 지방 백성들처럼, '존재하는 힘'을 표현하는 하나의 방식으로서 신들이나 황제의 수호신에게 기꺼이 제물을 바쳤다.[62]

바울이 기독교를 전파하던 로마는 그런 곳이었다. 황제도 신이지만 그 외에도 많은 신이 있었다. 바울이 예수를 신으로 격상한 동기는 자명하다. 신이 되지 않고서는 로마에서 다른 종교와 경쟁할 수 없기 때문이었다. 바울은 빌립보서 2장에 아마도 당시 초대교회에서 널리 불렸던 찬송가 가사를 삽입했다. 이른바 '예수 찬가'다. 거기에는 하나님이 예수를 특별히 '올려서elevate' '신급 존재god'로 만들었다는 묘사가 있다.

그는 근본 하나님의 본체시나 하나님과 동등됨을 취할 것으로 여기지 아니하시고 오히려 자기를 비워 종의 형체를 가지사 사람들과 같이 되셨고, 사람의 모양으로 나타나사 자기를 낮추시고 죽기까지 복종하셨으니 곧 십자가에 죽으심이라. 이러므로 하나님이 그를 지극히 높여 모든 이름 위에 뛰어난 이름을 주사.

(빌립보서 2:6-9)

이 구절만 갖고 바울이 예수를 하나님과 동등한, 말 그대로 삼위일체의 한 분으로 생각했다고 결론 내릴 수는 없다. 초대교회에서는 오히려 그와

---

61   Simon Rowland Francis Price, 1954~2011.

62   일레인 페이걸스, 앞의 책, 95~96쪽.(괄호 저자 추가)

반대되는 해석이 우세했기 때문이다. 초대교회의 유명한 교부였던 알렉산드리아의 아리우스[63]는 위 구절을 근거로 예수는 완전한 인간이었다고 주장했다. 그랬던 예수가 나중에 하나님의 특별한 은혜로 신이 되었다고 생각했다. 당시에는 뛰어난 인간이 나중에 신으로 격상되는 일이 조금도 낯설지 않았다. 아리우스의 생각을 요즘 식으로 풀면 아마도 이런 게 아니었을까?

"김 회장에게는 아들이 하나 있었다. 그 아들은 본사의 아버지 곁에서 일하는 것을 당연히 생각하지 않고 도리어 자진해서 적자가 난 공장의 노동자로 일을 시작했다. 그리고 얼마 지나지 않아 그 공장을 흑자로 전환했다. 이에 감동한 회장은 그 아들을 본사의 사장으로 승진시켜 아들보다 나이 많은 모든 임원보다 더 뛰어난 관리자가 되게 하였다."

삼위일체의 시각으로 보면 김 회장이 아들을 자신과 같은 급의 회장으로 진급시켰다고 할 수도 있다. 그러나 그 경우에도 누가 더 높을까? 아들이 아닌 김 회장이다. 진급을 지시한 것은 회장이기 때문이다. 빌립보서 2장도 그렇게 보는 게 자연스럽지 않을까? 아마도 아리우스의 생각이 그랬을 것이다. 그러나 기독교는 '신이 된 인간 예수'만으로는 로마제국을 장악하기 힘들었다. 아리우스는 바로 그 점을 놓쳤다.

바울이 죽고 예수의 어록과 함께 바울이 새롭게 생성한 신학, 예수의 십자가 죽음이 주축이 된 복음서가 쓰였다. 또한 현실의 유토피아가 아니라 내세 중심의 메시지가 강조된 서신서가 쓰였다. 그와 함께 당장 있을 것만 같던 예수의 재림은 1,000년이 하루 같고 하루가 1,000년과 같다는 베드로

---

63   Arius, 250~336.

후서의 구절[64]에 어울리게 무기한 연기되었다.

그러나 예수의 연기된 재림은 기독교가 로마제국에 자리 잡는 데 아무런 문제가 되지 않았다. 오히려 전화위복이 되었다. 내세에 대한 희망은 오히려 더 확고해졌고, 그럴수록 더 진한 순교의 피가 뿌려졌다. 로마는 잔혹한 고문과 맹수의 이빨 앞에서도 의연한 순교자들을 경이롭게 바라보았고, 시간이 갈수록 기독교는 로마 전역에 견고한 조직을 다져가며 더 깊이 뿌리내렸다. 역설적이게도 로마의 핍박은 기독교가 다른 어떤 것보다도 교리를 다지게 했는데, 그 중심에는 내세의 영원한 행복을 보장하는 '예수의 피와 죽음'이 자리 잡았다.

그러자 자연스럽게 질문 하나가 따라왔다. 왜냐하면 예수 외에도 이른바 '순교한 성인'은 많았기 때문이다. 무엇보다 십자가에서 죽은 자칭 메시아만 해도 두 자릿수에 이를 정도였다.

"아니, 순교자는 많잖아요? 그런데 왜 예수의 죽음만 특별하다는 거죠? 그의 죽음이 다른 죽음과 뭐가 다르다는 거죠?"

이 질문에 대한 강력한 답 하나가 서서히 그 모습을 드러냈다.

"인간이 아닌 하나님이 죽었기 때문이다."

아리우스가 주장하듯, 예수라는 인간을 하나님이 신으로 상승시킨 것으로는 부족했다. 신이 된 인물은 로마 황제를 비롯해 로마 주변의 이교도들 사이에서도 쉽게 찾을 수 있었다. 그러나 유일한 신, 그것도 유대인이 믿는 유일신 여호와가 인간이 되어 죽었다는 선포는 어디에도 없었다.

이 점이 중요하다. 신이 인간이 되어 죽었다는 이 메시지가 강력했던 이

---

64   "사랑하는 자들아. 주께서는 하루가 1,000년 같고 1,000년이 하루 같다는 이 한 가지를 잊지 마라."(베드로후서 3:8)

유는 그 신이 바로 유대민족의 신이었기 때문이다. 유대민족의 신, 하나님이 아니었다면 로마제국은 인간이 되어 죽은 신에게 별 관심을 보이지 않았을 것이다. 로마제국이 점령한 땅을 다스리는 신들의 숫자는 줄잡아 수천이 넘었다. 그런 신 중 하나가 인간이 되어서 죽었다고 해도 그게 뭐 대단한 일이었겠는가?

그러나 유대민족의 유일신은 다른 신들과 차원이 달랐다. 유대민족의 신, 야훼는 다른 어떤 신들에게서도 찾을 수 없는 매력이 있었다. 로마 식민지에서 만나는 대부분 신들은 그리스 신들과 팔레스타인 신들로 하나같이 자연과 연결되었다. 유명한 '다곤'은 풍요의 신이고, '이나나'는 풍요의 여신이자 동시에 전쟁의 여신이기도 했다. '나부'는 지혜와 문학의 신이었다. 그 유명한 '바알'은 천둥, 번개 그리고 바람의 신이었다. 그리스의 아폴로, 포세이돈 같은 신은 우리에게도 매우 익숙하다. 바빌로니아의 주신이었던 '마르둑'은 '바빌로니아의 용'으로 불렸는데, 머리는 용이고 꼬리는 뱀의 머리인 동물로 표현되었다.

그런데 유대민족의 신은 어떤 자연이나 인간의 삶과도 연결되지 않았다. 그뿐이랴? 흔하디흔한 신을 상징하는 형상조차 없었다. 그 신은 '너머beyond, transcendent'에 있기 때문이다. 게다가 경이롭게도, 너머에 존재하는 유대민족의 신은 직접적인 계시를 통해 토라라는 텍스트를 유대민족에게 내렸다. 문자를 통해 인간과 소통하는, 어디에서도 만난 적 없는 특별한 신이었다. 그런 신이 인간이 되어 나를 위해, 나의 죄를 위해 대신 죽었다는 메시지는 로마인에게 강력한 영향력을 발휘했다.

물론 하나님이 인간의 몸을 입고 죽었다는 주장이 단숨에 확고한 교리가 되지는 않았다. 서서히 신학적 형태를 갖춰갔지만, 워낙 다양한 의견이 있었다. 언제 끝날지 모를 로마의 핍박 아래에서 이 문제를 놓고 교리 싸움을 할 만큼 한가한 상황도 아니었다. 그러나 마침내 313년, 기독교를 합법화한 콘스탄티누스 황제의 밀라노 칙령에 의해 기독교에 대한 200년이 넘는 로마제국의 박해는 공식적으로 끝났다.

그제야 오랜 세월 보이지 않는 곳에서 부글부글 끓었던 바로 이 문제가 서서히 수면 위로 모습을 드러냈다.

"이봐, 어떻게 예수님이 하나님이 되나? 어떻게 예수님을 신이라고 말할 수 있어? 예수님은 자신을 사람의 아들, 인자라고 하셨잖아?"

"이런, 무슨 소리야? 바울 선생이 예수님은 하늘로 올라가 보좌 오른쪽에 앉으셨다고 하지 않았어? 사람이 어떻게 하나님 옆에 앉아? 하나님은 보기만 해도 다 죽어. 그냥 다 죽는다고. 보좌 옆에 앉았는데 하나님을 안 볼 수 있어? 예수님이 신이니까 하나님 보좌 옆에 앉아 계신 거지. 도대체 무슨 소리를 하는 거야?"

"그래, 그건 나도 인정해. 예수님이 부활하셔서 하나님 오른쪽에 앉으신 건 나도 알아. 하지만 지금 문제는 예수님이 이 땅에 계실 때도 하나님이셨다는 주장이잖아? 예수님은 자신도 말세가 언제인지 모른다고 하셨잖아? 아버지만 아신다고 하셨잖아? 예수님이 하나님이면 어떻게 모르는 게 있지?"

"물론 그런 면이 있지. 그게 진짜 쉽지 않은 문제야. 하지만 요한복음을 보면 예수님이 태초부터 계셨다고 하지 않나? 하나님 말고 태초부터 있었던 존재가 어디 있어? 그러니 예수님을 하나님이라고 봐야 하는 것이지. 문제는 이 땅에 계시는 동안은 내가 봐도 예수님이 하나님은 고사하고 그냥 어지간한 신도 아닌 것 같거든? 그게 아주 사람을 곤란하게 해. 아주 헷 갈리게 한다고. 하지만 예수님이 이 땅에 계실 때도 하나님이셨기 때문에 그분의 죽음이 의미 있는 거 아닌가? 그냥 사람이 죽었는데 어떻게 그 죽음이 모든 인류를 다 용서하는 완전한 제사가 될 수 있겠어? 그러니까 십자가의 죽음을 보면 예수님은 하나님이셔야 하는데, 전반적인 말씀이나 행동하신 걸 보면 도통 그게 이해가 안 되니…… 아이고, 모르겠네, 나는 모르겠어."

예수의 신성 문제는 언제 터질지 모르는 화약고 같은 주제였다. 사실 언젠가는 한번 끄집어내어 결론을 봐야 하지만, 지난 오랜 세월 그 문제를 공개적으로 꺼내서 논쟁할 상황이 아니었다. 이제 세상이 달라졌고 어떻게든 결론을 내야 했다.

그때 고양이의 목에 자진해서 방울을 달겠다는 한 사람이 등장한다. 바로 아리우스였다. 그의 주장은 간결하고 명확했다.

"예수 스스로 하나님을 아버지라고 부르며 더 높였는데, 그런 예수를 하나님과 동등한 신으로 여기는 것은 신성모독이다."

예수 신성의 논쟁은 달리 말해 성부(하나님)와 성자(예수) 간 관계 설정에 대한 문제이고, 나아가서 삼위일체와 연결되었다. 누구나 다 예수가 인간을 하나님께로 이어주는 '다리'라는 데는 반대하지 않았다. 단지 아리우스는 그런 예수가 인간 쪽에 더 가깝게 서 있다고 주장했다.

그러나 아리우스의 주장을 반대하는 세력도 만만치 않았다. 그 중심에는 기독교 전역의 존경을 받는 알렉산드리아의 아타나시우스[65]가 있었다. 그는 예수가 신이라고 단호하게 주장했는데, 아리우스와는 전혀 반대되

---

65   Athanasius of Alexandria, 296~373.

는 입장에서 바울의 글을 읽었다. 아리우스가 '하나님께서는 그를 지극히 높여'라는 구절에 방점을 찍었다면, 아타나시우스는 '본래 하나님의 본체셨으나'라는 구절을 핵심으로 보았다. 아리우스는 예수가 인간 쪽에 서서 인간의 손을 잡고 하나님께로 인도한다고 보았지만, 아타나시우스는 예수가 신 쪽에 선 채로 손을 길게 뻗어 인간을 하나님께로 끌어당긴다고 생각했다.

인간관이라는 측면에서 볼 때, 예수가 본래 인간이었지만 하나님께 순종함으로써 나중에 '신성'을 갖게 되었다는 아리우스의 주장은 아타나시우스보다 훨씬 더 진보적이다. 한마디로 신이 될 수 있는 인간, 그만큼 가능성이 큰 인간관을 내포하기 때문이다. 아우구스티누스의 전적인 타락으로 표현되는 기독교의 비참한 인간관과는 근본부터 다른 낙관적 인간관이다.

아리우스는 기독교인이 인류를 위해 구원의 길을 닦은 예수 그리스도를 통해 신적 속성을 공유함으로써 구원받아 신적 존재로 거듭날 수 있다고 믿었다. (이런 주장을 위해 그는) 사도 바울 서신의 구절을 즐겨 인용했다.(빌립보서 2:6-11) 만일 예수 그리스도가 인간이 아니었다면 인간이 그를 본받을 수 있는 모범적 가치 또한 불가능하다. 기독교인이 신적 존재로 다가가는 것은 완전한 피조물인 그리스도의 삶을 모방함으로써 '완벽한 신의 완전한 피조물'이 되는 것이다. 이것이 예수 그리스도에 대한 아리우스의 주된 견해였다.[66]

그러나 아타나시우스의 생각은 전혀 달랐다. 그에게 인간은 본질적으

---

66   카렌 암스트롱, 앞의 책, 199쪽.

로 죽을 수밖에 없는 존재였다. 그런 인간이 신적 존재가 될 수 있다고? 아타나시우스에게 인간은 예수 그리스도의 등 뒤에 숨는 것만으로도 과분한 존재였다. 동시에 인간에 불과한 예수 그리스도가 어떻게 인간 대신 제물이 될 수 있는가? 흠 있는 양이 다른 흠 있는 양을 대신해서 어떻게 피를 뿌릴 수 있는가? 예수가 단순한 인간이었다면 애초에 그는 구세주로서 자격이 없다.

세계를 창조한 자만이 세계를 구원할 수 있으므로, 로고스의 성육신인 그리스도가 성부인 신과 본질상 차이를 가질 수 없다.[67]

어떻게 보면 이 두 사람의 입장을 이렇게 표현할 수 있지 않을까?

인간이기 때문에 인간을 대신하는 구세주가 될 수 있다.
vs. 오로지 신만이 인간을 구하는 구세주가 될 수 있다.

두 입장 차이는 점점 더 심각해졌고, 마침내 콘스탄티누스 황제는 325년 5월 20일 니케아(Nicaea, 현재 터키의 이즈니크) 회의를 소집했다. 황제는 로마 제국에 산재한 교회의 감독 1,800명에게 초청장을 보냈다. 이 중 1,000명은 동방교회, 800명이 서방교회에 속하였다. 그러나 정작 참석한 인원은 318명에 불과했다. 그들 대부분은 사실상 아리우스(아리우스파)도 아니고 아타나시우스(알렉산드리아파)도 아닌 중간 입장(오리게네스파)[68]을 취했다. 6월

---

67   위의 책, 200쪽.

68   오리게네스(Origenes, 185?~254?) 또는 오리겐(Origen)은 알렉산드리아파를 대표하는 기독교의

19일까지 계속된 이 회의의 결과 아리우스를 포함한 단 세 명만 빼고 압도적인 숫자가 아타나시우스를 지지했다. 마침내 예수가 하나님임을 천명하는 '니케아신경'이 작성되었다. 이 신경은 오늘날 기독교인이 교회에서 외우는 사도신경과 크게 다르지 않다.

> 우리는 한 분이신 하나님을 믿는다.
>
> 그분은 전능하신 아버지이시며, 유형무형한 만물의 창조주이시다.
>
> 그리고 우리는 한 분이신 주 예수 그리스도를 믿는다.
>
> 그분은 하나님의 외아들이시며,
>
> 아버지에게서 나셨으며,
>
> 곧 아버지의 본질에서 나셨다.
>
> 하나님에게서 나신 하나님이시며,
>
> 아버지와 본질에서 같으시다.[69]

교부다. 매우 독창적인 신학 체계를 세워 이단과 논쟁했지만 교회와도 마찰을 일으켰다. 그는 금욕주의에 따라 스스로 고환을 자른 것으로 유명하다. 오리게네스는 그리스 문학과 철학, 원어에 대한 학문적 관찰로 성경 해석을 시도하여 그리스도교의 첫 성경학자가 되었다. 그는 신플라톤주의를 통한 필론의 알레고리 방법을 주로 사용하여 성경을 해석하였다. 오리게네스는 그의 책 *De Principiis* IV.2. 4에서 LXX의 잠언 22, 20. 21의 본문을 자기의 해석 원리로 채택하여 성경을 세 가지 방법(tripliciter, LXX)으로 해석할 것을 말하였다. 이 세 가지 방법이란 데살로니가전서 5장 23절에 있는 인간의 세 가지 요소인 영과 혼과 몸을 각각 세 의미로 보는데, 몸은 문자적 의미를, 혼은 도덕적 의미를, 영은 알레고리적 의미를 가리킨다. 비록 오리게네스는 문자적 의미를 무시하지 않았지만, 영적 의미와 문자적 의미를 균형 있게 해석하지는 못했다. 오리게네스의 3중적 의미의 성경 해석 방법은 후대에 4중적 의미의 해석 방법으로 변형되었고, 아우구스티누스와 중세 해석자들에 의해 절대적으로 활용되었다.
출처: https://ko.wikipedia.org/wiki/오리게네스.

69   https://ko.wikipedia.org/wiki/니케아_신경.

그러나 그게 끝이 아니었다. 그 후로도 예수의 신성 논쟁은 60년 가까이 계속되었고, 상당 기간 아리우스파가 승리하기도 했다. 그럴 때마다 아타나시우스는 유배를 떠나야만 했다. 달리 말해, 인간들의 결정에 따라서 예수는 신이 되기도 하고, 또 순식간에 인간으로 추락하기도 했다.[70]

이제 애초에 던졌던 그 질문, "왜 삼위일체 교리가 나왔을까?"에 대한 답을 찾을 시간이 되었다. 달리 말하면,

"왜 니케아 회의에서 예수를 신으로 거의 만장일치로 결정했을까?"

"왜 콘스탄티누스 황제는 아타나시우스의 입장, 그러니까 예수가 신이라는 입장을 지지했을까?"다.

대부분 중간 입장이던 감독관들이 아타나시우스에게 표를 던진 이유가 단지 황제의 압력이라고만 생각할 수는 없다. 그들 역시 예수가 신이 되는 것이 자신들에게 유리하기 때문에 그쪽으로 표를 던졌을 것이다. 그렇다면 위의 질문을 다 합친, 진짜 질문은 이것이다.

"예수가 신이 되는 것이 왜 황제와 감독들에게 유리했을까?"

당시에 교회 지도자의 권위는 예수의 제자들, 그중에서도 수제자 베드로

---

70 니케아 회의와 관련해서 많은 사람이 오해하는 사실 두 가지를 바로잡자. 첫 번째 오해는 니케아 회의에서 삼위일체 교리가 확정되었다는 생각이다. 그러나 그 회의에서 '성령'까지 포함한 논의, 그러니까 삼위일체에 대한 논의는 전혀 없었다. 비록 삼위일체라는 용어가 테르툴리아누스에 의해 2세기에 등장했지만, 아버지와 아들 예수의 관계가 확실해질 때까지 논의하는 것 자체가 시간 낭비라는 교부들의 생각은 당연했다. 삼위일체 교리는 아버지 하나님과 아들 예수의 관계가 공식적으로 확정된 이후인 381년에 가서야 니사의 그레고리우스에 의해 확립되었다. 두 번째로 많은 사람이 니케아 회의에서 신약성경 27권이 '정경canon'으로 확정되었고, 그것도 100퍼센트 만장일치로 결정된, 성령님의 역사였다고 생각한다. 하지만 니케아 회의에서 그 문제는 아예 다뤄지지도 않았다. 그로부터 50년이 지나서야 신약성경 27권은 정경으로의 모습을 공식적으로 드러냈는데, 다름 아닌 니케아 회의의 승리자 아타나시우스를 통해서였다. 그는 기독교 역사에서 예수를 신으로 확실히 격상시켰을 뿐 아니라, 신약성경 27권의 정경 확정이라는 또 하나의 중요한 업적을 남겼다.

에서 기인했다.

> 또 내가 네게 이르노니 너는 베드로라 내가 이 반석 위에 내 교회를 세우리
> 니 음부의 권세가 이기지 못하리라.

(마태복음 16:18)

달리 말해 예수가 신이 되어야 그의 제자 베드로에게서 내려오는 교회 지도자의 권위가 더 확고하게 보장된다.[71]

왜 그랬을까? 왜 예수가 신이 되어야 베드로에게서 유래한 권위가 더 확고해질까? 베드로는 단순히 예수의 제자가 아니다. '신' 예수를 직접 보고 만진 특별한 인간이다. 이 점은 매우 중요하다. 예수가 더 이상 이 땅에 없기에, '신' 예수를 보고 만진 제2의 베드로는 더 이상 나올 수 없기 때문이다. 결과적으로 베드로에게서 유래한 권위는 이제 '유일무이'한 권위가 되었다. 그 결과 '신' 예수를 보고 만진 베드로에서 시작한 지도자의 권위는 신적 수준의 권위가 된다.

그러나 예수가 일개 인간에 지나지 않는다면, 베드로에게서 시작한 권위가 인간에게서 왔다는 의미이고, 언젠가는 무너질 수도 있는 모래 위에 쌓은 불안한 권위일 뿐이다. 행여 누군가 더 큰 권위를 만들어낼지 알 수 없었다. 따라서 교회 지도자에게 '인간 예수'는 유일무이한 권위에 대한 위협이었고, 그것은 자연스럽게 권위의 약화를 의미했다.

그리고 황제의 입장에서 교부들이 신의 권위로 일반 백성을(교인을) 지

---

71 왜 초대교회가 영지주의자를 이단으로 보았는가, 하는 문제와 직결된다. 하지만 이 주제는 여기
서 다룰 내용이 아니다.

배하는 상황은 조금도 나쁘지 않았다. 아주 효율적이고 꼭 필요한 방향이었다. 황제 자신은 이제 소수의 교회 감독들만 확실하게 장악하면 된다.

니케아 회의의 모든 결정은, 아니 애초 회의 소집부터 정치를 빼고는 아무것도 생각할 수 없다. 기독교인은 마치 오순절 성령이 임한 마가의 다락방 같은 분위기에서 니케아 회의가 열렸다고 생각하겠지만, 전혀 그렇지 않다. 니케아 회의는 오늘날 한기총 이사회의 회의 장면과 비슷했을 가능성이 훨씬 더 크다. 교단 총무가 총까지 들고나와 겁박하는 한국과는 차마 비교할 수 없겠지만, 그래도 니케아 회의가 정치적 모임이었다는 점에서는 크게 다르지 않았다.

오늘날 한기총 이사회에서 나온 결정을 성령의 역사라고 생각하는 사람이 얼마나 있을까? 그러나 니케아 회의의 결정과 향후 니케아신경을 바탕으로 확정된 많은 교리는 그 후 2,000년간 서구 사회를 지배했다고 해도 과언이 아니다.

"그것도 성령의 역사가 만들어낸 하나님의 음성이 되어서!"

지금부터 이 문제와 관련해서 히브리 성경을 살펴보자. 다시 말하지만, 유대교가 기독교를 다신교라고 생각한 이유는 다름 아닌 삼위일체 교리, 달리 말하면 예수를 하나님이라고 부르기 때문이다.

"뭐라고요? 삼위일체가 다신이라고요? 아까부터, 이거 듣자 듣자 하니까…… 하도 어이가 없어서 말이 다 안 나오네요. 이렇게 무식한 소리를 하니까 유대인들이 욕을 먹는 거예요. 삼위일체야말로 유일하신 하나님을 가장 잘 표현한 진리인데, 어떻게 그런 소리를 할 수 있습니까? 그리고 아까부터 당신, 구약성경을 자꾸 히브리 성경, 히브리 성경 하는데 삼위일체가 가장 확실히 나온 곳이 바로 유대인들이 히브리 성경이라고 부르는 구약성경이에요. 좀 어려운 이야기인데 혹시 아세요? 히브리어로 하나님을 '엘로힘'이라고 해요. 그러니까 구약성경에는 하나님을 엘로힘이라고 부른다고요. 그런데 그거 아세요? 엘로힘이 바로 복수형이에요, 복수형 명사. 하나님을 복수형 명사로 썼다고요. 왜 그랬겠어요? 하나님이 삼위일체 하나님이라서 그런 거예요. 아니, 유대인이면서 왜 자기 말을 그렇게 모른 대요? 복수명사 엘로힘을 보면서 왜 삼위일체 하나님을 생각하지 못하죠? 난 그 사람들 정말로 이해가 안 돼요."

히브리어는 명사와 형용사 그리고 동사에 붙이는 어미를 통해서 단수형과 복수형을 구분한다. 남성형 명사에는 어미 '임'을, 여성형 명사에는 '오 쓰'를 붙여서 복수형을 표시한다. 예를 들어, 하나님을 의미하는 '엘로힘'과 생명을 의미하는 '카이임'[72] 그리고 하늘을 의미하는 '샤마임'[73] 등이 남성형 복수이고, 짐승을 의미하는 '베에모스'가 여성형 복수명사다.

그런데 이런 단어 중에는 형태는 분명히 복수형이지만, 동사는 단수형을 쓸 때가 있다. 그 단어가 이른바 '위엄 있는 복수majestic plural' 또는 '집약적인 복수intensive plural'에 해당하는 경우다.

당연히 질문 하나가 떠오른다. 누가 봐도 의미상으로는 분명히 단수형 명사인데, 왜 굳이 복수형을 쓰는 걸까? 단수로 표현하기에 그 단어에 담긴 의미가 너무 중요하고 복합적이기 때문이다.

---

72   창세기 27장 46절, 욥기 10장 12절 참조.

73   유대민족은 하늘을 복수형 명사로 쓴다. 즉, 하늘이 하나가 아니라 여러 층으로 되어 있다고 생각하기 때문이다. 유대인이 생각하는 형태와는 다르지만 그리스에서도 하늘이 여러 층이라고 보았고 바울이 삼층천을 갔다 왔다고 신약성경에 썼을 때 그것은 그리스의 하늘관을 반영한 것이다.

욥기 40장 15절에 등장하는 베헤못 또는 베에모스를 보자.

이제 소같이 풀을 먹는 베헤못을 볼지어다. 내가 너를 지은 것같이 그것도
지었느니라.

베헤못이라는 동물이 단수형으로 쓰기에는 너무도 엄청나게 컸기에 복
수형을 썼지만, 동사는 단수형을 썼다. 창세기 4장 10절에 등장하는 아벨
의 피, 히브리어로 '담'도 복수형이다. 그러니까 영어로 하면 'blood'가 아
니라 'bloods'로 표기되었다. 왜 그랬을까? 아벨이 흘린 피를 단수형으로
표현하기에는 너무도 처참했기 때문에, 또는 아벨의 흘린 피가 갖는 의미
가 그만큼 중요하기 때문이다. 그러나 동사는 여기에서도 단수형이다.

이르시되 네가 무엇을 하였느냐 네 아우의 핏소리가 땅에서부터 내게 호소
하느니라.

(창세기 4:10)

바로 이런 의미에서 우리는 하나님을 의미하는 복수형 명사, 엘로힘을
보아야 한다. 인간에게 자연은 신비와 경외 그 자체였다. 과학이 발달하지
않았던 고대에는 더 그랬다. 따라서 인간은 너무도 신비한 자연현상을 볼
때마다, 그 현상 하나하나에 신성을 부여하고 각각 다른 신의 이름을 붙였
다. 그런데 하나님은 그 신비한 자연현상 모두를 다 지배하는 신이다. 광대
한 자연 전체를 다 품은 위대한 신이다. 단수형으로 표현하기에는 너무도
장엄하기에 복수형 명사를 썼다. 그러나 한 분이기에 동사는 단수형이다.

따라서 엘로힘이라는 명사는 역설적이다. 형태는 복수형이지만, 하나님이 유일하다는 사실을 더욱더 강조하기 때문이다.

히브리어 명사인 엘로힘은 복수다. 그러나 동사는 단수다. 이는 오로지 한 분뿐인 하나님을 지칭할 때 쓰는 구약의 방식이다. 이런 복수형의 사용은 수의 개념이 아니라 집약intensification을 표현한다. 흔히 '위엄 있는 복수' 또는 '잠재력의 복수'라고 불린다.[74]

영어에서는 주어가 복수이면 그 주어를 지칭하는 대명사(We, Us, Our 등)도 복수형이 되어야 한다. 이른바 '수의 일치'다. 그러나 엘로힘의 경우는 다르다. 형태는 복수형이지만, 동사뿐 아니라 대명사까지도 모두 단수형이다. 히브리 성경에 엘로힘은 2,600번이 넘게 나오고 엘로힘을 가리키는 대명사는 무려 2만 번 이상 나오는데, 네 번을 제외하고는 하나같이 다 단수형이다. 기독교에서, 특히 유명한 창세기 1장 26절에 나오는 복수형 대명사 '우리We'가 엘로힘을 복수 대명사로 받은 네 번의 예외 중 하나다.[75]

하나님이 이르시되 우리의 형상을 따라 우리의 모양대로 우리가 사람을 만들고 그들로 바다의 물고기와 하늘의 새와 가축과 온 땅과 땅에 기는 모든 것을 다스리게 하자 하시고.

딱 네 번밖에 쓰이지 않은 엘로힘을 가리키는 복수형 대명사가 삼위일

---

74   Zondervan, *New International Version Study Bible*, 1985, p.8.
75   나머지 세 번은 창세기 3장 22절, 11장 7절 그리고 이사야서 6장 8절에 나온다.

체를 증명한다는 기독교의 주장이 말이 되려면, 나머지 2만 번에서는 왜 하나같이 모두 단수형인지 설명할 수 있어야 한다. 그렇기에 기독교 신학자, 삼위일체를 지지하는 신학자들조차도 대부분 히브리 성경에 하나님이 삼위일체라는 사실을 알려주는 구절은 단 하나도 없다는 데 의견을 같이한다.

그렇다면 왜 유대교는 기독교를 다신 종교라고 부를까? 다름 아닌 히브리 성경 속 내용과 삼위일체 주장이 달라도 너무나 다르기 때문이다. 지금부터 히브리 성경이 말하는 하나님에 대한 중요한 두 가지 특징을 살펴보자.

1. 하나님은 의문의 여지 없이 절대적 유일신임을 강조한다.

이스라엘아, 들으라. 우리 하나님 여호와는 오직 유일한 여호와시니.

(신명기 6:4)

이제 나 곧 내가 그인 줄 알라. 나 외에는 신이 없도다.

(신명기 32:39)

이것을 네게 나타내심은 여호와는 하나님이시요. 그 외에는 다른 신이 없음을 네게 알게 하려 하심이니라. 그런즉 너는 오늘 위로 하늘에나 아래로 땅에 오직 여호와는 하나님이시요 다른 신이 없는 줄을 알아 명심하고.

(신명기 4:35, 39)

이에 세상 만민에게 여호와께서만 하나님이시고 그 외에는 없는 줄을 알게 하시기를 원하노라.

(열왕기상 8:60)

나는 여호와이니 이는 내 이름이라 나는 내 영광을 다른 자에게, 내 찬송을 우상에게 주지 아니하니라.

(이사야서 42:8)

나는 여호와라. 나 외에 다른 이가 없나니 나밖에 신이 없느니라. 너는 나를 알지 못하였을지라도 나는 네 띠를 동일 것이요. 해 뜨는 곳에서든지 지는 곳에서든지 나밖에 다른 이가 없는 줄을 알게 하리라. 나는 여호와라 다른 이가 없느니라. 대저 여호와께서 이같이 말씀하시되 하늘을 창조하신 이 그는 하나님이시니 그가 땅을 지으시고 그것을 만드셨으며 그것을 견고하게 하시되 혼돈하게 창조하지 아니하시고 사람이 거주하게 그것을 지으셨으니, 나는 여호와라 나 외에 다른 이가 없느니라. 너희는 알리며 진술하고 또 함께 의논하여 보라. 이 일을 옛부터 듣게 한 자가 누구냐 이전부터 그것을 알게 한 자가 누구냐 나 여호와가 아니냐 나 외에 다른 신이 없나니, 나는 공의를 행하며 구원을 베푸는 하나님이라. 나 외에 다른 이가 없느니라. 땅의 모든 끝이여 내게로 돌이켜 구원을 받으라. 나는 하나님이라 다른 이가 없느니라.

(이사야서 45:5-6, 18, 21, 22)

너희는 옛적 일을 기억하라. 나는 하나님이라 나 외에 다른 이가 없느니라. 나는 하나님이라 나 같은 이가 없느니라.

(이사야서 46:9)

신의 변명

마지막으로 이사야서 44장 6절을 살펴보자.

이스라엘의 왕인 여호와, 이스라엘의 구원자인 만군의 여호와가 이같이 말하노라. 나는 처음이요 나는 마지막이라 나 외에 다른 신이 없느니라.

신약성경 저자도 그리스어의 첫 글자인 알파와 마지막 글자인 오메가를 사용해 인용한 유명한 구절이다. 유대교에서 '처음이요'의 의미는 아버지가 없다는 뜻이고, '마지막이다'의 의미는 아들이 없다는 뜻이다. 즉, 하나님에게 아버지도 없듯이 아들도 없다는 뜻이다. 따라서 유대교의 관점에서 볼 때 하나님에게 아들이 있다면 아버지도 얼마든지 있을 수 있다. 예수가 하나님의 아들이라는 기독교의 주장이 유일하신 하나님의 신성을 훼손한다는 유대교의 생각이 조금도 이상하지 않은 이유다.

2. 히브리 성경 어디에서도 인간의 몸을 입은 하나님의 모습을 발견할 수 없다.

창세기 18장은 이렇게 시작한다.

여호와께서 마므레의 상수리나무들이 있는 곳에서 아브라함에게 나타나시니라. 날이 뜨거울 때에 그가 장막 문에 앉아 있다가 눈을 들어 본즉 사람 셋이 맞은편에 서 있는지라, 그가 그들을 보자 곧 장막 문에서 달려나가 영접하며 몸을 땅에 굽혀 이르되, 내 주여 내가 주께 은혜를 입었사오면 원하건대 종을 떠나 지나가지 마시옵고.

그리고 10절에 가면 여호와의 말이 나온다.

그가 이르시되 내년 이맘때 내가 반드시 네게로 돌아오리니, 네 아내 사라에게 아들이 있으리라 하시니 사라가 그 뒤 장막 문에서 들었더라.

18장 본문은 아브라함 앞에 나타난 사람들 사이에 여호와가 있다는 분명한 암시를 준다. 함께 있는 사람들과 여호와를 분명히 구분하기 때문이다. 기독교는 이 본문이야말로 하나님이 인간이 된 증거라고 말한다. 창세기에서부터 성육신이 이뤄졌다는 것이다.

그러고는 창세기 32장 30절을 주목한다. 그 유명한 얍복강가에서 씨름 직후 야곱이 독백하는 부분이다.

그러므로 야곱이 그곳 이름을 브니엘이라 하였으니 그가 이르기를 내가 하나님과 대면하여 보았으나 내 생명이 보전되었다 함이더라.

기독교는 하나님이 인간의 육체를 입었다는 사실을 이 구절처럼 명확하게 보여줄 수 없다고 말한다. 왜냐하면 야곱이 하나님을 보았다고 분명하게 증언했기 때문이다. 그런데 앞서 24절은 이렇게 말한다.

야곱은 홀로 남았더니 어떤 사람이 날이 새도록 야곱과 씨름하다가.

아브라함과 야곱에게 나타난 존재가 과연 하나님인지 아닌지에 대해서는 의견이 다를 수 있다. 그러나 '하나님이 나타나셨다'라는 사실에 관해 어떤 이견도 있을 수 없는 유명한 장면이 히브리 성경 속에 있다. 출애굽기 19장이다. 하나님이 수백만 명에 달하는 유대민족 모두 앞에서 자신의 모습을 드러낸 역사적 장면이다.

여호와께서 모세에게 이르시되, 너는 백성에게로 가서 오늘과 내일 그들을 성결하게 하며 그들에게 옷을 빨게 하고, 준비하게 하여 셋째 날을 기다리게 하라. 이는 셋째 날에 나 여호와가 온 백성의 목전에서 시내 산에 강림할 것 임이니, 너는 백성을 위하여 주위에 경계를 정하고 이르기를 너희는 삼가 산에 오르거나 그 경계를 침범하지 말지니 산을 침범하는 자는 반드시 죽임을 당할 것이라. 그런 자에게는 손을 대지 말고 돌로 쳐 죽이거나 화살로 쏘아 죽여야 하리니 짐승이나 사람을 막론하고 살아남지 못하리라 하고 나팔을 길게 불거든 산 앞에 이를 것이니라 하라. 모세가 산에서 내려와 백성에게 이르러 백성을 성결하게 하니 그들이 자기 옷을 빨더라. 모세가 백성에게 이르되, 준비하여 셋째 날을 기다리고 여인을 가까이 하지 말라 하니라. 셋째 날 아침에 우레와 번개와 빽빽한 구름이 산 위에 있고 나팔 소리가 매우 크게 들리니 진중에 있는 모든 백성이 다 떨더라. 모세가 하나님을 맞으려고 백성을 거느리고 진에서 나오매 그들이 산기슭에 서 있는데, 시내 산에 연기가 자욱하니 여호와께서 불 가운데서 거기 강림하심이라 그 연기가 옹기 가마 연기같이 떠오르고 온 산이 크게 진동하며.

(출애굽기 19:10-18)

여기서 한번 물어보자. 며칠에 걸쳐서 거룩하게 준비했음에도 유대민족이 벌벌 떨면서 마주한 출애굽기 19장의 하나님과 그늘에서 여유 있게 쉬

유대교와 기독교는 어떻게 다른가?

던 아브라함이 만난 누군가, '여호와'라고 지칭된 존재 사이에서 우리는 과연 어떤 유사점을 찾을 수 있을까?

왜 하나님이 굳이 막 할례를 받아 비실거리며 피를 흘리는(창세기 17장 마지막은 아브라함의 할례로 끝난다) 아브라함 앞에 인간의 몸을 입고 나타났을까? 아직 상처가 아물지 않아서 피를 흘리는 아브라함 앞에 육체를 입은 하나님이 나타난다? 히브리 성경에서는 피를 더럽다고 여긴다는 점을 생각해야 한다.

마찬가지로 산 전체가 흔들릴 정도로 장엄하게 불로 내려오신 출애굽기 19장의 하나님과 강가에서 밤새도록 야곱과 뒹굴면서 씨름을 한 누군가 사이에는 과연 어떤 유사점이 있을까?

출애굽기 19장에서 모든 백성은 며칠에 걸쳐 하나님을 만나기 위해 스스로 거룩하게 준비해야 했다. 그러나 아브라함과 야곱에게는 그 어떤 준비도 필요 없었다. 다시 말하지만, 아브라함은 할례 후 피를 흘렸고, 야곱은 에서가 두려워 전전긍긍 머리를 굴렸다. 그런 그들 앞에 하나님이 나타났다?

하나님의 나타나심이 그렇게 가벼울 수 있을까? 만약 아브라함과 야곱 앞에 나타난 존재가 하나님이 아니었다면, 그는 과연 누구였을까? 유대교는 그들 앞에 나타난 신적 존재를 천사라고 생각한다. 사탄을 포함해서 하나님이 수족처럼 부리는 존재인 천사가 인간의 몸을 입고 이 땅에 잠시 내려왔다는 것이다. 그럼 당연한 질문 하나가 떠오른다.

왜 히브리 성경은 아브라함에게 여호와가 말씀했다고 하고, 야곱은 하나님을 만났다고 고백했을까? 천사가 하나님을 대리했기 때문이다. 대리자는 주인의 권위를 그대로 소유한 존재다. 하나님의 권위를 위임받아 아브라함과 야곱에게 나타난 천사는 그래서 여호와 또는 하나님으로 불릴 수 있었다.

우리는 눈으로 국가를 볼 수 없지만, 국가를 대리한 대통령을 볼 수 있다. 외국에 나간 대통령은 개인에 불과하지만, 국가를 대리하기에 그에 걸맞은 예우를 받는다. 아브라함과 야곱 앞에 나타난 존재 역시 천사에 불과했지만, 하나님을 대리했기에 그에 걸맞은 호칭으로 불릴 수 있었다.

선지자 중에는 하나님을 본 사람이 있었다. 이사야 선지자였다.

> 웃시야 왕이 죽던 해에 내가 본즉, 주께서 높이 들린 보좌에 앉으셨는데 그의 옷자락은 성전에 가득하였고 스랍들이 모시고 섰는데 각기 여섯 날개가 있어 그 둘로는 자기의 얼굴을 가리었고 그 둘로는 자기의 발을 가리었고 그 둘로는 날며 서로 불러 이르되 거룩하다 거룩하다 거룩하다 만군의 여호와여 그의 영광이 온 땅에 충만하도다 하더라. 이같이 화답하는 자의 소리로 말미암아 문지방의 터가 요동하며 성전에 연기가 충만한지라, 그때에 내가 말하되, 화로다 나여 망하게 되었도다. 나는 입술이 부정한 사람이요 나는 입술이 부정한 백성 중에 거주하면서 만군의 여호와이신 왕을 뵈었음이로다 하였더라.
>
> (이사야서 6:1-5)

그러나 엄밀히 말해, 이사야 선지자가 본 것은 하나님이 아니라 하나님의 영광이었다. 영물인 스랍들조차 하나님을 볼 수 없어 두 날개로 얼굴을 가려야만 했다. 이런 하나님은 결코 시도 때도 없이 인간의 몸을 입고 세상에 나타나지 않는다. 하나님의 임재는 과거에도 또 지금도 결코 그렇게 가볍지 않다.

유대교에서 인간은 무한한 가능성을 가진, 하나님의 형상을 입은 존재다. 그런 의미에서 모든 인간은 100퍼센트 신성을 가진다. 그렇기에 유대교는 신이 인간이 되었다는 기독교의 성육신과는 전혀 다르게 성육신을 이해한다.

유대교에는 기독교와 전혀 다른 성육신 교리가 있다. 다름 아니라 모든 인간이 다 성육신한 신이라는 생각이다. 따라서 인간성의 목표는 이런 성육신이 가져다준 가능성을 최대한 실현하자는 것이지, 결코 스스로 아무것도 할 수 없는 제물immolation에 불과하다며 파괴하는 것이 아니다.[76]

히브리 성경에서는 도통 찾아볼 수 없는 새로운 개념이 기독교에는 매우 많다. 인간의 몸을 입은 하나님, 동시에 하나님이자 인간인 예수 그리고 삼위일체라는, 지금이라면 특허를 신청해도 될 만한 놀라운 생각들로 가득하다. 단순하고 명쾌했던 유대교의 유일신 교리에 그리스의 이원론과 다신론이 스며들면서, 언젠가부터 기독교는 도무지 이해할 수 없는 교리들로 채워지기 시작했다.

초대교회의 교부들도 이 사실을 잘 알았다. 그들은 기독교와 유대교 사이에는 어떤 연결고리가 없다는 사실을 아주 뚜렷하게 인식했다. 같은 신을 섬긴다고 하지만, 사실상 전혀 다른 신을 믿는다는 점을 정확히 꿰뚫었다. 그래서 그들은 의도적으로 유대교와 유대민족을 경시하기 시작했다.

---

76   Hyam Maccoby, 앞의 책, p.195.

당시 가장 큰 디아스포라 유대인의 중심이던 알렉산드리아에서 유대교에 대한 핍박이 진행되었다. 유대교는 기독교의 어머니가 아니라 기독교의 정당성을 위해서라도 반드시 제거해야 할 정적이 되었다. 기독교와 달리 유대교는 오로지 한 하나님, 유일신 하나님만을 믿었기 때문이었다.

그렇게 세상이 바뀌었다.

앞에서도 말했지만, 누가 정통이고 진리인가는 누가 주류가 되는가에 달려 있다. 기독교가 마침내 로마제국 권력의 중심에 자리를 잡자, 바울이 할례를 두고 예수의 제자들과 논쟁하던 시절[77]은 마치 호랑이가 말하고 여우가 담배를 피우던 시절처럼 느껴지게 되었다. 이해할 수 없는 기이한 삼위일체 교리가 유일신 하나님을 대표하는 교리가 되었다. 삼위일체 교리를 보며 고개를 갸우뚱하는 사람은 이제 이단이 되었다.

---

77   옥성호, 앞의 책, 「2장: 할례 논쟁」.

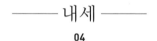

내세

04

마지막으로 유대교의 내세관을 간단하게 살펴보자. 『예수왕조』를 쓴 노스캐롤라이나 대학 종교학과 교수인 제임스 D. 타보르James D. Tabor는 히브리 성경의 내세관을 이렇게 설명한다.

히브리인은 우주가 세 단계로 구성되었다고 생각했다. 하늘heavens은 하나님과 천사가 주관하는 영적 영역이다. 땅earth은 인간과 그 외 동물이 사는 곳이다. 그리고 땅 아래는 시올sheol인데, 죽은 자들이 머무는 곳이다. 인간에게 중요한 곳은 당연히 이 땅이다. 창세기 3장에 의하면 인간은 에덴동산 한가운데에 있는 '생명나무'를 통해 신과 같은 존재gods가 되어 위의 하늘에서 영원히 살 수도 있었다. 그러나 그 나무로부터 영원히 단절되었다. 시편 115편 16-18절은 히브리인의 이런 '삼층 우주관'을 놀랍도록 담백하게 묘사한다.

'하늘은 여호와의 하늘이라도 땅은 사람들에게 주셨도다. 죽은 자들은 여호와를 찬양하지 못하나니 적막한 데로 내려가는 자들은 찬양하지 못하리로다.

우리는 이제부터 영원까지 여호와를 송축하리로다. 할렐루야.'[78]

히브리 성경의 내세관과 기독교의 천국과 지옥 개념이 얼마나 다른지 시편 구절에 명확하게 나타난다.

시편 저자는 천국에서 영원히 하나님을 찬양한다는 기독교의 가르침과 달리 죽은 사람은 하나님을 찬양하지 못한다고 명확하게 선을 긋는다. 그렇기 때문에 숨이 붙어 있는 '지금' 하나님을 찬양하자는 것이다. 그러나 조금만 주의 깊게 이 본문을 읽은 사람이라면 당장에 이런 의문이 들 것이다.

"하지만 지금부터 영원히 찬양하자고 하잖아요? 그럼, '영원히'라는 게 도대체 무슨 의미지요?"

자손이다. 내가 죽더라도 숨이 붙어서 하나님을 찬양할 나의 자손이다. 유대민족은 자손이 이어지는 한 영원히 산다고 생각했다. 흔히 말하는 영적 자손이 아니라 손으로 만지고 얼굴을 비빌 수 있는 자식이다. 유대민족에게 자식이 얼마나 중요한지는 나이가 100살이 되어서까지도 대를 잇고자 애쓴 아브라함을 보면 잘 알 수 있다. 기독교는 아브라함이 그토록 간절히 바랐던 자손을 '영적 자손'으로 이해하지만, 전혀 그렇지 않다. 그는 살아서 숨 쉬는 내 자손이 바닷가 모래처럼 많아지는 것을 꿈꾸었다. 아브라함의 머리에는 후대에 기독교 신학이 만들어낸 '영적 자손'이라는 개념은 꿈에서도 떠오르지 않았을 것이다. 유한한 인생을 사는 인간에게는 오로지 자손의 이어짐이 내 생명이 끊어지지 않고 이어지는 것을 의미했다.

만약에 자식이 생기지 않는다면? 그건 다름 아닌 하나님의 저주였다. 내

78   James D. Tabor, *Paul and Jesus*(Simon & Schuster Paperbacks, 2012), p.54.

생명이 내 대에서 끊어지는 비극을 의미했다. 그렇기에 유대교에 충실한 사람일수록, 특히 바리새인에게 결혼은 필수였다. 결혼하지 않는 랍비는 차마 상상하기 어려울 정도였다.[79]

유대교에서 성이 금기의 대상이 아니라 누리고 즐기는 대상이었던 것도 다 유대민족의 이런 내세관과 관련이 있기 때문이다. 성이야말로 하나님이 내 생명을 대대손손, 영원히 이어주겠다는 약속을 실현하게 해주는 하나님의 선물이기 때문이다. 그렇기에 결혼하지 않고 산속 수도원에 들어가 하나님을 기쁘게 한다며 자신을 학대하는 중세 가톨릭 수도사를 유대교의 관점에서는 이해하기 어려운 게 당연하다. 성을 죄악시하며 자신의 성기까지 잘라버린 오리게네스 같은 교부를 만난다면, 유대교 랍비는 벌어진 입을 아예 다물지 못할 것이다.

그런 면에서 내세를 중요시하는 기독교는 살아서 숨 쉬는 지금이 전부라고 해도 과언이 아닌 유대교와 정반대 편에 있다. 이 한 가지 사실만 보아도 유대교와 기독교가 본질적으로 얼마나 다른지 쉽게 알 수 있다. 2장에서 자세히 살펴보겠지만 이런 내세관에 비추어볼 때 유대교에서 구원이 무엇인지도 쉽게 유추할 수 있다. 유대교에서 구원은 언제나 '현실의 고통'에서 빠져나오는 것이다. '죄로부터 구원'이라는 말은 애초에 존재하지 않

---

79   이런 측면에서 예수를 바리새인으로 보는 학자들은 예수가 '당연히' 결혼했다고 생각한다. 동시에 결혼을 거의 금기시하는 바울을 이해하지 못한다. 문제는 바울은 스스로 바리새인이라고 말했다는 사실이다. 그런데 그는 결혼하지 않았던 것이 거의 확실하고, 가능하면 결혼하지 말라고까지 했다. 이건 당시 유대교의 관점에서 볼 때 이단 정도가 아니라 도저히 이해할 수 없는 이상한 사상이었다. 물론 결혼하지 않은 바울을 이해할 수 있는 한 가지 가능성이 있기는 하다. 그가 임박한 종말론에 심취했을 경우다. 데살로니가전서를 보면 그런 시각을 엿볼 수 있다. 마찬가지로 만약에 예수도 많은 학자가 지적하듯 철저한 종말론자였다면, 비록 그가 바리새인이었다고 해도 그에게 결혼은 별 의미가 없었을 것이다.

는다. 죄를 지었으면 회개하고 돌이킬 일이지 죄로부터 구원을 받는다는 개념은 아예 없었다.

'유대교에서는 지금 현재가 전부다'라는 말을 쉽게 왜곡할 수 있다.

"그럼 뭐 살아 있는 동안 맘껏 쾌락을 누리고 하고 싶은 거 다 하고 그냥 마음대로 살자는 소리 아닙니까? 유대교야말로 타락하기 딱 좋은 종교라는 거 아닙니까?"

전혀 그렇지 않다. 세상에, 오해도 이런 무지막지한 오해는 없다. 다시 시편 저자의 글을 살펴보자. 저자는 숨 쉬는 지금이 왜 중요한지 정확하게 말한다. 살아 있어야 하나님을 찬양할 수 있기 때문이다.

> 죽은 자들은 여호와를 찬양하지 못하나니 적막한 데로 내려가는 자들은 아무도 찬양하지 못하리로다. 우리는 이제부터 영원까지 여호와를 송축하리로다. 할렐루야.
>
> (시편 115:17-18)

시편의 마지막 구절인 150편 6절은 다음과 같다.

> 호흡이 있는 자마다 여호와를 찬양할지어다. 할렐루야.

유대교에서 지금의 삶과 그 삶이 자손을 통해 이어지는 것이 중요한 이유는 단 하나, 하나님을 영원히 찬양하기 위해서다.

유대교의 내세관을 통해 우리는 한 가지 더 중요한 사실을 확인할 수 있다. 그 속에는 유대교가 '신이 인간의 몸을 입고 세상에 왔다'라는 성육신을 결코 받아들이지 못하는 또 하나의 이유가 숨어 있다.

랍비 조스는 땅과 비교해 완전히 다른 세상인 하늘의 세상을 이렇게 말했다. "신은 결코 땅으로 내려오지 않는다. 모세와 엘리야는 결코 하늘로 올라가지 않았다. 왜냐하면 시편 115편 16절에 분명히 이렇게 쓰였기 때문이다. '하늘은 여호와의 하늘이라도 땅은 사람에게 주시도다.'"[80]

유대교에서 죽음 이후는 그냥 쉬는 것이다.[81] 욥기 3장 11-19절은 그런 사후 모습을 더할 나위 없이 담담하게 그리고 있다.

어찌하여 내가 태에서 죽어 나오지 아니하였던가. 어찌하여 내 어머니가 해산할 때에 내가 숨지지 아니하였던가. 어찌하여 무릎이 나를 받았던가. 어찌하여 내가 젖을 빨았던가. 그렇지 아니하였던들 이제는 내가 평안히 누워서 자고 쉬었을 것이니 자기를 위하여 폐허를 일으킨 세상 임금들과 모사들과 함께 있었을 것이요. 혹시 금을 가지며 은으로 집을 채운 고관들과 함께 있었을 것이며 또는 낙태되어 땅에 묻힌 아이처럼 나는 존재하지 않았겠고 빛을 보지 못한 아이들 같았을 것이라. 거기서는 악한 자가 소요를 그치며 거기

---

80 Hans Joachim Schoeps, Holt, *The Jewish-Christian Argument*(Faber and Faber, 1963), p.33.

81 전통 유대교도 죽음은 이 세상의 끝이 아니라고 분명하게 믿는다. 그러나 유대교는 현실에 중점을 둔다. 따라서 기독교처럼 내세와 관련한 교리가 없다. 따라서 내세에 대한 개인마다 가지는 의견은 얼마든지 다양하다. 기독교의 천국과 비슷한 내세관도 있고, 죽어서 쉬다가 메시아가 오면 몸이 부활한다는 내세관도 있다. 또한 윤회와 비슷한 관점도 있다. 악인과 관련해서는 죽음과 함께 아예 존재 자체가 사라진다고 보는 의견도 있지만, 영원이 아닌 일정 기간의 형벌 뒤에 회복한다는 생각이 있다. 단 기독교에서 말하는 영원히 불 속에서 고통받는 '지옥형벌' 같은 내세관은 없다.

서는 피곤한 자가 쉼을 얻으며 거기서는 갇힌 자가 다 함께 평안히 있어 감독자의 호통 소리를 듣지 아니하며 거기서는 작은 자와 큰 자가 함께 있고 종이 상전에게서 놓이느니라.

죽음 이후 세상에는 왕과 신하의 구분이 없고, 부자와 가난한 사람도 함께 있다. 그러나 그 세상의 가장 큰 특징은 무엇보다 편히 쉴 수 있는 조용함이다. 이 세상이 시끄러운 이유는 의인의 선행 때문이 아니다. 거의 언제나 누군가가 저지른 끔찍한 사건 때문에 시끄럽다. 비극 때문에 통곡과 비명이 터진다. 다행히 이 세상에서 끔찍한 소음을 만들던 악인도 그 세상에서는 소란을 멈춘다. 이처럼 죽음 이후의 세상은 크고 작음도 없고 높고 낮음도 없이 모두가 함께 조용히 쉬는 곳이다.

유대교가 가진 이런 내세관을 이해할 때 우리는 비로소 사울 왕이 죽은 사무엘을 불러냈을 때, 왜 사무엘이 그토록 짜증을 냈는지 이해할 수 있다. 언제 제일 화가 날까? 실로 오래간만에 깊은 잠에 빠졌는데 누군가 깨울 때가 아닐까? 그것도 평소에 별로 좋아하지 않던 사람이라면, 그 짜증은 배가 된다. 지금 사무엘이 딱 그런 경우다.

사무엘이 사울에게 이르되 네가 어찌하여 나를 불러 올려서 나를 성가시게 하느냐.

(사무엘기상 28:15)

전도서 3장 18-22절도 유대교의 내세관을 잘 보여주는 구절이다. 나는 이 구절을 읽을 때면 어떻게 히브리 성경과 신약성경을 한 권으로 묶어 기독교의 경전으로 만들었는지 의아할 뿐이다.

　내가 내 마음속으로 이르기를 인생들의 일에 대하여 하나님이 그들을 시험하시리니 그들이 자기가 짐승과 다름이 없는 줄을 깨닫게 하려 하심이라 하였노라. 인생이 당하는 일을 짐승도 당하나니 그들이 당하는 일이 일반이라 다 동일한 호흡이 있어서 짐승이 죽음같이 사람도 죽으니 사람이 짐승보다 뛰어남이 없음은 모든 것이 헛됨이로다. 다 흙으로 말미암았으므로 다 흙으로 돌아가나니 다 한 곳으로 가거니와, 인생들의 혼은 위로 올라가고 짐승의 혼은 아래 곧 땅으로 내려가는 줄을 누가 알랴. 그러므로 나는 사람이 자기 일에 즐거워하는 것보다 더 나은 것이 없음을 보았나니 이는 그것이 그의 몫이기 때문이라. 아, 그의 뒤에 일어날 일이 무엇인지를 보게 하려고 그를 도로 데리고 올 자가 누구이랴.

　한마디로 인간과 동물이 다르지 않다는 것이다. 전도서 저자는 한 걸음 더 나아가 냉소적으로 이렇게 묻는다.

　인생들의 혼은 위로 올라가고 짐승의 혼은 아래 곧 땅으로 내려가는 줄을 누가 알랴.

　(전도서 3:21)

　죽고 나서 어떻게 될지 모르는 사람에게는 무엇이 가장 중요할까? 바로 지금이다. 그렇기에 유대교는 내세의 종교가 아닌 현실의 종교다. 그와 반대로 기독교는 현실의 종교가 아니라 내세의 종교다. 기독교에서 지금 현실이 중요한 이유는 단 하나, 죽고 천국에 갈지 아니면 지옥에 갈지를 결정하기 때문이다. 따라서 현실은 내세의 종류를 결정하는 시험장이지 그 자체가 목적이 될 수 없다. 수능시험이 중요한 이유는 시험 결과가 어느 대학을 갈지 결정하기 때문인 것과 다르지 않다. 앞에서 살펴보았듯이, 이 세상은 낙원을 향해 걸어가는 고단한 '나그넷길'이다.

이 사실을 염두에 둘 때 오늘날 기독교 안에서 난무하는 각종 문제의 원인 중 하나를 찾을 수 있다. 내세의 종교가 본질을 벗어나 현실의 종교가 되었기에 생기는 당연한 결과다. 그러나 유대교는 현실의 종교이고, 하나님에 대한 '신관'도 현실에 중심을 두고 있다. 유대교의 하나님은 순종하는 자에게 죽은 후가 아니라 살아 있을 때 복을 주는 신이다. 불순종하는 사람이 살아 있는 동안 잘 먹고 잘살게 놔두었다가 죽은 뒤에 비로소 지옥에 보내는 그런 하나님이 아니다. 죽은 뒤는 중요하지 않다. 살아 있을 때가 중요하다. 숨이 붙어 있는 지금이 중요하다. 시편 저자가 악인이 잘되는 것을 보고 고통스러워하는 이유가 바로 여기에 있었다. 그가 아는 한 악인이 이 세상에서 잘되게 놔두는 그런 비극을 허락할 무능한 하나님이 아니기 때문이다.

고통받는 의인을 보고 괴로운 이유도 거기에 있었다. 의인이 이 세상에서 억울한 고통을 받도록 놔두는 그런 잔인한 하나님이 아니기 때문이다. 이런 유대교의 관점을 이해해야 비로소 욥의 고통도 제대로 볼 수 있다.

나의 친구야. 너희는 나를 불쌍히 여겨다오. 나를 불쌍히 여겨다오. 하나님의 손이 나를 치셨구나. 내가 알기에는 나의 대속자가 살아 계시니 마침내 그가 땅 위에 서실 것이라. 내 가죽이 벗김을 당한 뒤에도 내가 육체 밖에서 하나님을 보리라. 내가 그를 보리니 내 눈으로 그를 보기를 낯선 사람처럼 하지 않을 것이라 내 마음이 초조하구나.

(욥기 19:21, 25-27)

욥의 한탄, "너희는 나를 불쌍히 여겨다오. 나를 불쌍히 여겨다오"는 정말로 고통에 타들어 가는 창자를 쥐어짜면서 하는 말이다. 왜 그를 불쌍히 여겨야 할까? 하나님께 벌을 받아야 할 이유가 없는데도 벌을 받았기 때문이다. 그가 아는 하나님이라면 결코 그런 일을 허락할 리가 없기 때문이다. 그런데도 하나님이 허락했다. 욥은 그 사실을 이해할 수 없었다. 욥에게 하나님은 어떤 존재였을까? 시편 18편 20-24절 다윗의 고백에서 드러나는 하나님이 바로 욥이 아는 하나님이었다.

여호와께서 내 의를 따라 상 주시며 내 손의 깨끗함을 따라 내게 갚으셨으니. 이는 내가 여호와의 도를 지키고 악하게 내 하나님을 떠나지 아니하였으며, 그의 모든 규례가 내 앞에 있고 내게서 그의 율례를 버리지 아니하였음이로다. 또한 나는 그의 앞에 완전하여 나의 죄악에서 스스로 자신을 지켰나니, 그러므로 여호와께서 내 의를 따라 갚으시되 그의 목전에서 내 손이 깨끗한 만큼 내게 갚으셨도다.

그런데 욥의 이런 확신은 어느 날 산산이 부서졌다. 그것도 순식간에, 고개를 돌려 주변을 제대로 파악할 시간도 없이 그렇게 부서졌다. 의롭게 살아온 그에게 보상은커녕 차마 상상할 수 없는 재앙만 닥쳤다. 결국 욥도 인간인지라 자신을 합리화한다. 그러지 않고서는 도저히 살 수 없었기 때문이다. 기독교는 "내가 그를 보리니 내 눈으로 그를 보기를"이라는 구절을 보고 욥이 부활신앙을 가졌다는 어이없는 주장을 한다. 전혀 그렇지 않다. 욥의 의도는 그게 아니다. 핵심은 다음 구절에 있다.

> 내 가죽이 벗김을 당한 뒤에도 내가 육체 밖에서 하나님을 보리라. 내가 그를 보리니 내 눈으로 그를 보기를 낯선 사람처럼 하지 않을 것이라 내 마음이 초조하구나.
>
> (욥기 19:26-27)

확실히 안다고 생각했던 하나님을 전혀 몰랐다는 사실이 욥이 느끼는 고통의 본질이다. 다르게 말하면 욥에게 고통의 본질은 배신감이다. 사람은 언제 가장 아플까? 배신당했을 때다. 지금까지 내가 알던 사람이 전혀 딴사람 같을 때 치를 떤다. "저 사람이 저럴 리가 없는데, 절대 나를 이런 식으로 상처 줄 사람이 아닌데 어떻게 이런 일이 있지?"

지금 욥에게 하나님이 바로 그런 존재였다. 그래서 그는 울부짖었고 발버둥 쳤다. 죽고 나면 자신의 육신은 썩어서 다 사라지겠지만, 그래도 어떻게든 죽어서 다 썩어버린 육신의 남은 쪼가리를 걸치고라도 하나님을 만나겠다는 절규다. 그래서 제대로 설명을 듣겠다는 것이다. 왜 내게 이런 일이 생겼는지 그 이유를 알아야겠다고 지금 욥은 외치고 있다.

"내 가죽이 벗김을 당한 뒤에도 내가 육체 밖에서……" 이 말은 부활신앙의 고백이 전혀 아니다.

욥의 이런 고통은 영화 〈밀양〉[82]에서 만나는 신애(전도연 분)의 고통과 크게 다르지 않다. 그녀에게 고통의 본질도 배신감이었다. 교회 뒤편에 앉아서 정면을 노려보며 장의자를 두 손으로 미친 듯 마구 쳐대던 그녀의 고통도 배신감 때문이었다. 그녀가 알던 하나님은 피해 당사자의 동의도 없이 가해자를 일방적으로 용서하는 하나님이 아니었기 때문이다. 자식을 납치해 죽인 살인범이 그녀와 상관없이 용서받았다며 입에서 하나님을 쏟아낼 때, 그녀는 절망했고 쓰러졌다. 욥과 신애, 두 사람 다 이렇게 외치고 있다.

"하나님, 하나님, 어떻게, 어떻게 내게 이런 일이 생길 수 있습니까? 당신은 그런 하나님이 아니지 않습니까?"

신애와 욥, 이 두 사람이 오늘날 교회에 가면 무슨 말을 들을까? 내가 뭘 그리 잘못했는데 이런 일을 당해야 하냐고 소리를 지른다면 무슨 충고를 들을까? 신실한 권사님 또는 겸손한 사모님에게 다음 같은 충고를 듣기 딱 좋다.

"이봐요. 신애 씨, 하나님 앞에서 의로운 자가 어디 있어요? 자신을 대단하게 보는 당신의 그 교만이야말로 가장 큰 죄입니다. 하나님이 보실 때 아주 심각한 죄예요. 베드로 사도가 뭐라고 했는지 아세요? '하나님께서 교만한 사람들을 대적하시고 겸손한 사람들에게는 은혜를 주신다'고 했습니다. 베드로전서 5장 5절이에요. 워낙 중요한 말씀이라 하나님께서 외우기 좋으라고 5장 5절에 딱 놓으셨어요. 그게 다가 아니에요. 5월 5일이 무슨 날이죠? 어린이날, 그러니까 어린이처럼 겸손하라는 거죠. 이렇게 성경

---

82   〈밀양〉(이창동 감독, 2007).

의 장, 절 배치에도 다 하나님의 깊은 뜻이 있어요. 자, 그 구절을 다시 한 번 읽어보세요. '하나님께서 교만한 사람들을 대적하시고 겸손한 사람들에게는 은혜를 주신다.' 하나님 앞에서 인간은 정말로 벌레, 구더기만도 못한 더러운 존재예요. 하나님의 사랑을 저버린 전적으로 타락한 존재예요. 우리는 아담으로부터 타락한 죄의 유전자를 그대로 물려받은 비참한 존재예요.

그리고 욥 선생님, 제 말 좀 들어보세요. 댁이 아무리 유명한 욥이라고 해도, 전적으로 타락했다는 건 당신도 다르지 않습니다. 결국은 같은 사람이 아닙니까? 욥 선생님, 주변에서 당신보고 의롭다, 의롭다 하니까 진짜로 자신이 의롭다고 생각하는 건 아니겠죠? 인간이 하나님 앞에서 어떻게 의롭다는 단어 자체를 입에 올리겠어요? 우리는 다 예수님의 보혈이 필요한 죄인입니다. 그건 욥 선생님이나 저나 똑같아요. 여기 앉아 있는 신애 씨는 뭐, 아예 말할 것도 없고요."

신약성경의 처음에 등장하는 세례자 요한도 욥과 조금도 다르지 않은 내세관을 가졌던 유대인이었다. 그가 "회개하라. 하늘나라가 가까이 왔다"라고 외쳤을 때 그건 무슨 의미였을까?

'백성들아, 빨리 예수를 개인의 구주로 믿고 영접해라. 그리고 저기 보이는 천국에 우리 함께 들어가야지!' 이런 의미였을까? 절대 아니다. 히브리 성경에서 구원은 '언제나' 현실의 고통에서 해방을 의미한다. 하나님은 분명하게 약속했다. 토라에 순종하면 복을 받고 토라를 거역하면 고통을 받게 될 것이라 했다. 그 복이나 고통은 죽어야만 가는 천국과 지옥에서 받는 것이 아니다. 바로 현실에서 겪는, 살아 있는 동안의 행복과 고통이었다.

유대민족의 역사는 말 그대로 고통의 역사였다. 그들이 하나님에게 불순종했기 때문이다. 끊임없이 외세에게 침략을 당했고 오랫동안 지배를 받았다. 그중에서도 적지 않은 사람들이 하나님께 순종할 때 다가올 유토피아를 꿈꾸었다. 하루라도 유토피아를 앞당기려고 토라를 지키며 하나님께 순종했다.

그렇게 하면 그토록 기다리던 메시아가 바로 '오늘' 올 거라 믿었다. 이것이 1세기 유대인이 꿈꾸던 구원이다. 세례자 요한의 외침을 한 번 더 살펴보자.

> 회개하라. 천국이 가까이 왔느니라 하였으니. 그러므로 회개에 합당한 열매를 맺고, 이미 도끼가 나무뿌리에 놓였으니 좋은 열매를 맺지 아니하는 나무마다 찍혀 불에 던져지리라.
>
> (마태복음 3:2, 8, 10)

고통이 깊어갈수록 메시아가 올 날이 다가온다고 생각했다. 새벽 직전이 가장 어둡다는 자연의 이치 속에서 유대민족은 하나님의 뜻을 읽었다. 하나님이 거하시는 성전마저 모욕하는 로마제국의 압제가 극에 달할수록 메시아에 대한 갈망은 더 커졌다. 그가 올 날을 앞당기려는 유대민족의 염원도 함께 커졌다. 세례자 요한은 그런 사람들에게 촉구했다. 회개를 촉구했고 돌이킴을 독려했다. 1초라도 빨리 새벽의 여명을 막는 장막을 걷어내자고 그는 외쳤다. 그들이 꿈꾼 하늘나라는 하늘에 있는 나라가 아니라 이 땅에 이뤄지는 유토피아였다. 그리고 그 중심에는 메시아가 있었다. 죽고 나서 만나는 메시아가 아니라 살아서 눈으로 확인하는 메시아였다. 유대민족의 내세관 속에 죽어서 믿음으로 가는 천국행을 약속하는 메시아는 애초에 들어설 자리가 없었다.

메시아 변천사

고대 이스라엘에서 메시아, 기름 부음 받은 사람의 의미는 철저하게 다윗 왕과 연결된다.

인간의 유한성에도 불구하고 다윗 왕의 왕좌가 영원히 계속된다는 하나님의 약속이 있었기 때문이다. 그러나 예루살렘이 멸망하고 바벨론 유수가 시작되면서 다윗 왕의 계보가 끊어지자, 다윗 왕의 후손에서 메시아가 나온다는 예언에 대한 새로운 해석이 요구되었다.

게다가 기원전 2세기 다윗 왕과 아무런 관련이 없는 하스모니안 왕조에 의해 독립된 이스라엘이 세워지자, 현실을 반영하는 메시아에 대한 새로운 생각(신학)이 필요해졌다. 동시에 내세가 아닌 이 땅에서 메시아가 이룰 나라를 꿈꾸는 이스라엘 민족에게는 또 하나의 새로운 기대가 꿈틀거렸다. 바로 두 번째 성전과 함께 태동한 유대교에 자리 잡은 말세적, 종말적 메시아였다.

서기 1세기가 되자 메시아에 대해 또 한 번의 변화가 일어났다. 십자가에서 죽은 예수라는 젊은 유대인이 일으킨 운동 때문이었다. 그러나 히브리 성경 어디에도 고통당하고 죽는 메시아라는 개념은 없었다. 따라서 예수의 제자들을 비롯해 그를 따르는 사람들에게는 메시아에 대한 새로운 급진적 해석이 필요했다. 그 결과 다윗 왕가에서 태어나서 이 땅을 지배한다는 히브리 성경 속 전통적인 메시아가 죽었다가 다시 살아난 구세주, 하늘과 땅을 다스리는 주님이라는 전혀 새로운 개념의 메시아로 바뀌었다. 그러나 메시아의 변천은 여기서 그치지 않았다.

급기야 메시아는 아예 유대민족을 벗어나기 시작했다. 예수의 죽음과 부활에 대한 믿음이 영혼의 구원을 보장한다는 새로운 가르침이 이방인으로부터 커다란 호기심을 끌었기 때문이었다. 메시아를 받아들이는 이방인의 숫자가 늘어나면서, 유대교와 전혀 다른 새로운 종교 하나가 서서히 그 모습을 드러내기 시작했다.

사실상 비非유대교를 넘어 반反유대교라고 해도 과언이 아닌 새로운 종교, 기독교에서 히브리 성경이 예언하는 메시아와 전혀 다른 비유대적 맥락에서 새로운 메시아가 탄생했다. 전통적인 유대교 뿌리에 그리스 철학이 접목된 기독교가 로마제국 구석구석으로 퍼지면서부터 중대한 의문 하나가 떠올랐다.

"예수가 사람인가 아니면 신인가?"

인간이 된 신이 한둘이 아닌 로마에서 종교로서 인정받으려면 예수가 평범한 신을 넘어서 유대교의 유일신, 하나님이 되어야만 했다. 결국 예수는 로마제국에서 하나님, 그분 자신으로 격상되었다. 이스라엘이 기다리던, 이 땅에서 유대민족을 위한 유토피아를 건설할 메시아가 전혀 상상도 못 한 새로운 방식의 메시아로 바뀌었다. 이스라엘이 아닌 이방 기독교 교회와 로마제국의 메시아가 되었다.[1]

---

1   Magnus Zetterhom, *The Messiah in Early Judaism and Christianity*(Fortress Press, 2007), 21~27쪽 Introduction 요약 정리.

02

왜 유대교는 예수를
거부하는가?

히브리 성경 전체는 일순간에 미스터리로 돌변한다.

기독교인이 이해하지 못하는 유대교 구원의 의미

기독교인은 유대인을 이해하지 못한다. 기독교인에게는 과거의 약속, '구약'이지만, 유대인에게는 영원한 하나님의 말씀인 히브리 성경 '타나크'는 창세기로 시작한다. 기독교인에게 창세기는 천지를 창조한 이야기인 동시에 예수에 대한 예언으로 가득 찬 책이기도 하다. 그래서인지 에덴동산 이야기에서부터 분명히 드러난 예수를 메시아로 인정하지 않는 유대인은 대부분의 기독교인에게 미스터리, 그 자체다.

나는 15년 전쯤 미국에서 한 사람을 만났다. 평생 무신론자였던 그는 자기가 어떻게 예수를 믿게 되었는지 다음과 같이 고백했다.

"내가 전에 다니던 회사에서 해고당하고 몇 달 집에서 쉴 때 책을 많이 읽었어. 이것저것 읽다가 그래도 세계 최고의 베스트셀러를 한번은 읽어 보자, 하고 성경을 집어 들었지. 종교랑 관계없이 그냥 말 그대로 문학작품 읽는 기분으로 말이야. 창세기부터 시작해서 읽어나가다가 신약성경에 딱 들어갔는데 나도 모르게 온몸이 저리는 거야. 구약성경에서 예언한 인물이 신약성경에 들어가니까 바로 나왔기 때문이지. 신약성경에 등장하는 예수님이 구약성경에서 예언한 바로 그 메시아더라고. 정말로 소름이 끼치는 것 같은 감동을 받았어. 그날부터 바로 예수를 믿게 되었잖아. 그러니까 하나님이 즉각 축복을 주시더라고. 이렇게 좋은 직장에 다시 취직도 하고……"

기독교인이라면 누구나 고개를 끄덕이며 수긍할 것이다. 누구라도 마음만 열고 히브리 성경을 펼치면 단숨에 보이는 게 바로 예수에 대한 예언이라고 알고 있기 때문이다. 기독교는 창세기 3장, 아담과 하와에게 짐승의 가죽으로 옷을 만들어 입힌 하나님의 모습부터 십자가의 죽음을 본다. 여자의 후손이 뱀의 머리를 부서뜨릴 것이라는 말에서 십자가의 승리를 읽는다. 너무도 담담하게 아들 이삭을 바치러 가는 아브라함의 모습에서 찬란한 부활 신앙을 읽는다.

형제들에게 버림받았다가 이집트의 총리로 화려하게 재기한 요셉의 삶은 사실상 예수의 그림자라고 해도 과언이 아니다. 창세기의 마지막에 다다르면 창세기 메시아 예언의 하이라이트인 '실로'가 등장한다.[1]

광야에서 불뱀에 물린 유대인들 앞에 높이 들린 놋뱀은 무엇인가? 바로 예수의 모형이 아니던가? 고개를 돌려 놋뱀을 보기만 하면 낫는다는 선포야말로 믿음으로 받는 구원이 아닌가? 시편 곳곳에 등장하는 예수에 대한 예언은 이사야서 53장에 가서 마침내 절정을 이룬다.

그는 실로 우리의 질고를 지고 우리의 슬픔을 당하였거늘 우리는 생각하기를 그는 징벌을 받아 하나님께 맞으며 고난을 당한다 하였노라. 그가 찔림은 우리의 허물 때문이요, 그가 상함은 우리의 죄악 때문이라 그가 징계를 받으므로 우리는 평화를 누리고 그가 채찍에 맞으므로 우리는 나음을 받았도다. 우리는 다 양 같아서 그릇 행하여 각기 제 길로 갔거늘 여호와께서는 우리 모두의 죄악을 그에게 담당시키셨도다.

(이사야서 53:4-6)

"그런데 어떻게 이렇게까지 명확한 메시아, 예수가 보이지 않을 수가 있지?"

---

1   "규가 유다를 떠나지 아니하며 통치자의 지팡이가 그 발 사이에서 떠나지 아니하기를 실로가 오시기까지 이르리니 그에게 모든 백성이 복종하리로다."(창세기 49:10)

기독교인에게 이런 유대인이 미스터리가 아니면 뭘까? 궁금한 게 당연하다. 거기에는 크게 두 가지 이유가 있다. 이번 2장의 목적이 바로 그 두 가지 이유를 자세히 살펴보는 것이다.

첫 번째 이유는 기독교와 전혀 다른 유대교의 구원관 때문이다.

두 번째 이유는 기독교가 메시아 예언이라고 주장하는 히브리 성경 속 구절을 유대교 입장에서는 도통 납득할 수 없기 때문이다.

이 두 가지 이유를 본격적으로 살펴보기 전에 잠깐 언급했던 유대교의 구원관을 짚고 넘어갈 필요가 있다. 예수가 절대 유대인이 기다리는 메시아가 될 수 없는 이유를 상징적으로 보여주기 때문이다.

기독교에서 '구원'이라는 단어는 다음 두 가지 의미로 해석된다. 첫 번째는 살아 있는 동안 죄로부터 해방되는 것이고, 두 번째는 죽어서 천국에 가는, 궁극적 구원이다. 유대교도 크게 다르지 않다고 생각하기 쉽다. 그러나 유대교에서 구원의 개념은 전혀 다르다. 유대교에서 구원은 '죄'로부터 구원이 아니다.[2] 기독교의 구원이 영적 의미라면, 유대교에서 구원은

---

2   흔히 이런 질문을 한다. "구약시대 사람들은 어떻게 구원을 받았나요? 우리가 알기로 예수님 외에 구원받는 길이 없는데…… 아예 뭐 이방인은 어쩔 수 없다 치더라도 구약 속의 모세나 아브라함 또 다윗 같은 사람은 어떻게 구원을 받았어요?" 누구나 교회를 다니는 사람이라면 한번은 궁금했을 문제다. 왜냐하면, 구약 속에는 인물들이 예수님의 보혈을 믿었다는 말이 없기 때문이다. 그들은 기도를 마치고 마지막에 "예수님 이름으로 기도합니다"라고 하지 않았기 때문이다. 중학교 때 나의 이런 질문에 목사님은 이렇게 대답했다. "당연하지. 구약시대에도 예수님을 통하지 않고는, 예수님을 믿지 않고는 천국에 들어갈 수 없어. 그건 예수님이 너무도 확실하게 말씀하셨으니까. 그럼 정말로 궁금하지? 어떻게 구약의 그 위대한 신앙의 선배들이 예수님을 믿었을지 말이야." 그랬다, 정말로 궁금했다. 목사님은 말을 이었다. "바로 미래에 오실 예수님을 미리 보고 믿었기 때문이야. 희미한 예수님의 그림자만을 보고서도 그들은 예수님을 믿었어. 그래서 구원받을 수 있었어." 나는 고개를 끄덕였다. 당연하다 싶었다. 그러나 동시에 아브라함이나 다윗 같은 사람은 그럴 수 있었겠지만 '보통의 유대인'은 거의 다 지옥에 갔을 거라고 생각했다. 그들이 너무도 멍청해 보였다. 이집트를 나와 광야에서 살면서 매일매일 하나님이 주시는 만나를 먹고 불기둥의 보호를 받으면서도 하나님을 버리고 우상을 숭배한 멍청하기 이를 데 없는 족속이기 때문이다. 그런데 그들이 미래에 오실 예수님을 볼 수 있었겠는가? 차라리 바퀴벌레가 나비가 된다는 말을 믿는 게 더 쉽겠다 싶었다.

언제나 '당면한 현실의 위기'로부터 구원이다. 그 위기는 정치적 또는 경제적 위기일 수도 있다. 극심한 육체적 고통일 수도 있다. 따라서 유대인은 신약성경의 첫 권인 마태복음 1장에 나오는 다음 구절부터 당장 고개를 갸우뚱한다.

> 아들을 낳으리니 이름을 예수라 하라. 이는 그가 자기 백성을 그들의 죄에서 구원할 자이심이라 하니라.
>
> (마태복음 1:21)

"뭐라고? 죄로부터 구원한다고? 이게 무슨 말이지?"

누군가에게는 너무도 익숙한 개념이 누군가에게는 한없이 생소할 수 있다. 만약에 천사가 요셉에게 이렇게 이야기했다면, 유대인은 단박에 고개를 끄덕거렸을 것이다.

"예수가 그의 백성을 그들의 환난에서 구원할 것이다."

"예수가 그의 백성을 로마제국의 압제에서 구원할 것이다."

그러나 천사는 '죄로부터 구원'이라고 했다. 유대인이 전혀 이해할 수 없는 새로운 개념이었다. 그런 면에서 마태복음이 유대인을 위해 쓰인 성경이라는 기독교의 주장은 설득력이 떨어진다. 비록 마태복음의 저자가 여러 차례 히브리 성경을 인용하고, 어린 예수를 이집트로 보내면서까지 히브리 성경 최고 영웅인 모세를 연상하려고 하지만, 그는 유대교 또는 히브리 성경에 그리 정통한 사람이 아니었던 것 같다. 아마도 디아스포라 유대인 또는 아예 이방인이었을 가능성이 높다. 매우 흥미로운 인물, 마태복음의 저자에 대해서는 앞으로 좀 더 자세히 살펴보자.

요약하면 이렇다. 히브리 성경에는 죄로부터 구원하는 메시아는 없다. 오로지 현재의 위기에서 구원해 유토피아를 이룰 메시아가 있을 뿐이다. 그렇기에 그들은 죄로부터 구원한다는 예수를 메시아로 받아들이지 않는다.

지금부터 유대교가 예수를 메시아로 받아들이지 않는 두 가지 이유를 자세히 살펴보자.

——— 예수를 거부하는 첫 번째 이유 ———
01

메시아는 영적 구원이 아니라
현실 속의 구원을 가져오기 때문이다

메시아에 대한 예언은 히브리 성경의 중요한 주제 중 하나다. 히브리 성경을 읽다 보면 누가 봐도 미래의 모습을 그리는 예언을 많이 찾아볼 수 있다. 예를 들면 이런 구절이다. 메시아 예언으로 유명한 이사야서 11장에는 다윗의 자손 가운데 나올 메시아가 통치하는 세상을 다음과 같이 그리고 있다.

그때에 이리가 어린 양과 함께 살며 표범이 어린 염소와 함께 누우며 송아지와 어린 사자와 살진 짐승이 함께 있어 어린아이에게 끌리며, 암소와 곰이 함께 먹으며 그것들의 새끼가 함께 엎드리며 사자가 소처럼 풀을 먹을 것이며, 젖 먹는 아이가 독사의 구멍에서 장난하며 젖 뗀 어린아이가 독사의 굴에 손을 넣을 것이라. 내 거룩한 산 모든 곳에서 해 됨도 없고 상함도 없을 것이니, 이는 물이 바다를 덮음같이 여호와를 아는 지식이 세상에 충만할 것임이니라.

(이사야서 11:6-9)

누구도 이런 세상이 이미 왔다고 생각하지 않는다. 아무리 영적으로 해석하길 좋아하는 기독교인이라도 그렇게 생각하지 않는다. 무엇보다 이 세상에는 여호와를 아는 사람보다 모르는 사람들이 훨씬 더 많다. 그렇기에 이사야의 다음 말이 딴 세상의 이야기로 들리는 게 당연하다. "물이 바다를 덮음같이 여호와를 아는 지식이 세상에 충만할 것임이니라."

당연히 미래의 모습을 묘사한 구절이다. 이렇게 메시아가 가져다줄 미래를 예언한 구절이 히브리 성경 속에 무려 수백 개가 넘는다. 랍비 스코백은 히브리 성경 속 메시아 예언 구절을 크게 두 가지로 나눌 수 있다고 설명한다.[3]

히브리 성경 속에는 메시아에 대한 수백 개의 구절이 있습니다. 그 구절들은 단 하나도 예외 없이 메시아가 이 땅에 왔을 때 세상이 어떤 모습으로 변할지를 묘사합니다. 그리고 그 구절 중 약 열 개가 메시아가 어떤 인물인지를 설명합니다. 우리가 잘 아는 내용이지요. 다름 아니라 메시아가 다윗 왕의 자손 중에서 나온다는 것이지요.

수백 개에 달하는 메시아에 대한 예언이라! 그럼 랍비 스코백이 말하는 구절들이 앞서 소개한 사람, 성경을 창세기부터 읽다가 나중에 예수를 믿게 되었다는, 미국에 사는 그 사람이 발견했던 예수에 대한 예언일까? 그 구절들이 그 사람의 증언대로 신약성경에서 예수의 생애를 통해 모두 실현된 걸까?

---

3   https://www.youtube.com/watch?v=vX8e0IXc4yo.

이 질문에 대한 대답은 조금 뒤로 미루기로 하자. 아니, 이 책의 마지막 장을 덮을 때면 독자 스스로 그 답을 찾게 될 것이다. 약간 차이가 있지만, 기독교 신학자 상당수가 히브리 성경에 예수에 대한 예언이 200번 가까이 나온다고 주장한다. 그러니까 약 200개 가까운 예수에 대한 예언 구절이 있다는 것이다. 물론 그보다 훨씬 더 많은 구절을 찾아내는 사람도 있다. 혹자는 정확하게 365개를 찾아내어 하루에 하나씩 확인하라며 인터넷에 올리기도 했다.[4]

그럼 기독교에서 주장하는 365개에 달하는 예수에 대한 예언 구절과 랍비 스코백이 말하는 메시아 예언 구절은 서로 일치할까?

그렇지 않다. 몇 구절을 빼고는[5] 전혀 일치하지 않는다. 유대교가 말하는 메시아 예언 구절은 메시아가 왔을 때 이 땅에 생기는 사건을 구체적으로 묘사하는데, 그중 단 하나도 예수로 인해 이뤄지지 않았기 때문이다. 유대교에서 메시아가 가져다줄 구원은 현실의 고통에서 벗어나는 것이지, 죽어서 천국에 가는 게 아니라는 점을 한 번 더 상기하자.

히브리 성경은 메시아가 오면 다음의 다섯 가지 놀라운 사건이 발생한다고 한다.

---

4   https://www.bibleprobe.com/365messianicprophecies.htm는 기독교 사이트다. "다음 리스트는 히브리 성경에 등장하는 예언들로서 예수가 오심으로 모두 다 실현되었다"라는 구절로 시작하는 이 사이트는 창세기 3장부터 시작해 365개의 히브리 성경 구절을 모아놓았다.

5   메시아가 다윗의 후손이라는 구절들이다.

1. 온 세상으로 흩어진 유대민족이 다시 조상의 땅, 유대로 모인다.

여호와의 말씀이니라. 보라, 내가 내 백성 이스라엘과 유다의 포로를 돌아
가게 할 날이 오리니, 내가 그들을 그 조상들에게 준 땅으로 돌아오게 할 것
이니 그들이 그 땅을 차지하리라. 여호와께서 말씀하시니라.

(예레미야서 30:3) **6**

일본 제국주의에서 해방되자마자 남과 북으로 찢어진 우리나라처럼, 솔
로몬 왕이 죽자 유대 땅은 북이스라엘과 남쪽 유다[7]로 갈렸다. 유대민족 열
두 지파支派 중 무려 열 지파가 모여서 만든 북쪽 국가인 북이스라엘은, 기
원전 722년에 수도 사마리아가 앗시리아 제국에 점령당하여 멸망했다.[8]

이스라엘의 마지막 왕인 호세아가 반앗시리아 동맹에 동참한 후 앗시리아
왕인 살만에셀 5세는 사마리아를 공격했다. 3년간의 포위 끝에 사르곤 2세는
기원전 722년 결국 그 도시를 정복하고, 이스라엘 주민의 일부를 자기가 통
치하는 다른 지역으로 추방했으며, 대신 다른 점령 지역에서 온 사람들을 정
착시켰다. 그래서 그곳에서 주민들이 뒤섞이는 현상이 발생했다. 그런 주민
혼합 속에서 종교적, 문화적 전통을 이어가기란 더 이상 불가능했다. 따라서

---

6   그 외에 신명기 30장 3절. 이사야서 11장 11-12절, 43장 5-6절, 예레미야서 3장 18절, 32장 37절,
     에스겔서 11장 17절, 34장 13절, 36장 24절.

7   남쪽 유다 나라를 구성하는 두 지파는 유다와 벤야민이다.

8   당시 북이스라엘의 인구 중 상당수가 남쪽에 있는 유다로 내려왔다. 예루살렘의 인구는 순식간
     에 다섯 배가 늘었고, 히스기야 왕은 늘어난 인구를 감당하기 위해서 성벽을 증축하고 상수도
     시설을 확충해야만 했다.

북쪽 왕국의 종말은 정치적 지평의 변화였을 뿐 아니라 국가적, 종교적으로 큰 의미를 가진 사건이었다. 즉, 이스라엘 민족의 일부가 영원히 사라진 것이다. 그 후로 유대민족의 의식 속에는 사라진 열 지파에 대한 기억이 확고하게 자리 잡게 되었다.[9]

북이스라엘의 멸망은 단순히 한 국가가 사라진 게 아니라 민족 혈통의 순수성이 오염된 것을 의미했다. 신약성경에는 예수 시대의 유대인이 북쪽 사마리아 지역 사람들을 경시하는 장면이 여러 번 등장한다. 그들의 피에 이방인의 피가 섞였기 때문이다. 동시에 유대민족은 앗시리아가 추방한 열 지파에 대한 아픔을 아직도 간직하고 있다.

우리나라에도 비슷한 역사가 있다. 조선 시대 병자호란 당시 청에 끌려간, 무려 60만 명에 달하는 우리 조상에 대한 사연이다. 당시 인구를 1,000만 명 정도로 볼 때 60만은 실로 엄청난 숫자다.

약 400년 전에 청에 끌려간 60만 명의 조상에 대해 별생각이 없는 우리와 달리, 유대민족은 사라진 열 지파에 대해서 아직도 특별한 감정을 가지고 있다. 북이스라엘의 멸망이라는 사건이 거의 3,000년 전에 일어났음을 생각하면 실로 놀라운 일이다. 그러나 그들이 가진 집요한 기억에는 이유가 있다. 다름 아니라 '사라진 열 지파lost ten tribes'가 메시아 예언과 직결되기 때문이다. 메시아가 등장하면 역사 속에서 사라졌던 열 지파가 유대 땅으로, 예루살렘으로 돌아온다는 히브리 성경의 예언 때문이다.

사베타이 즈비[10]라는 사람이 있다. 17세기에 지금의 터키 땅에서 살았는

---

9   모니카 그뤼벨, 강명구 옮김, 『유대교』(예경, 2007), 17~18쪽.

10   Shabbetia Tsvi1, 1626~1676.

데, 한때 그는 메시아로 불렸다. 좀 더 연구하여 그에 관한 책을 쓰고 싶을 정도로 흥미로운 인생을 살았던 사람이다. 그런 만큼 하고 싶은 이야기가 많지만, 꾹 참고 딱 하나, 이것만 이야기하자.

사람들이 그를 메시아로 생각했던 데는 아주 중요한 '성경적인' 이유가 있었다. 사베타이 즈비라는 이름이 알려지면서, 세계 각지에 흩어졌던 유대인이 조상 때부터 내려오던 디아스포라 터전을 버리고 속속 예루살렘으로 모여들었기 때문이다. 유대 땅이 로마제국에 의해 처참하게 파괴되고, 모든 유대민족이 전 세계로 뿔뿔이 흩어진 지 무려 1,500년이 지난 17세기에, 몇만 명에 달하는 사람들이 유대 땅으로 모여들었다. 나는 이게 얼마나 엄청난 일인지 잘 안다. 미국에서 좀 오래 살았기 때문이다. 10년만 넘게 외국에서 살아도 다시 고국으로 돌아가기 힘들다. 자식의 교육 문제, 경제 기반 등 신경 써야 할 부분이 한두 가지가 아니기 때문이다. 미국으로 유학 온 목회자 가운데 고작 몇 년만 지나도 '하나님의 뜻'을 운운하며 미국에 남는 사람들이 어디 한둘인가? 그런데 사베타이 즈비라는 한 인물 때문에 무려 천몇백 년을 외국에서 산 유대인이, 조상 때부터 쌓아온 모든 기반을 버리고 아는 사람이라고는 한 명도 없는, 말만 조상의 고향인 척박한 유대 땅을 향해 짐을 쌌다.

어찌 놀라지 않을 수 있을까? 유대인이라면 누구나 메시아가 오면 무슨 일이 생길지 다 알았다. 메시아가 오면 사라진 열 부족이 예루살렘으로 모인다는 예언을 기억한다. 그렇기에, 적지 않은 유대인의 눈에 사베타이 즈비는 분명 메시아였다.

2. 무너진 성전이 재건된다.

말일에 여호와의 전의 산이 모든 산꼭대기에 굳게 설 것이요, 모든 작은 산 위에 뛰어나리니 만방이 그리로 모여들 것이라. 많은 백성이 가며 이르기를 오라, 우리가 여호와의 산에 오르며 야곱의 하나님의 전에 이르자 *그가 그의 길을 우리에게 가르치실 것이라. 우리가 그 길로 행하리라* 하리니, 이는 율법 이 시온에서부터 나올 것이요, 여호와의 말씀이 예루살렘에서부터 나올 것임 이니라.

(이사야서 2:2, 3)[11]

유대민족 역사에서 신앙의 중심은 '성전Temple'이었다. 40년간 광야를 헤 매던 당시 유대민족 신앙의 중심은 '성막Tabernacle'이었고, 이스라엘 국가 가 정착하자 성막은 성전이 되었다. 유월절이면 유대인은 성전이 있는 예 루살렘에 모여서 제물을 바쳤다. 유대민족에게 성전은 하나님이 거하시 는 장소이기 때문이었다. 하나님은 당신의 처소에서 특별한 사람, 제사장 을 통해 제물을 받았다. 유대민족의 모든 종교의식이 오로지 성전을 통해 서만 이뤄진 이유는 성전만이 하나님의 집이었기 때문이다. 그런데 하나 님이 거하시는 성소인 성전이 서기 70년 9월에 잿더미가 되었다. 바빌론 에 의해 솔로몬이 지은 첫 번째 성전이 불타고 약 600년이 흐른 뒤, 하나 님의 집이 로마제국의 손에 의해 또 한 번 화염에 휩싸여 연기 속으로 사라 졌다.

---

11   그 외에 이사야서 56장 6-7절, 60장 7절, 말라기 3장 4절, 스가랴서 14장 20-21절.

두 번째 성전은 압월[12] 9일 불길 속으로 사라졌고, 유대인 성서에 따르면 같은 날 첫 번째 성전이 느부갓네살에 의해 파괴되었다. 오늘날까지 압월 9일(티샤 베압)은 유대인에게 가장 슬픈 날이며 금식일이다. 성전 파괴로 유대인들은 그들의 가장 중요한 성소를 잃었다.[13]

성전 파괴를 계기로 유대교는 사두개파의 제사장 중심에서 바리새파가 주도하는 랍비 중심의 신앙으로 바뀌었다. 비록 성전과 함께 제물을 바치는 제의가 사라졌지만, 랍비 중심으로 말씀을 연구하고 토론하며 암송하는 새로운 형태의 신앙이 본격적으로 자리 잡았다.[14]

하지만 메시아가 오면 이 모든 것이 바뀐다고 했다. 무너진 성전이 다시 세워질 것이라고 했다. 메시아가 세 번째 성전을 세운다는 것이다. 이 예언은 사실 온 세계로 흩어진 유대민족이 다시 예루살렘으로 돌아온다는 첫 번째 예언과 밀접하게 관련되어 있다.

왜 굳이 다시 예루살렘으로 돌아와야 할까? 성전이 다시 세워졌기 때문이다. 온 세계로 흩어졌던 유대민족이 다시 모여 다 함께 하나님께 예배하는 성소가 다시 세워졌기 때문이다.

사실 이 점은 기독교의 교리와 관련해서도 매우 중요하다. 바울에 의하면 성전에서 제사를 지내는 과거의 유대 전통은 예수의 십자가로 인해 모

---

12 유대력의 다섯 번째 달로 7~8월에 해당한다.

13 모니카 그뤼벨, 앞의 책, 39쪽.

14 예루살렘에 단 하나 존재했던 '성전'의 의미를 제대로 알면, 오늘날 한국교회가 건물을 지으면서 성전이라는 말을 쓰는 것이 얼마나 코미디 같은 일인지 알 수 있다. 무식하기 때문이다. 만약에 지금도 교회 건물에 가야지만 하나님을 만날 수 있다고 생각하는 기독교인이 있다면, 그 사람은 교회 건물을 성전이라고 불러도 상관없다.

두 폐기되었다. 그런데 히브리 성경의 예언에 의하면, 바울이 사라졌다고 선언한 성전이 메시아의 도래와 함께 다시 세워지고, 그곳에서 제사가 부활한다고 하였다. 그렇기에 유대민족은 예수를 메시아로 받아들이지 않는다. 성전이 다시 세워지지 않았기 때문이다. 사라진 모든 민족이 예루살렘으로 모여 함께 제사 지내는 그날이 아직 오지 않았기 때문이다. 그래서 그들은 오늘도 여전히 메시아를 기다리고 있다.

3. 토라에 대한 순종이다.

내가 그들에게 한마음을 주고 그 속에 새 영을 주며 그 몸에서 돌 같은 마음을 제거하고 살처럼 부드러운 마음을 주어, 내 율례를 따르며 내 규례를 지켜 행하게 하리니. 그들은 내 백성이 되고, 나는 그들의 하나님이 되리라.
(에스겔서 11:19-20)[15]

또 새 영을 너희 속에 두고 새 마음을 너희에게 주되 너희 육신에서 굳은 마음을 제거하고 부드러운 마음을 줄 것이며, 또 내 영을 너희 속에 두어 너희로 내 율례를 행하게 하리니. 너희가 내 규례를 지켜 행할지라. 내가 너희 조상들에게 준 땅에서 너희가 거주하면서 내 백성이 되고 나는 너희 하나님이 되리라.
(에스겔서 36:26-28)

---

15   그 외에 신명기 30장 8, 10절. 예레미야서 31장 32절.

여기서 말하는 '너희'가 유대민족이라는 것은 분명하다. 하나님은 그들에게 새로운 마음과 새로운 영을 줄 것이라고 말한다. 무엇보다 그들에게 '한마음'을 주겠다고 말한다. 지금 유대민족은 크게 둘로 분열되어 있다. 마치 우리나라가 남과 북으로 갈라져 동족상잔의 비극을 겪은 것과 같다.

그런 유대민족 분열의 중심에는 바로 예수가 있다! 유대인을 영어로 주Jew라고 한다. '유대인Judean'에서 파생된 단어다. 유대인 전도를 목표로 하는 모임이 미국을 중심으로 1970년대부터 본격적으로 시작되었다. 그들은 예수를 믿는 유대인을 '메시아닉 주Messianic Jew' 또는 '컴플리트 주Complete Jew'라고 부른다. '메시아를 믿는 유대인' 또는 '온전한 유대인'이라는 뜻이다. 그러니까 한편으로 아직 예수를 믿지 않는 주는 온전하지 못한, 부족한 주라는 의미다.

한편 유대교는 예수를 전하는 사람들을 선교사(미셔너리, missionary)라고 부르며 극도의 경계심을 드러낸다. 미셔너리가 목표로 삼는 사람들은 명확하다. 유대인이면서 동시에 히브리 성경을 거의 모르는 사람들이다. 미셔너리의 전도를 받은, 히브리 성경을 거의 모르는 유대인들은 하나같이 큰 충격을 받는다. 왜냐하면 히브리 성경 속에 그토록 '예수에 대한 예언'이 많이 있으리라고는 차마 상상하지 못했기 때문이다.

그중 가장 대표적인 구절이 곧 살펴볼 이사야서 53장이다. 일반적인 예상과 달리 유대인은 아주 쉽게 유대교를 버리고 기독교에 빠진다. 거기에는 이유가 있다. 회당을 중심으로 한 건조한 유대교 모임과 달리 기독교 모임은 달콤하기 때문이다. 발라드 가스펠송이 흐르는, 이런저런 분위기를 통해 사람의 마음을 자극하는 기독교 예배에 한 번도 참석한 적이 없던 유대인일수록 여지없이 눈물을 흘리며 카타르시스가 주는 진한 감동을 느낀다.

캐나다 토론토에 사는 화가 줄리어스 시스Julius Ciss도 그런 유대인 중 한 명이었다. 그는 교회 다니는 여자 친구의 손에 이끌려 메시아닉 주가 되었다. 그 후 무려 5년이 넘는 기간 교회의 핵심 멤버가 되어 주일학교에서 신약성경을 가르치는 등, 충실한 기독교인으로 살았다. 그러던 그는 히브리 성경을 본격적으로 공부하면서 유대교와 기독교 사이 도저히 메울 수 없는 차이를 똑똑히 보게 되었고, 급기야 기독교를 떠났다. 그 후 그는 아예 종교에 관심이 없는 유대인에게 유대교와 기독교의 진실을 제대로 알리기 위한 단체, '유대인은 유대교를Jews for Judaism'을 만들었다.

지금 유대민족은 '예수는 누구인가'라는 주제를 놓고 완전히 둘로 쪼개져 있다고 해도 과언이 아니다. 이스라엘 본토에서도 그런 사정은 크게 다르지 않은데, 기독교인 유대인이 유대교 유대인에게 받는 핍박은 결코 만만하지 않다. 그러나 디아스포라, 이스라엘 본토 밖으로 나가면 사정은 달라진다. 기독교를 믿는 유대인의 세력이 훨씬 더 막강하다. 어딘가 주류에서 한 발 떨어진 듯한 유대교인들과 달리, 유대인 기독교인은 적극적으로 주류 사회에 참여하기 때문이다.

미국에서 특히 더 그렇다. 이처럼 유대민족의 현실은 메시아가 오면 새 마음을 갖고 하나가 된다는 예언과 거리가 멀어도 한참 멀다. 그렇기에 히브리 성경을 보는 유대인은 예수를 인정하지 않는다. 예수 때문에 유대민족이 하나가 되기는커녕, 아예 쪼개졌기 때문이다. 그렇기에 그들은 아직도 메시아를 기다리고 있다. 유대민족 전체가 기독교가 옛 약속이라며 버린 토라로 다시 돌아오게 할 그 메시아를 기다리고 있다.

기독교는 예수가 재림하면 온 유대민족이 땅을 치면서 후회할 것이라고

왜 유대교는 예수를 거부하는가?

말한다. "아이고, 예수님이 처음에 오셨을 때 우리가 왜 진작 못 알아봤지? 아이고 아이고……" 이렇게 통곡할 것이라고 한다.

과연 무엇이 진짜일까? 유대교가 기다리는 메시아가 나타나 모든 유대 민족이 토라를 향한 새로운 마음을 갖게 될까? 아니면 하늘에서 재림하는 예수를 보고 예수를 믿지 않던 유대인이 후회하며 땅을 치게 될까?

4. 하나님의 지혜가 유대민족을 통해 온 세계로 뻗어 나가게 된다.

> 여호와께서 천하의 왕이 되시리니 그 날에는 여호와께서 홀로 한 분이실 것이요, 그의 이름이 홀로 하나이실 것이라.
>
> (스가랴서 14:9) [16]

> 그들이 다시는 각기 이웃과 형제를 가르쳐 이르기를 너는 여호와를 알라 하지 아니하리니 이는 작은 자로부터 큰 자까지 다 나를 알기 때문이라. 내가 그들의 악행을 사하고 다시는 그 죄를 기억하지 아니하리라. 여호와의 말씀이니라.
>
> (예레미야서 31:34)

메시아가 오면 온 세상이 하나님을 알게 된다. 그리고 더는 유대민족이 핍박당하고 무시당하지 않게 된다. 유대민족은 온 세계를 하나님께 인도하는 제사장, 레위족속 같은 민족이 된다. 그날이 오면 더는 하나님을 믿으

---

16   그 외에 스가랴서 8장 23절, 14장 16절. 스바냐서 3장 9절. 이사야서 45장 23절, 66장 23절. 예레미야서 31장 33절. 에스겔서 38장 23절. 시편 86편 9절.

라는 말이 필요 없다. 왜냐하면 세상 모든 사람이 다 하나님을 알고 있기 때문이다.

문재인이 대통령이라는 사실을 믿게 하려고 청와대가 이곳저곳에 직원을 파견하지 않는다. 호불호는 있어도 한국인이라면 2018년 현재, 대한민국의 대통령이 문재인이라는 사실을 다 안다.

메시아가 온 세상도 그와 같다. 온 세상 사람이 하나님을 알게 된다. 그런데 현실은 전혀 그렇지 않다. 예수가 오고도 무려 2,000년이 지났지만 아직도 하나님을 모르는 사람이 이 지구상에는 훨씬 더 많다. 시편 저자는 메시아 시대를 고대하며 이렇게 썼다.

주여, 주께서 지으신 모든 민족이 와서 주의 앞에 경배하며 주의 이름에 영광을 돌리리이다.

(시편 86:9)

지금 이 세상은 '모든 민족'이 주 앞에 와서 경배하지 않고 주의 이름에 영광을 돌리지 않는다. 전 세계 인구의 70퍼센트 이상이 하나님이 아닌 다른 신을 믿으며, 지금 이 순간에도 수많은 기독교 선교사가 한 명이라도 더 하나님을 '믿게 하려고' 전 세계 방방곡곡에서 땀을 흘리고 있다. 그렇기에 유대민족은 예수를 메시아로 인정하지 않는다. 물이 바다를 덮듯이 온 세상을 하나님을 아는 지식으로 가득 채울 메시아를 지금도 기다린다.

왜 유대교는 예수를 거부하는가?

5. 온 세상에 평화가 도래한다.

그때에 정의가 광야에 거하며 공의가 아름다운 밭에 거하리니. 공의의 열매
는 화평이요 공의의 결과는 영원한 평안과 안전이라. 내 백성이 화평한 집과
안전한 거처와 조용히 쉬는 곳에 있으려니와.

(이사야서 32:16-18) [17]

전쟁 없는 세상은 아직도 멀고 먼 이야기다. 인간이 이 땅에 모습을 드러
낸 이후 완전한 평화가 있었던 적은 없다. 하지만 메시아가 오면 이 세상
이 영원히 평화롭고 안전하게 될 것이라고 한다. 온 세상에 평화가 도래하
면 어떻게 될까? 전쟁이나 세월호 같은 비극이 발생하지 않는, 억울한 죽
음이 없는 그런 꿈같은 세상이 오면 어떻게 될까? 상상할 수 없지만 메시
아가 이 땅에 오면 그런 세상이 만들어진다고 한다.

그렇기에 유대민족은 예수를 메시아로 받아들이지 않는다. 억울한 피가
흐르지 않는 평화로운 세상이 아직 오지 않았기 때문이다. 그래서 그들은
여전히 메시아를 기다린다.

히브리 성경이 말하는 메시아 예언의 핵심은 '누가' 메시아인지가 아니다.
메시아가 왔을 때 '무슨 일'이 생기는지가 핵심이다.

메시아 예언이 말하는 바는 명확하다. 메시아가 오면 도저히 모르려고
해도 모를 수 없다는 사실이다. 산속에 들어가 핸드폰 없이 '나는 자연인이

---

17   그 외에 미가서 4장 1-4절. 호세아서 2장 20절. 이사야서 60장 18절. 스가랴서 14장 11절. 예레
      미야서 33장 9절.

다'라고 외치며 홀로 살지 않는 한, 온 세상이 요동치는데 모를 수가 없다는 뜻이다. 여기에 믿음은 필요 없고 아무런 역할을 하지 않는다.

이미 앞에서 들었던 예를 다시 생각해보자. 박근혜 정권이 사라지고 2017년 새로운 정부가 들어선 것을 믿으려고 애쓰는 사람이 있을까? 2018년에 들어서자 한 걸음 더 나아가 남과 북의 정상이 만나고, 또 미국과 북한의 정상이 만났다는 사실을 믿으려고 발버둥 치는 사람이 있을까? 그런 현실을 한탄하는 수구 보수층이야 적지 않겠지만, 그들조차도 눈앞에서 펼쳐지는 현실을 믿으려고 애쓰지는 않는다. 그냥 보고 안다. 여기에 어떤 믿음도 필요하지 않다.

메시아가 온 세상도 마찬가지다. 그냥 눈으로 실감하면 자연스럽게 알게 된다. 다른 게 있다면 2018년 대한민국과는 비교도 할 수 없을 정도의 엄청난 변화가 일어난다는 점이다. 누구라도 그가 메시아고, 온 세상의 새로운 지배자임을 부인할 수는 없다는 뜻이다. 아무리 도널드 트럼프가 싫어도 그가 지금 미국의 대통령임을 부정할 수 없는 것과 같다.

메시아가 오면 생기는 사건들을 묘사한 수백 개의 예언 속에는 메시아가 어떤 인물인지를 알려주는 열 개 남짓한 구절이 있다. 그 구절들은 메시아라는 '인간'에 대해 딱 하나의 정보를 알려준다. 그가 다윗의 자손이라는 사실이다. 이사야서 11장 1절이 특히 유명하다.

이새의 줄기에서 한 싹이 나며 그 뿌리에서 한 가지가 나서 결실할 것이다.
(이사야서 11:1)[18]

---

18   그 외에 예레미야서 23장 5-6절, 30장 7-10절, 33장 14-17절. 에스겔서 34장 23-30절, 37장 24-28절.

왜 유대교는 예수를 거부하는가?

바로 이 사실 때문에 마태복음의 저자는 다윗의 족보에 집착했다.[19] 또 마태복음과 누가복음의 저자는 '누구나 다 아는' 나사렛 출신인 예수를 굳이 다윗 왕의 아버지, 이새가 태어난 베들레헴에서 태어나게 했다. 두 복음서의 저자는 역사적 사실을 아예 무시하면서까지 예수의 베들레헴 탄생 이야기를 만들어냈다.

곧 살펴볼 '처녀 탄생'에서 자세히 설명하겠지만, 간단하게만 덧붙이면 마태복음에는 예수의 탄생을 두려워한 헤롯 왕의 이야기가 나온다. 따라서 예수가 정말로 기원전 4년에 죽은 헤롯이 살아 있을 때 태어났다면, 그의 나이는 상향 수정해야 한다. 보통 서른세 살에 죽은 것으로 알려졌지만, 어쩌면 마흔 정도까지 살았을 가능성도 있다.

그러나 누가복음은 전혀 다른 이야기를 한다. 누가복음 저자에 의하면 갈릴리에 살던 요셉이 베들레헴까지 간 이유는 인구조사 때문이었다. 인구조사가 있었던 해에 예수가 정말 태어났다면, 그의 나이는 마태복음과는 반대로 최소 10년 하향 수정되어야 한다.

하지만 여기에는 나이보다 더 큰 문제가 있다. 로마제국의 대대적인 인구조사가 있었던 당시 갈릴리는 '헤롯 안티파스'라는 헤롯 왕의 아들이 다

---

19 예수의 족보에 짧지 않은 지면을 할애한 마태복음 저자는 돌연 예수가 처녀의 몸에서 태어났다고 말한다. 한순간에 그가 그토록 정성을 쏟아 작성했던 족보가 아무 의미가 없어졌다. 그는 이 사실을 전혀 몰랐을까? 도대체 마태복음 저자는 무슨 생각을 하였을까? 유튜브에서 한 미국인 목사는 예수의 족보와 처녀 탄생의 관계를 이렇게 설명했다. "인간의 족보가 아무 의미 없다는 사실을 극적으로 강조하기 위해서 일부러 마태는 족보를 길게 소개한 것입니다. 마태가 나열한 족보를 한번 보세요. 예수의 조상으로는 너무도 어울리지 않는, 문제가 많은 인물이 많이 포함되었지 않습니까? 인간의 족보란 이렇게 더럽다는 것을 보여주는 것입니다. 그런 죄로 점철된 족보의 반대에 바로 처녀의 몸에서 태어난 죄 없는 예수님이 있습니다. 마태가 소개한 족보는 그렇기 때문에 죄 없는 예수님의 신성을 강조하기 위해 도입한 일종의 장치라고 보면 됩니다." 과연 그럴까? 마태복음 족보에 대한 많은 해석을 접했지만, 이 해석은 참으로 독특하고 또 독창적이다. 그러나 차마 동의할 수는 없다.

스렸다. 남쪽에 자리한 유대와 달리 북쪽에 위치한 갈릴리는 자치 지역이었고, 로마에 세금을 납부하지 않았다.

로마는 자치 지역에서 인구조사를 하지 않았다. 그런데 갈릴리에 사는 사람이 인구조사를 받았다? 아예 로마제국의 법을 바꾸는 이야기다.

그게 다가 아니다. 인구조사를 하는 이유는 세금을 제대로 징수하기 위해서다. 동네마다 세금 낼 사람이 몇 명 있는지를 조사하는 것이다. 그런데 왜 뜬금없이 조상의 마을로 떠날까? 서울에 사는 내가 인구조사 때문에 아버지가 태어난 거제도로 가지 않는다. 게다가 왜 하필이면 무려 1,000년 전 조상이 살았다는 동네까지 가야 했을까? 예수의 출생지를 바꾸려다 보니 생기는 문제가 한두 가지가 아니다. 이 모든 것이 다 메시아가 다윗의 자손에서 나온다는 히브리 성경의 예언 때문이다.

상식선에서 한번 생각해보자. 당시에 누가 누구의 자손이라는 것을 어떻게 증명할 수 있을까? 누군가의 조상이 다윗이라는 사실을 어떻게 확인할까? 다윗의 DNA를 언급하는 것은 당연히 말도 안 되지만, 당시에 무슨 족보 책이 있었던 것도 아니다. 누구라도 '내가 다윗의 자손이다'라고 외치면 육체적으로 확인할 방법은 없었다. 결국 방법은 하나밖에 없다. 메시아가 다윗의 자손인지 아닌지를 알 수 있는 길은 하나밖에 없다.

히브리 성경이 분명하게 말한, 세상을 바꾸는 다섯 가지의 변화를 가져오는 이가 있다면, 그는 메시아이고 당연히 다윗의 자손이다.

그런데 이런 면에서 마태복음 저자의 생각은 매우 독특하다. 예수가 메시아라는 사실을 증명하려고 그는 지나칠 정도로 절대 확인할 수 없는 방법, 다윗의 혈통에 매달린다. 사실 혈통보다 훨씬 더 중요한 것은 메시아가 오면 발생할 다섯 가지 사건인데, 거기에는 아예 관심도 없다. 오로지 다윗의 혈통에만 집착한다. 다섯 가지 사건 가운데 예수 때문에 이뤄진 것은 단 하나도 없다는 사실을 너무 잘 알았기 때문일까? 그래서 애초에 증명 자체가 불가능한 혈통에만 매달렸던 것일까?

하지만 기독교는 마태복음 저자와 달리, 예수가 다섯 가지 사건을 실현하지 못했다는 말에 결코 동의하지 않는다. 확실하게 다 이루었다고 말한다. 마태복음의 저자조차도 이 말을 들으면 아마 깜짝 놀라 되물을지도 모르겠다.

"뭐라고요? 예수님이 다 이루셨다고요? 도대체 어떻게 이루셨다는 이야기지요?"

대답은 간단하다.

"영적으로 다 이루었습니다. 반드시 기억해야 합니다. 신앙은 영적 세계를 다룹니다. 그러니까 일단 영적으로 보면 말이에요. 다섯 가지 예언이 예수님으로 인해 다 이루어졌다고 봐도 전혀 과언이 아닙니다. 일단 영적으로 볼 때 예루살렘 성전도 확실하게 세워졌다고 할 수 있지 않겠어요? 무엇보다 예수님이 스스로 예언하신 대로 부활을 통해 3일 만에 영적 성전을 재건하지 않으셨습니까? 전 세계로 흩어진 지파가 다시 돌아오는 것도 사실 영적으로 보면 전혀 어렵지 않습니다. 우리 한민족을 포함해서 복음을 받아들인 기독교인이 바로 흩어졌던 열 지파 중의 하나가 아니겠습니까? 무엇보다 예수님이 십자가에서 마지막으로 뭐라고 하셨습니까? 다 이루었다고 하지 않았습니까? 그것보다 더 확실한 증거가 어디 있겠습니까? 우리 예수님이 안 이루었는데 다 이루었다고 하실 리가 없잖아요? 그리고 가장 중요한 것은 말이죠, 예수님이 재림하시는 날 모든 예언이 유대인이 그토록 바라는 대로 '현실' 속에서도 이루어질 것입니다. 그날 그들은 무릎을 끓고 피눈물을 줄줄 흘릴 것입니다. 2,000년 전 메시아를 알아보지 못했던 그 죄악을 통회하는 피눈물을 쏟을 것입니다. 2,000년 전만 해도 우리 예수님이 몰래 오셨지만,[20] 이번에는 아무리 눈먼 유대인이라도 모를 수 없도록 확실하게 재림하실 테니까요."

그러나 히브리 성경 어디에도 메시아가 오면 이루어지는 일을 '영적'이라고 하지 않는다. 영적이라는 말은 한마디로 눈에 보이지 않기에 확인할 수 없다는 의미다. 이 세상에는 영적으로 암이 안 걸린 사람이 없고, 영적으로 암이 안 나은 사람도 없다. 영적으로는 가능한 것도 없고, 불가능한 것도 없다. 그게 영적이라는 단어가 붙는 순간 드러나는 요지경 세상이다. 그냥 코에 걸면 코걸이가 되고 귀에 걸면 귀걸이가 된다.

영적이라는 단어는 의미로서 언어의 존재가치 자체를 말살한다. 또한 히브리 성경 어디에도 메시아가 재림하여 약속을 성취한다는 말도 없다. '재림해서 이루겠다'는 말은 여든 살 먹은 불치병 환자에게 100년 안에 치료약이 나올 테니 희망을 가지라는 의사의 공허한 말과 다르지 않다. 게다가 히브리 성경 어디에도 메시아가 '죽는다'는 예언은 없다.[21] 메시아가 죽었다가 다시 살아난다는 말도 없다. 유튜브에는 기독교인 유대인과 유대교인 유대인이 벌이는 토론 영상이 많이 올라와 있다. 토론 중에 유대교를 믿는 토론자가 반드시 하는 말이 있다. 아니, 거의 절규에 가깝다.

"제발, 제발 딱 한 구절만 보여주세요. 히브리 성경에 메시아는 이 땅에

---

20 마태복음 저자에 따르면 하늘에 한 별이 흐르다가 예수가 태어난 장소 위에서 멈추었다. 달리 말하면 별빛이 예수가 태어난 장소로 쏟아져 내렸다. 결코 예수가 이 세상에 몰래, 조용히 왔다고 말할 수 없게 하는 대목이다.

21 많은 기독교인은 당장에 이사야서 53장을 떠올린다. 과연 그런지 곧 자세히 살펴보자.

와서 죽는 존재라고 쓰인 구절 딱 하나만 보여주세요. 그러면 내가 예수가 메시아라는 기독교의 2,000년 주장을 지금 당장 믿겠습니다."

그러나 그런 구절은 히브리 성경에 없다! 이처럼 유대교가 예수를 메시아로 인정하지 않는 이유는, 그가 온 지 이미 2,000년이 넘게 흘렀지만, 위에서 설명한 다섯 가지의 사건 중 단 하나도 일어나지 않았기 때문이다.

유대인이 예수를 거부하는 두 번째 이유로 넘어가기 전에 하나만 더 간단하게 살펴보자. 드물게 유대교와 기독교가 일치하는 메시아 예언 구절에는 이사야서 11장 1-3절이 있다. 메시아가 이새의 뿌리에서 나온다고 한 예언이다.

이새의 줄기에서 한 싹이 나며 그 뿌리에서 한 가지가 나서 결실할 것이요. 그의 위에 여호와의 영 곧 지혜와 총명의 영이요, 모략과 재능의 영이요, 지식과 여호와를 경외하는 영이 강림하시리니, 그가 여호와를 경외함으로 즐거움을 삼을 것이며 그의 눈에 보이는 대로 심판하지 아니하며 그의 귀에 들리는 대로 판단하지 아니하며.

이 구절 속의 '그'가 메시아라는 점은 유대교도 기독교도 100퍼센트 찬성한다. 그런데 그는 어떤 사람인가? 하나님을 경외하는 자라고 했다. 경외는 두려워한다는 의미다. 즉 메시아는 하나님을 두려워하는 존재다. 유대교가 볼 때 기독교의 예수가 메시아일 수 없는 또 하나의 이유다. 히브리 성경이 말하는 메시아는 인간이다. 하나님을 두려워하는 인간이다. 그러나 기독교에서 메시아 예수는 인간이 아닌 하나님 자신이다. 하나님은 하나님을 두려워하지 않는다.

슬프다, 그 날이여. 그와 같이 엄청난 날이 없으리라. 그 날은 야곱의 환난의 때가 됨이로다. 그러나 그가 환난에서 구하여 냄을 얻으리로다. 만군의 여호와의 말씀이라. 그 날에 내가 네 목에서 그 멍에를 꺾어버리며 네 포박을 끊으리니 다시는 이방인을 섬기지 않으리라. 그들은 그들의 하나님 여호와를 섬기며 내가 그들을 위하여 세울 그들의 왕 다윗을 섬기리라.

(예레미야서 30:7-9)

또 하나의 유명한 메시아 예언 구절이다. 이 구절에서 찾을 수 있는 가장 큰 특징도 하나님이 자신과 메시아를 분명하게 구분한다는 점이다. 그 날에 하나님이 일으킬 왕, '다윗'으로 표현된 메시아는 절대 하나님 자신이 아니다. 에스겔서도 메시아를 '내 종 다윗'이라 불렀다.

내가 한 목자를 그들 위에 세워 먹이게 하리니 그는 내 종 다윗이라. 그가 그들을 먹이고 그들의 목자가 될지라. 나 여호와는 그들의 하나님이 되고, 내 종 다윗은 그들 중에 왕이 되리라. 나 여호와의 말이니라.

(에스겔서 34:23-24)

여기서 합리적 의문에 근거한 질문을 하나 던져보자. 이런 질문이 머리에 떠오르지 않는다면 그건 정말로 이상한 거다.

메시아가 육신을 입은 하나님 자신, 예수였다면 왜 하나님은 그 중요한 사실을 당사자인 유대민족에게 알리지 않았을까? 지구상에서 수천 년 동안 메시아를 기다린 민족은 오로지 유대민족뿐이었다. 그들이 기원전부터 히브리 성경을 읽으며 메시아를 기다릴 때, 다른 민족은 '메시아'라는 단어의 뜻조차 몰랐다. 그런데 하나님은 왜 메시아에 대한 가장 중요한 정보, 메시아가 육신을 입은 하나님이라는 사실을 알려주지 않았을까? 왜 그토록 철저하게 감추었을까? 아니, 왜 하나님의 계시를 받은 선지자는 한결같이 메시아가 100퍼센트 사람이라고 생각할 수밖에 없게 히브리 성경을 기록했을까? 도대체 왜 그랬을까? 게다가 왜 예수를 유대인의 눈에 거슬리는 것으로 보이게 했을까?

> 우리는 십자가에 못 박힌 그리스도를 전하니 유대인에게는 거리끼는 것이요.
>
> (고린도전서 1:23)

서기 2세기에 들어서자 '메시아'라는 말의 뜻도 모르던 이방인들이 예수를 메시아로 믿기 시작했다. 그러면서 그들은 예수가 메시아일 뿐 아니라 하나님 자신이라고도 믿었다. 유대민족이 차마 상상도 하지 못했던 메시아에 대한 '진실'을 메시아의 뜻도 모르던 이방인들은 단박에 알아차렸다.

이런 상황을 우리는 어떻게 이해해야 할까? 자식을 가진 부모라면 다 안다. 정성을 다해 나를 섬기는 남의 자식과 아무리 엉망이라고 해도 내가 배 아파 낳은 내 자식이 결코 같을 수 없고, 피는 물보다 진하고 팔은 언제나 안으로 굽는다는 사실을.

히브리 성경을 보면 유대민족은 하나님의 자식이다. 아무리 못났어도 부모 눈에는 자기 자식이 가장 예쁘듯, 하나님은 자신이 선택한 유대민족을 맹목적으로 사랑하는 신이다. 히브리 성경에 드러난 하나님의 수많은 잔인한 결정도 따지고 보면 유대민족을 너무나 사랑해서 생긴 결과다. 그렇게 하나님은 유대민족을 사랑했다. 지나치다고 할 정도로 그들만 사랑했다.

만약 예수가 메시아고 또 육신을 입은 하나님 자신이었다면, 히브리 성경 전체는 아주 이상한 이야기가 되고 만다. 기독교의 주장대로 히브리 성경은 영원한 하나님의 말씀이 아니라, 유대민족을 사용해서 세상을 구원하려는 목적 때문에 잠시 필요했던 과거의 약속, '구약'이 된다. 정말로 그럴까? 정말 유대민족이 시범 케이스이고 교보재였을까? 정말 하나님의 목적이 유대민족을 희생해 다른 민족들을 구원하는 것이었을까? 정말 하나님에게 유대민족은 온 세상에 예수 복음의 불을 활활 피우기 위한 불쏘시개였을까? 그래서 하나님은 선지자가 메시아에 대해 '잘못' 기록하도록 유도해서 유대민족이 결코 예수를 못 알아보게 했던 걸까?

그뿐 아니라 예수조차도 세상에 있는 동안 철저히 자신이 메시아라는 신분을 감추었는데, 그게 다 하나님과의 사전약속 때문이었을까? 어떻게든 유대민족이 메시아를 못 알아보게 하려고? 결과적으로 이 목적은 달성했다. 유대민족이 알아보지 못한 예수를 로마제국은 단박에 메시아로 알아차렸기 때문이다. 메시아일 뿐 아니라 하나님 자신이라는 사실도 알아냈고, 결국 기독교를 국교로 선택했다.

아주 저명한 의사가 있다고 치자. 그의 꿈은 궁극의 암 치료제 개발이었는데, 어느 날 하나뿐인 아들을 해부해서 치료법을 발견했다고 한다. 하나님이 그 의사와 무엇이 다른가? 유대민족을 희생해서 온 세상을 구원하는 게 하나님의 구원 계획이었다면?

지금도 메시아를 기다리는[22] 유대인들은 묻는다. 왜 예수가 메시아인지

---

[22]   2006년에 이스라엘이 발칵 뒤집힌 사건이 발생했다. 이츠학 카두리Yitzhak Kaduri라는 전 국민적

묻는다. 히브리 성경에 분명하게 기록된 다섯 가지 사건이 하나도 일어나지 않았는데, 어떻게 예수가 메시아일 수 있느냐고 묻는다.

　기독교는 몇 가지 대답을 내놓을 수 있다. 예수님이 조만간 재림해서 다 이룰 일을 지금부터 너무 다그치지 말라고 말할지 모르겠다. 아니, 영적으로 이미 다 이루었는데 무슨 소리냐고 의아해하지는 않을까? 사실상 유대민족을 '대체한' 영적 유대민족 한민족이 사는 한국에만 이미 수백 개의 성전이 세워지지 않았느냐고 항변할지도 모르겠다. 그러나 속으로는 혹시 이렇게 말하지 않을까?

　"여보세요, 유대인들. 구약이 어차피 당신네를 위해서 쓰인 게 아니에요. 지금도 그렇게 착각하고 사시는 건 자유인데 진실은 말이에요, 이 세상을

인 존경을 받는 랍비 때문이었다. 그는 2006년 1월 28일에 사망했는데, 출생연도는 1888년에서 1902년 사이로 알려져 있다. 그러니까 그가 죽었을 때 나이는 118살에서 103살 사이로 추정할 정도로 모든 것이 신비에 싸인 인물이었다. 드물게 출생연도가 정확하지 않은 채 21세기를 살았던 인물이다. 바리새파에 의해 전승된 오늘날의 유대교 안에는 생각보다 다양한 분파가 있다. 정통 랍비 유대교Orthodox Rabbinic Judaism의 가장 큰 종파인 하시딕 유대교Hasidic Judaism('하시드 hasid'는 경건을 의미한다)를 비롯해 대부분 분파는 정도의 차이는 있지만, 다 신비주의파인 카발라Kabbala에 뿌리를 둔다. 이츠학 카두리는 말 그대로 카발라파의 최고 수장이었다. 평소 그의 축복을 받으려는 사람들이 시도 때도 없이 몰려 들었으며, 그의 손이 몸에 닿으면 병이 낫고 특히 불임이 해결된다고 믿었던 것으로 유명하다. 유대교 분파와 관계없이 그는 '랍비의 랍비'로 불리며 이스라엘 국민으로부터 엄청난 존경과 사랑을 받았다. 비록 살아생전 책은 말할 것도 없고 단 하나의 칼럼조차 남기지 않았지만, 그가 사망했을 때 무려 50만 명의 인파가 그의 장례식에 몰려와 '이스라엘 역사상 가장 많은 사람이 모인 장례식'으로 기록될 정도였다. 그런데 그가 죽고 얼마 지나지 않아 그가 남겼다는 말이 밖으로 알려지면서 온 이스라엘이 술렁거리기 시작했다. 죽기 고작 몇 달 전에 이츠학 카두리가 익명의 제자에게 이런 말을 남겼다고 한다. "1년 전, 환상 속에서 메시아를 만났어. 그분은 조만간 다시 오실 거야. 그 시점은 아리엘 샤론Ariel Sharon이 죽은 직후가 될 거야. 내가 메시아의 이름을 적은 메모를 남겼어. 내가 죽고 1년이 지나고 나서 그걸 뜯어서 공개하게." 말 그대로 이스라엘이 발칵 뒤집혔다. 많은 사람은 이 이야기가 사실이 아니라고 생각했다. 그러나 이츠학 카두리의 아들은 아버지가 얼마 전부터 메시아 이야기를 자주 했다고 확인하면서 그가 남긴 말의 신빙성이 조금씩 커져갔다. 그리고 그의 메모에 담긴 이름이 누구일까에 대한 의문도 함께 커져갔다. 그러나 동시에 유대교 지도층은 처음부터 이 사건이 조작이라고 생각했다. 왜냐하면 그가 한 말, '다시 오실 거야'라는 말은 이미 그 속에 그가 만났

구원하시려는 하나님의 경륜 속에서 당신네는 불쏘시개라는 사실이에요. 구약 속의 메시아 예언은 다윗의 자손이라는 것만 빼고는 사실 메시아 예언하고 전혀 상관없어요. 아니, 군이 상관이 있으려면 그 구절을 다 영적으로 이해해야 해요. 영적으로 눈이 가렸으니까 당신네가 보기에는 예언이 하나도 실현되지 않은 거예요. 영적으로만 보면 다 이루어졌어요. 하지만 그게 중요하지 않아요. 핵심은 이거예요. 진짜 메시아 예언은 당신네가 들이미는 구절들이 아니에요. 진짜 메시아 예언은 이상하게 유대민족의 눈에는 보이지 않아요. 이거야말로 하나님의 놀라운 섭리가 아닐까요? 오로지 영적으로 눈을 뜬, 선택된 영적 이스라엘 자손에게만 보이니까 말이죠. 자, 잘 들으세요. 지금부터 우리가 진짜 메시아 예언이 뭔지 보여줄 테니까요."

다는 메시아가 예수라는 사실을 말하기 때문이다. 유대교가 기다리는 메시아에게는 '재림'의 개념이 없다. 그런데 다른 사람도 아닌 유대교의 최고봉인 이츠학 카두리가 '다시 오실 메시아'를 말했다고? 기독교 선교사들의 농간이라고 생각한 것이 당연했다. 게다가 그의 말 중에 의문을 던지는 또 다른 부분이 있었다. 상식을 가진 사람이라면 누구나 머리를 갸우뚱하는 동시에 신비감을 느끼게 하는 말이었다. 메시아가 다시 올 시점은 아리엘 샤론이 죽은 직후가 될 것이라는 부분이다. 그가 언급한 아리엘 샤론은 이스라엘 총리를 역임한 사람으로, 2006년 1월 4일에 쓰러져서 식물인간 상태였다. 이츠학 카두리는 같은 해 1월 28일에 죽었다. 그러니까 아리엘 샤론은 이츠학 카두리가 죽기 고작 24일 전에 쓰러졌다. 그런데 놀라운 사실은 이츠학 카두리가 아리엘 샤론을 제자에게 언급했을 때 그는 뇌출혈로 쓰러지기 전이었다. 신기하기 그지없는 일이었다. 그러나 역설적이게도 아리엘 샤론이 쓰러지자 자기가 죽은 지 1년 뒤에 메모를 뜯으라는 이츠학 카두리의 말은 또 다른 의문을 자아냈다. 만약에 아리엘 샤론이 이츠학 카두리가 죽고 채 1년도 되기 전에 죽으면 어떻게 되는 걸까? 이츠학 카두리에 따르면 아리엘 샤론이 죽으면 바로 메시아가 재림한다고 했는데, 메모에 적힌 메시아가 누군지도 모른 채 그 메시아를 맞아야 하는 걸까? 길지 않은 그의 말이었지만, 그게 사실이라고 할 때 궁금한 점은 한두 가지가 아니었다. 그러나 이츠학 카두리의 말을 사실로 믿는 사람들은 그런 의문은 다 쓸데없는 우려라고 일축했다. 왜냐하면 이츠학 카두리는 아리엘 샤론이 언제 죽을지 이미 알았기 때문이라는 것이다. 아리엘 샤론은 결코 1년 안에 죽지 않으니까 걱정은 붙들어 매라고 했다. 아나나 다를까 아리엘 샤론은 쓰러지고 1년이 지나도 죽지 않았고, 여전히 식물인간 상태로 있던 2007년 1월 마침내 이츠학 카두리의 메모가 공개되었다. "מידמו עותרות וירבר שחיכוי ומע המירי"(그는 민족을 일으킬 것이고 그의 말씀과 율법이 결코 변하지 않음을 확인할 것이다.) 위 문장 단어의 첫 글자를 조합하면 "Yehoshua"가 된다. 이런 식의 첫 글자 조합어크로스틱은 히브리어에서 자주 발견되고, 랍비

지금부터 유대민족의 눈에는 절대 보이지 않는 특별한 메시아 예언, 기독교가 주장하는 메시아 예언을 살펴보자.

들이 흔히 쓰는 방식이다. 특히 중요한 어떤 메시지를 전할 때 또는 이름을 지을 때도 자주 사용했다. 온 이스라엘이 또 한 번 술렁거린 것이 당연했다. 상당수의 주류 언론은 이 소식을 다루지 않았지만, 기독교 언론을 중심으로 이 소식은 빠르게 전 세계로 전해졌다. 유대교 쪽의 반발도 적지 않았다. 대중적 인기를 크게 받는 랍비 토비아 싱어Rabbi Tovia Singer는 처음부터 이츠학 카두리의 말이 가짜라고 주장해왔다. 그리고 이 메모에 적힌 "Yehoshua"는 히브리 성경의 '여호수아'라고도 했다. 그러나 많은 사람은 "Yehoshua"를 예수라고 생각했다. 게다가 '재림'이라는 개념이 있는 이상 예수 외에 다른 유사한 이름을 생각할 이유가 없었다. 이제 남은 것은 아리엘 샤론이 언제 죽는가였다. 그가 죽으면 바로 메시아가 재림할 것이다. 나의 전작 『진리해부』를 읽은 사람은 이해하겠지만 나는 이런 이츠학 카두리의 모습에서 사실 제2의 퍼시 콜레를 보았다. 아리엘 샤론은 2014년 1월에 사망했다. 이제 메시아가 다시 올 시점이 되었다. 이츠학 카두리를 믿었던 사람들은 아마 2014년 1월 이후 상당 기간 하늘을 쳐다보면서 살았을 것이다. 그런데 지금 아리엘 샤론이 죽고도 4년이 지났다. 이츠학 카두리가 말한 '직후'가 도대체 언제인지 모르지만, 그가 제2의 퍼시 콜레로 남을 가능성은 한층 더 높아졌다.

사족이지만, 나는 예수의 재림보다 우리 인류가 지구를 잘못 사용한 대가로 모조리 사라질 가능성이 훨씬 더 크다고 생각한다. 특히 지구온난화로 인한 오존층 파괴 또는 미세먼지로 대표되는 대기오염으로 인해서. 후자의 경우라면 미세먼지를 걸러내는 특수한 콧수염을 가지도록 진화한 인류만이 살아남을지도 모른다. 아무튼 지금 생각에 지구는 아마도 인류를 정리하고 한참 동안 스스로를 재정비한 뒤 새로운 생명을 탄생시킬 가능성이 훨씬 더 많아 보인다. 아리엘 샤론이 죽고 시간이 한참 흐른 지금 이 사건은 하나의 해프닝 정도로 취급되지만, 그가 던진 메시지에 관심을 가진 사람이 다 사라진 것은 아니다. 이츠학 카두리 이야기는 말세 관련한 글을 주로 쓰는 한 저술가에 의해 2013년 『메시아를 만난 랍비The Rabbi Who Found Messiah』라는 제목의 책으로 미국에서 출간되었고, 그 책은 적지 않게 팔렸다.

—— 예수를 거부하는 두 번째 이유 ——
02

히브리 성경 속 메시아 예언 구절을
기독교가 주장하는 대로 납득할 수 없기 때문이다

앞서 살펴보았던 사람의 이야기를 다시 들어보자.

"내가 전에 다니던 회사에서 해고당하고 몇 달 집에서 쉴 때 책을 많이 읽었어. 이것저것 읽다가 그래도 세계 최고의 베스트셀러를 한번은 읽어보자, 하고 성경을 집어 들었지. 종교랑 관계없이 그냥 말 그대로 문학작품 읽는 기분으로 말이야. 창세기부터 시작해서 읽어나가다가 신약성경에 딱 들어갔는데 나도 모르게 온몸이 저리는 거야. 구약성경에서 예언한 인물이 신약성경에 들어가니까 바로 나왔기 때문이지. 신약성경에 등장하는 예수님이 구약성경에서 예언한 바로 그 메시아더라고. 정말로 소름이 끼치는 것 같은 감동을 받았어. 그날부터 바로 예수를 믿게 되었잖아. 그러니까 하나님이 즉각 축복을 주시더라고. 이렇게 좋은 직장에 다시 취직도 했고."

나는 이 이야기를 들었을 때 눈물이 날 정도로 깊은 감동을 받았다. 그런데 만약 그 자리에 유대교에 정통한 유대인이 함께 있었다면, 그는 아마도 전혀 다른 반응을 보였을 것이다. 가벼운 미소와 함께 이렇게 충고하지 않았을까?

왜 유대교는 예수를 거부하는가?

"그건 말이죠. 예언이 이뤄진 것이 아니라, 억지로 뜯어 맞춘 거예요."

지금부터 유대인이 예수를 메시아로 거부하는 이유를 신약성경과 히브리 성경을 비교하며 좀 더 자세히 살펴보자. 다시 말하지만, 기독교인은 구약성경에서 메시아를 찾지 못하는 유대인을 경이롭게 쳐다본다. 영적인 눈이 멀어도 어쩌면 저렇게까지 처참하게 멀 수가 있는지 동정심마저 가진다. 그러나 유대교는 단언한다. 죽었고, 부활했고 언젠가 다시 온다는 그런 메시아는 없다고. 예수를 표현하는 가장 중요한 세 단어, 죽음, 부활 그리고 재림은 히브리 성경 그 어디에도 등장하지 않는다고.

물론 기독교는 기독교대로 그런 유대교의 주장을 절대 인정하지 않는다. 히브리 성경에는 예수의 죽음과 부활 그리고 재림이 분명하게 예언되었다고 한다. 학자에 따라서는 히브리 성경 속에 무려 300개가 넘는 예수에 관한 구절이 있는데, 어떻게 예수에 대해 가장 중요한 예언이 없겠느냐며 분개한다. 과연 그럴까?

2001년 9 · 11 테러사건이 터지자 많은 사람은 과거의 일들에서 9 · 11에 관한 '예언'을 찾기 시작했다. 예언은 어떤 사건이 터지기 전에 듣는 것이지 이후에 찾아내는 것이 아니다. 그러나 네티즌들이 과거에서 예언을 '찾기' 시작했다. 그러고는 이내 정부를 비난했다. 이렇게 확실한 예언이 사방에 널려 있었는데, 왜 9 · 11 테러를 미리 막지 못했냐고 격분했다. 지금부터 소개하는 내용이 과연 9 · 11 테러에 관한 진짜 예언인지, 아니면 과거를 뒤진 누군가가 억지로 갖다 붙인 '가짜 예언'[23]인지 독자 스스로 판단하길 바란다.[24]

---

23   *vaticinium post eventum*(prophecy after the event).

24   9·11 테러에 관한 더 많은 예언을 다음 사이트에서 찾을 수 있다.(https://www.scoopwhoop.com)

1. 2001년 개봉 예정이던 성룡 주연의 코미디 영화 〈코피Nosebleed〉는 상영이 취소될 수밖에 없었다. 영화에 등장하는 뉴욕 쌍둥이 빌딩의 공격 장면 때문이다. 영화에서 성룡은 이렇게 말한다.

"쌍둥이 빌딩은 자본주의를 대표해. 또 자유를 대표해. 그러니까 미국이 표방하는 것을 모두 대표하지. 따라서 저 두 빌딩만 무너뜨리면 미국의 무릎을 꿇리는 것과 똑같아."

이 영화는 결국 9·11이 터지고도 한참이 지난, 2008년에서야 극장에 걸릴 수 있었다.[25]

2. 1991년 영화 〈터미네이터〉의 한 장면.

"조심할 것, 9피트 11인치"

25   http://jackiechan.wikia.com/wiki/Nosebleed.

3. 1979년 한 신문에 실린 파키스탄 항공 광고.

4. 1997년 만화 〈심슨네 가족〉의 한 장면.

※기독교가 주장하는 메시아 예언 구절의 특징

기독교 신학자 중에는 예수에 관한 예언이 600개 구절에 이른다는 과격한 주장을 하는 사람에서 150개 정도라는 보수적 입장까지 그 의견이 다양하다. 굳이 그 많은 구절을 다 볼 필요가 없는 이유는 기독교에서도 예언이냐 아니냐에 대한 의견이 갈리기 때문이다.

하지만 그중에는 매우 중요한 구절들이 있다. 다시 말해서, 최소한 기독교에서는 이견의 여지가 없는, 예수에 대한 확실한 예언으로 인정받은 구절들인데, 크게 다음 두 가지 범주에 속한다.

첫 번째로 신약성경에 등장하는 구절들이다. 다시 말해서, 신약성경 저자가 히브리 성경의 구절을 끌어다가 인용한 경우다. 성경 저자가 그렇다고 말했으니까, 사실 이보다 더 확실한 메시아, 예수에 대한 예언이 없다고 해도 과언이 아니다.

두 번째로 비록 신약성경 저자들이 소개하지는 않았지만, 훗날 기독교 신학자에 의해서 메시아에 대한 예언으로 확인된 히브리 성경 속 구절들이다.

먼저 신약성경 저자가 직접 예수에 대한 예언이라고 소개한 구절들을 살펴보자. 그런데 놀랍게도, 다른 사람도 아닌 신약성경 저자가 소개한 히브리 성경 구절 중 적지 않은 숫자가 다음 두 가지 범주에 들어간다.

히브리 성경에 아예 없는 구절

신약성경을 펼치는 순간, 예수의 족보로 시작하는 마태복음을 가장 먼저 만난다.

> 아브라함과 다윗의 자손 예수 그리스도의 계보라. 아브라함이 이삭을 낳고 이삭은 야곱을 낳고 야곱은 유다와 그의 형제들을 낳고 유다는 다말에게서 베레스와 세라를 낳고……
>
> (마태복음 1:1-3)

흔히 마태복음을 유대인을 위한 성경이라고 말한다. 유대인이라면 누구나 메시아가 다윗의 핏줄에서 나온다는 사실을 잘 안다. 그렇기 때문에 마태는 예수의 족보를 나열하면서 글을 시작하고 족보 중간에 가장 중요한 구절을 잊지 않았다.

> 이새는 다윗 왕을 낳으니라. 다윗은 우리야의 아내에게서 솔로몬을 낳고.
>
> (마태복음 1:6)

예수가 다윗 왕의 후손임을 분명하게 밝힌다. 그뿐 아니라 저자는 마태복음 전체에 걸쳐서 수시로 히브리 성경 구절을 인용하면서 이렇게 말한다. "말씀(예언)이 이루어졌다."

마태복음 1장 끝에 저자는 아마도 예수에 관한 가장 유명한 예언, 처녀의 몸에서 태어날 예수가 예언되었다는 이사야서 7장 14절을 인용한다.[26] 그리고 조금 지나 2장 23절에 가서 한 번 더 히브리 성경을 언급한다.

나사렛이란 동네에 가서 사니, 이는 선지자로 하신 말씀에 나사렛 사람이라 칭하리라 하심을 이루려 함이러라.

그런데 말씀이 이루어졌다는 저자의 선언이 무색해지는 상황을 만난다. "나사렛 사람이라 칭하리라"라는 구절이 히브리 성경에 아예 없기 때문이다. 어느 성경책이나 예외 없이 신약성경의 구절이 히브리 성경에서 인용될 때는 바로 옆에 주석을 붙여 출처를 알려준다.

그러나 마태복음 2장 23절에는 아무런 주석이 없다. 그런 구절이 아예 없기 때문이다. 하다못해 비슷한 구절이라도 있었다면, 신약성경 편찬자가 주석을 넣었을 것이다. 성경 저자가 틀렸다는 것을 상상하기 어렵기 때문이다. 그런데도 아무것도 없다. 나사렛이라는 특정 지역의 이름이 분명하게 들어간 내용의 구체성 때문이다.

마태복음의 저자가 유대인을 전도하려고 이 복음서를 썼는지 몰라도, 정작 히브리 성경에 능통한 유대인이 예수를 도저히 메시아로 받아들일 수 없는 이유 가운데 하나가 마태복음이기도 하다. 내용이 너무 허술하기 때문이다. 참으로 아이러니하지 않을 수 없다.[27]

---

26   이 구절에 대해서는 다음 장에서 자세히 살펴보겠다.
27   유대인에게 전도한다는 말 자체에 얼마나 큰 모순이 있는지 기독교인은 여간해서 이해하지 못한다. 히브리 성경에서 하나님이 예수가 메시아라는 사실을 조금만 설명했어도, 유대인이 가장 먼저 예수를 알아보았을 것이다. 또 동시에 예수가 세상에 있는 동안 자신에 대해서 그렇게 꼭꼭 감추지만 않았어도, 상황은 많이 달라졌을지 모른다. 이런 상황을 고려할 때, 조금만 상식을 가지고 바라보면 유대인을 전도하려고 마태복음을 썼다는 말은 그 자체가 난센스에 가깝다.

그렇다면 도대체 마태복음의 저자는 "나사렛 사람이라 칭하리라"는 구절을 어디서 본 것일까? 어떤 기독교 신학자도 여기에 관해서 설명하지 못한다. 마태복음 저자가 살아 있을 때는 히브리 성경에 분명히 있었는데, 그후 그 구절이 삭제되었다고도 말하지 못한다. 말이 안 되기 때문이다. 여기에서만은 만사에 '영적'을 갖다 붙이기 좋아하는 사람조차 입을 다문다.

물론 당시는 요즘처럼 옆에 성경책을 두고 장과 절을 확인하며 글을 쓸수 있는 여건이 아니었다. 오로지 기억에 의존하는 수밖에 없었다. 따라서 가장 가능성이 높은 설명은 하나밖에 없다. 마태복음 저자가 착각한 것이다. 그게 아니라면, 어떤 의도를 갖고 창작했거나. 이 두 가지 경우 외에는 설명할 길이 없다. 그런데 저자의 실수는 여기서 그치지 않는다.

> 이에 선지자 예레미야를 통하여 하신 말씀이 이루어졌나니 일렀으되, 그들이 그 가격 매겨진 자 곧 이스라엘 자손 중에서 가격 매긴 자의 가격 곧 은 삼십을 가지고 토기장이의 밭 값으로 주었으니, 이는 주께서 내게 명하신 바와 같으니라 하였더라.
>
> (마태복음 27:9-10)

이 구절 뒤에는 무려 히브리 성경 구절 세 개가 주석으로 붙어 있다.[28] 그중 하나가 스가랴서다. 마태복음 저자가 예레미야 선지자를 분명하게 언급했으니까 예레미야서만 인용하면 되는데, 뜬금없는 스가랴서의 구절이 있다. 예레미야서에는 이런 내용 자체가 나오지 않기 때문이다. 결국 후대

---

28   스가랴서 11장 12-13절, 예레미야서 19장 1-13절, 32장 6-9절.

신약성경 편찬자가 힘들여 찾아서 그나마 가장 비슷한 스가랴서 구절을 넣은 것이다.

이건 어떻게 이해해야 할까?

가장 가능성이 높은 설명은 마태복음 저자가 스가랴와 예레미야를 착각했다는 것이다. 하지만 저자가 제대로 기억해서 '선지자 스가랴를 통해서 하신 말씀이 이루어졌나니'라고 썼더라도 문제가 해결되지는 않는다. 저자의 글이 스가랴서와 내용과 맥락에서 전혀 다르기 때문이다. 아무튼 저자는 스가랴를 예레미야로 착각했다.

하지만 "나사렛 사람이라 칭하리라"는 구절 앞에서는 아예 침묵하던 기독교 학자들도 이 구절을 앞에 놓고는 여러 가능성을 제시했다. 그중에서도 다음 설명은 압권이다.

"마태복음 저자는 조금도 착각하지 않았다. 그건 예레미야의 예언이 맞다. 마태복음 저자가 환상 속에서 시간을 거슬러 올라가 예레미야의 예언을 듣고 썼기 때문이다. 따라서 단지 예레미야서에 기록되지 않았을 뿐이지, 이 내용은 예레미야 선지자가 살아 있을 때 실제로 한 예언이다."

마태복음 저자는 무려 스무 번이나 히브리 성경을 언급했다. 그중 한 번은 아예 히브리 성경에 없는 말을 만들어냈고, 또 한 번은 화자를 아예 다른 사람으로 바꾸었다. 결과적으로, 마태복음 저자는 두 번에 걸쳐 히브리 성경에 아예 존재하지 않는 성경 구절을 만들어냈다.

마태복음 저자만 이런 실수를 하는 것이 아니다. 요한복음 저자는 2장에서 가나의 혼인 잔치 사건 이후 유월절을 맞아 예루살렘에 올라간 예수의 행적을 기록한다. 거기서 예수는 노끈으로 만든 채찍으로 성전을 정화한다. 과연 성전에서 장사하던 사람들이 고작 노끈으로 만든 채찍 때문에 순순히 자기 밥그릇을 포기하고 성전에서 물러났을까 하는 합리적 의심 외에도, 이 장면은 많은 기독교 학자들을 곤란하게 한다. 이때는 예수가 막 공식적인 생애를 시작했을 즈음이기 때문이다.

마태복음, 마가복음, 누가복음 그러니까 공관복음서는 하나같이 예수가 공생애 마지막 해 유월절에 예루살렘에 갔고, 그때 성전을 정화했다고 말한다. 그리고 대부분 성경학자는 그 사건이야말로 로마제국을 정면으로 자극한, 그러니까 예수 죽음의 직접적인 원인으로 생각한다. 말 그대로 로마제국에 대한 반란행위였기 때문이다. 로마와 직결된 돈줄, 성전 돈줄을 건드린 사건이기 때문이다.

그런데 요한복음에 따르면, 예수는 그런 엄청난 사건을 공생애를 시작할 때 일으켰다. 로마의 돈줄을 건드리고도 그 후 몇 년간 별문제 없이 잘 지냈다. 그러다가 다시 예루살렘에 가서 '똑같은' 소동을 한 번 더 일으키고서야 체포되었다. 이걸 도대체 어떻게 이해해야 할까? 로마제국이 처음에는 봐주었지만, 똑같은 소동을 두 번 일으키니까 결국 처형했다고 생각해야 할까? 수긍하기 힘들다. 하지만 지금의 주제는 그게 아니다. 성전을 정화하는 예수를 보고 제자들이 떠올렸다는 구절이다.

제자들이 성경 말씀에 주의 전을 사모하는 열심이 나를 삼키리라 한 것을 기억하더라.

(요한복음 2:17)

요한복음 저자는 예수에 대한 예언이, 예수가 메시아라는 증거가 유대민족이 특히 사랑한 시편에도 나온다는 말을 하고 싶었다. 아니나 다를까, 시편 69편 9절에는 이렇게 적혀 있다.

주의 집을 위하는 열성이 나를 삼키고 주를 비방하는 비방이 내게 미쳤나이다.

그런데 제자들이 떠올린 구절이 정말로 시편 69편 9절이라면 심각한 문제가 발생한다. 시편 69편 9절에서 '나'라고 말하는 화자가 5절에서 자신을 향해서 한 말 때문이다.

하나님이여, 주는 나의 우매함을 아시오니 나의 죄가 주 앞에서 숨김이 없나이다.

제자들이 설마 예수를 우매하고 죄가 많은 사람으로 보지 않은 이상, 그들이 시편 69편 9절을 떠올렸을 리가 없다. 따라서 요한복음 2장 17절에 나오는 히브리 성경 구절 또한 오인했다고 결론을 내릴 수밖에 없다.

요한복음 저자는 7장에서도 이해하기 어려운 구절 하나를 기록했다. 예수는 38절에서 사마리아 여인에게 이렇게 선언했다.

나를 믿는 자는 성경에 이름과 같이 그 배에서 생수의 강이 흘러나오리라 하시니.

여기서 말하는 '성경'은 히브리 성경을 말한다. 따라서 "성경에 이름과 같이"는 '히브리 성경에 적힌 것처럼'이라는 뜻이다. 그런데 문제는 예수가 언급했던 "그 배에서 생수의 강이 흘러나오리라"는 구절은 히브리 성경에 없다. 이 사실은 마태복음의 저자가 "그는 나사렛 사람이라 칭하리라"라고 쓴 내용보다 더 많은 사람을 당황스럽게 했다.

왜냐하면 "그 배에서 생수의 강이 흘러나오리라"가 다른 사람도 아닌 예수의 말이기 때문이다. 다행히 '나사렛'이라는 구체적인 지명 대신 이 말에는 일반적인 단어인 '물'이 등장한다. 그래서인지 많은 학자는 예수가 다음 구절 중 하나를 인용했다고 주장했다.

장차 들짐승 곧 승냥이와 타조도 나를 존경할 것은 내가 광야에 물을, 사막에 강들을 내어 내 백성, 내가 택한 자에게 마시게 할 것임이라.

(이사야서 43:20)

나는 목마른 자에게 물을 주며 마른 땅에 시내가 흐르게 하며 나의 영을 네 자손에게, 나의 복을 네 후손에게 부어주리니.

(이사야서 44: 3)

오호라 너희 모든 목마른 자들아. 물로 나아오라. 돈 없는 자도 오라 너희는 와서 사 먹되 돈 없이, 값 없이 와서 포도주와 젖을 사라.

(이사야서 55:1)

그 날에 산들이 단 포도주를 떨어뜨릴 것이며 작은 산들이 젖을 흘릴 것이며 유다 모든 시내가 물을 흘릴 것이며 여호와의 성전에서 샘이 흘러 나와서 싯딤 골짜기에 대리라.

(요엘서 3:18)

그 날에 죄와 더러움을 씻는 샘이 다윗의 족속과 예루살렘 주민을 위하여
열리리라.

(스가랴서 13:1)

나는 이런 구절과 예수가 인용한 말 사이에 아무런 상관이 없다고 확신
한다. 이렇게까지 찾아야 하는 노력이 당황스럽다. 예수의 입을 통해서 나
오는 구절의 진위까지 의심해야 하는 이 상황을 어떻게 받아들여야 할까?
요한복음의 저자가 아예 있지도 않았던 '사마리아 여인과 만남'이라는 이
야기를 지어냈다고 보아야 할까? 아니면 예수가 히브리 성경을 잘 몰랐다
고 생각해야 할까?

요한복음은 어떤 복음서보다 예수가 하나님이라는 사실을 논증하는 책
이다. 그런데 다른 책도 아니고 그런 요한복음에서 예수는 가장 하나님답
지 않은 모습을 보여준다. 결국 하나님이 자신의 말을 착각했다는 뜻이다.

맥락에 맞지 않는 인용

지금부터 신약성경 저자들이 히브리 성경을 맥락에 맞지 않게 인용한
구절들을 살펴보자.

예수가 하나님이라는 사실을 특히 강조하는 요한복음에서 한 구절을 더
찾아보자. 십자가에 매달린 예수는 빨리 숨을 거두었다. 요한복음 저자는
그 이유를 시편의 예언에서 찾았다.

이 일이 일어난 것은 그 뼈가 하나도 꺾이지 아니하리라 한 성경을 응하게
하려 함이라.[29]

(요한복음 19:36)

십자가 형벌의 직접적 사인은 질식사다. 십자가 사인을 흔히 과다출혈
로 생각하는데, 그렇지 않다. 로마제국은 그렇게 허술하지 않다. 적은 피
만 흐르게 손목과 발목에만 못을 박는다. 그래서 건강한 사람이라면 십자
가에 달리고도 이틀에서 3일 정도는 살아 있다고 한다. 어느 기록에 따르
면 10일 가까이 숨이 붙어 있었던 사람도 있었다고 한다. 십자가 형벌이
잔인한 이유는 살아 있는 내내 형언할 수 없는 고통을 고스란히 느껴야 하
기 때문이다. 가장 빠른 죽음이 가장 자비로운 죽음이다. 그런 면에서 십자
가 죽음보다 잔인한 사형제도를 찾기는 어렵다. 중국에서 시행했다는, 살
아 있는 사람의 살을 천천히 조금씩 도려내어 죽이는 능지형 정도가 그나
마 비교할 수 있겠다.

십자가에 달린 사람은 몸이 아래로 처질 때마다 발목에 박힌 못을 의지
해 몸을 위로 올리면서 산소를 들이마신다. 의식하지 못해서 그렇지, 우리
는 숨을 들이마실 때마다 상체를 위로 올린다. 너무 심한 고통에 당장이라
고 죽고 싶지만, 조금의 기력이라도 남은 한 인간의 본능은 숨을 쉬기 위
해 몸을 들어 올린다. 아래로 처진 몸을 아예 움직이지도 못할 정도로 모
든 기력이 사라지고서야 비로소 죽음이라는 안식을 맞는 게 십자가 형벌
이다.

---

29   출애굽기 12장 46절, 민수기 9장 12절, 시편 34편 20절.

따라서 로마 당국이 십자가에 매달린 사람에게 해줄 수 있는 자비란 다리를 부러뜨려 몸을 위로 들어 올릴 수 없게 함으로써 한시라도 빨리 죽을 수 있게 해주는 것이다. 부러진 다리로는 몸무게를 지지할 수 없기에 결국 몇 분 안에 사망한다. 아무리 처절하게 마지막 한 모금의 산소를 들이켜려 해도, 몸을 올릴 수 없기에 아래로 축 처진 몸속의 심장은 박동을 멈춘다.

이 36절 앞의 구절을 살펴보자.

> 이 날은 준비일이라 유대인들은 그 안식일이 큰 날이므로 그 안식일에 시체들을 십자가에 두지 아니하려 하여 빌라도에게 그들의 다리를 꺾어 시체를 치워 달라 하니, 군인들이 가서 예수와 함께 못 박힌 첫째 사람과 또 그 다른 사람의 다리를 꺾고, 예수께 이르러서는 이미 죽으신 것을 보고 다리를 꺾지 아니하고.
>
> (요한복음 19:31-33)

예수의 다리가 부러지지 않았음을 확인해주는 구절이다. 사실 일반적인 상황에서 흔치 않은 일이다. 건장한 젊은이라면 십자가에서 고작 몇 시간 만에 숨을 거두지 않기 때문이다. 아마도 예수의 빠른 죽음이 적지 않은 사람에게 깊은 인상을 남겼던 것 같다. 요한복음의 저자는 예외적으로 빨랐던 예수의 죽음에서, 부러지지 않은 다리에서 무엇인가 의미를 찾고 싶었다. 그리고 그는 시편 34편을 생각했다.

> 의인들은 고난이 많으나 여호와께서는 그 모든 고난에서 건지시는도다. 그의 모든 **뼈를 보호하심이여.** 그중에서 하나도 꺾이지 아니하도다.
>
> (시편 34:19-20)

예수의 다리가 부러지지 않는 것과 시편 34편은 맥락상 아무 관련이 없다. 그런데 시중의 성경책을 보면 해당 구절 옆에는 출애굽기와 민수기 구절까지 각주로 추가되었다.

여호와께서 모세와 아론에게 이르시되 유월절 규례는 이러하니라. 이방 사람은 먹지 못할 것이나. 한 집에서 먹되 그 고기를 조금도 집 밖으로 내지 말고 **뼈**도 꺾지 말지며.

(출애굽기 12:43, 46)

둘째 달 열넷째 날 해 질 때에 그것을 지켜서 어린 양에 무교병과 쓴 나물을 아울러 먹을 것이요. 아침까지 그것을 조금도 남겨두지 말며 그 **뼈**를 하나도 꺾지 말아서 유월절 모든 율례대로 지킬 것이니라.

(민수기 9:11-12)

요한복음의 저자가 인용한 시편과 마찬가지로 맥락상 아무런 관계가 없지만, 후대 성경 편찬자가 예수가 유월절의 어린 양이라는 사실을 강조하려고 각주에 추가한 것으로 보인다. 이 점은 매우 중요하다. 나중에 자세히 살펴보자.

마태복음 2장으로 돌아가자.

요셉이 일어나서 밤에 아기와 그의 어머니를 데리고 애굽으로 떠나가 헤롯이 죽기까지 거기 있었으니, 이는 주께서 선지자를 통하여 말씀하신 바 애굽

으로부터 내 아들을 불렀다 함을 이루려 하심이라.[30]

(마태복음 2:14-15)

나는 이 부분에 와서는 사실 할 말을 잊는다. 도대체 마태복음 저자는 무슨 생각으로 이 구절을 인용했는지 답답할 정도다. 마태복음 저자는 호세아서 11장 1절을 인용했다.

이스라엘이 어렸을 때에 내가 사랑하여 내 아들을 애굽에서 불러냈거늘.

여기서 하나님이 불러낸 '내 아들'은 다름 아닌 유대민족이다. 왜 유대민족과 예수를 동일시했는지는 이해할 수 없다. 따라서 1절만 놓고 보면 맥락상 문제가 있지만, 그래도 인용 자체는 정확하게 했다. 그런데 호세아서 11장 2절에 가면 상황이 180도로 달라진다.

선지자들이 그들을 부를수록 그들은 점점 멀리하고 바알들에게 제사하며 아로새긴 우상 앞에서 분향하였느니라.

마태복음 저자가 예수와 동일시한 유대민족은 하나님을 떠났을 뿐 아니라, 바알과 우상들에게 희생제물까지 바쳤다고 한다. 이걸 도대체 어떻게 이해해야 할까? 마태복음의 저자는 호세아서 11장 2절을 몰랐던 걸까? 1절을 인용하는 순간 예수가 바알에게 제물을 바치는 존재로 비칠 수 있다는

---

30   호세아서 11장 1절.

것을 정말 몰랐던 걸까?[31]

마태복음의 저자는 이처럼 심각한 실수도 하지만, 때로는 귀여운 실수도 했다. 예수의 예루살렘 입성 장면을 그리는 21장 7절에서 그는 스가랴서 9장 9절을 인용한다.

나귀와 나귀 새끼를 끌고 와서 자기들의 겉옷을 그 등에 얹으매 예수께서 그 위에 타시니.

(마태복음 21:7)

그는 공의로우시며 구원을 베푸시며 겸손하여서 나귀를 타시나니 나귀의 작은 것 곧 나귀 새끼니라.

(스가랴서 9:9)

스가랴는 분명하게 말한다. 그가 나귀를 타시는데, 그 나귀가 어린 새끼 나귀라고 한다. 그런데 마태복음의 저자는 그만 착각했다. 두 마리의 나귀, 그러니까 어미 나귀와 새끼 나귀가 같이 나온다고 생각했던 것 같다. 덕분에 예수는 한 마리가 아닌 두 마리의 나귀를 '동시에' 타고 예루살렘에 입성하는 묘한 장면을 연출하게 되었다.[32]

부동산을, 특히 상가를 구입할 때 뭐가 가장 중요할까? 열 명에게 물으

---

31 마태복음 저자의 문제는 여기서 그치지 않는다. 이어지는 2장 16-18절이 인용한 예레미야서 31장 15절도 전혀 맥락이 맞지 않는다. 물론 모든 구절에서 그런 것은 아니지만 몇몇 부분에서만은 그냥 비슷한 단어가 기억나면 히브리 성경의 전체 맥락을 전혀 고려하지 않고 '예언이 이루어졌다'고 썼다는 느낌을 지울 수 없다.

32 마가복음 11장 1-7절과 누가복음 19장 29-35절은 이 장면을 나귀 한 마리로 정확하게 묘사한다.

면 열 명이 다 입지라고 말할 것이다. 부동산에서 가장 중요한 것이 입지라면, 성경을 읽을 때 가장 중요한 것은 '맥락' 또는 '컨텍스트'다. 전체 맥락과 상관없이 히브리 성경 구절을 인용하는 것은, 낮에도 등산객이 거의 없는 첩첩산중에 24시간 편의점을 내는 것과 조금도 다르지 않다. 다른 사람도 아니고 복음서 저자가 이런 식으로 히브리 성경을 인용했다는 사실에 나는 적지 않은 충격을 받았다. 비단 나만 그렇지는 않았을 것이다.

그런데 맥락과 상관없이 원하는 단어가 하나라도 있으면 맥락을 무시하고 무작정 인용한 경우는 복음서에 한정되지 않는다. 이미 앞에서 살펴본 대로, 바울은 로마서에서 히브리 성경을 인용하면서 원문의 '주어'를 임의로 바꾸었다. 신명기 30장의 경우에는 아예 맥락과 전혀 상관없이 작위적으로 인용했다. 앞에서 이미 살펴본 대로, 그건 히브리서 저자도 마찬가지였다. 지금부터 어떤 신약성경 저자보다도 히브리 성경을 많이 인용한 히브리서 저자의 글을 자세히 살펴보자.

그러므로 주께서 세상에 임하실 때에 이르시되, 하나님이 제사와 예물을 원하지 아니하시고 오직 나를 위하여 한 몸을 예비하셨도다.

(히브리서 10:5)

10장을 쓰면서 히브리서 저자는 아마도 시편 저자의 입을 빌려 예수가 십자가에 못 박혀 '몸으로 드리는 제물'이 되었다는 사실을 알리고 싶었던 모양이다. 그러나 그건 결코 쉬운 작업이 아니었다. 히브리 성경 어디에도 메시아가 '제물이 되어 죽는다'라는 구절이 없기 때문이다. 요한복음 저자처럼 히브리서 저자도 그 사실에 절망했는지 모른다. 그래서인지 그는 대담한 시도를 한다.

군대에 이런 말이 있다. "안 되면 되게 하라." 아마도 히브리서 저자는 딱 이런 마음이었던 것 같다.

"히브리 성경에 아예 없다고? 상관없어."

그는 시편 40편을 기억해냈다.

주께서 내 귀를 통하여 내게 들려주시기를 제사와 예물을 기뻐하지 아니하시며 번제와 속죄제를 요구하지 아니하신다 하신지라. 그때에 내가 말하기를 내가 왔나이다, 나를 가리켜 기록한 것이 두루마리 책에 있나이다. 나의 하나님이여 내가 주의 뜻 행하기를 즐기오니 주의 법이 나의 심중에 있나이다 하였나이다. (시편 40:6-8)

히브리서 저자는 10장에서 전개하는 전반적인 맥락과 상관없이 시편 40편을 인용했다. 그러면서 시편 40편에는 없는 구절을 만들었다.

그러므로 주께서 세상에 임하실 때에 이르되, 하나님이 제사와 예물을 원하지 아니하시고 오직 나를 위하여 한 몸을 예비하셨도다.

(히브리서 10:5)

시편 40편에는 몸과 관련해 문장은 말할 것도 없고, 비슷한 단어조차 없다. 중요한 것은 시편 40편의 핵심은 앞에서도 이야기했듯이 시편 저자가 얼마나 토라를 사랑하고 지키려고 애쓰는지, 바로 거기에 있다. 그는 주의 법을 마음속에 두겠다고 다짐한다. 바울이 그토록 없애고 싶었던, '저주'라고까지 부른 주의 법, 토라를 마음에 새기겠다는 게 시편 40편의 주제다. 그런데 히브리서 저자는 그런 원문의 의도와는 아무런 상관없이, 자신의 의도를 담은 문장 하나를 추가하여 새로운 말씀을 만들어냈다. 그 문장이 "오직 나를 위하여 한 몸을 예비하셨도다"이다.

어쩌면 그는 히브리서를 읽는 기독교인이 히브리 성경에, 그것도 시편에 메시아와 관련해서 '제물'과 '몸'이라는 단어가 나온다는 사실을 알기만 해도 충분하다고 생각했는지도 모르겠다. 다시 말하지만, 당시에 이방인은 말할 것도 없고 유대인도 히브리 성경을 찾아서 구절 하나하나를 확인하는 일은 거의 불가능에 가까웠다. 그건 신약성경 저자도 마찬가지였다. 그렇기에 얼마든지 착각할 수도 있다. 그러나 나는 히브리서 저자가 '착각'한 게 아니라, '창작'했다고 생각한다. 달리 말하면 의도적 왜곡이다. 보면 볼수록, 자신의 신학을 전하기 위해서 히브리 성경의 원문을 바꾸는 그의 창작이 매우 자연스러워 보이기 때문이다. 히브리서 8장 9절도 그의 창작력이 여실히 발휘된 구절이다.

또 주께서 이르시기를, 이 언약은 내가 그들의 열조의 손을 잡고 애굽 땅에서 인도하여 내던 날에 그들과 맺은 언약과 같지 아니하도다. 그들은 내 언약 안에 머물러 있지 아니하므로 내가 그들을 돌보지 아니하였노라.

저자가 인용한 예레미야서 31장 32절과 비교해서 보자.

이 언약은 내가 그들의 조상들의 손을 잡고 애굽 땅에서 인도하여 내던 날에 맺은 것과 같지 아니할 것은 내가 그들의 **남편**이 되었어도 그들이 내 언약을 깨뜨렸음이라. 여호와의 말씀이니라.

히브리서의 저자는 '남편'이라는 단어를 빼고 대신 "돌보지 아니하였노라" 또는 '관계를 끊었다'는 동사를 넣었다.[33] 예레미야서의 의미는 하나님이 유대민족의 남편이기 때문에 비록 그들이 계약을 깨더라도 버리지 않겠다는 뜻이다. 그런데 히브리서 저자는 원문이 마음에 들지 않았던 것 같다. 아예 반대로 왜곡했다. 하나님이 유대민족과 아예 관계를 끊겠다는 의미를 담은 "돌보지 아니하였노라"라는 문장을 만들어서 예레미야서 내용을 180도 바꾸었다.

히브리서에서 한 구절만 더 살펴보자. 히브리 성경의 특정 구절을 직접 인용하지는 않았지만, 히브리서 저자가 얼마나 히브리 성경의 진짜 메시지를 왜곡하는지 잘 보여주기 때문이다.

> 율법을 따라 거의 모든 물건이 피로써 정결하게 되나니 피 흘림이 없는즉 사함이 없느니라.
>
> (히브리서 9:22)

저자는 단호하게 말한다. 피 흘림이 없으면 죄 사함도 없다고, 참으로 그런 일은 일어나지 않는다고.

정말 그럴까? 정말로 피 흘림이 없으면 죄 사함이 없을까? 그렇지 않다. 히브리 성경에 의하면 피 흘림이 없이도 얼마든지 죄 사함이 가능하다. 앞

---

33   예레미야서 31장은 기독교에서 매우 중요한 성경이다. '새 언약'이 천명된 성경이기 때문이다. 이 부분을 곧 자세하게 살펴보겠다.

서 유대교의 '인간관'에서도 살펴보았듯이, 피를 흘리는 제사는 오로지 모르고 지은 죄를 사할 때만 효력이 있다. 알고 지은 죄는 반드시 회개와 함께 피해자에 대해 보상해야만 사해진다. 그러나 히브리서 저자는 전혀 다른 말을 한다.

그래, 백번 양보해서 그의 말이 맞는다고 치자. 그래, 정말 모든 죄가 다 오로지 '피 흘림'을 통해서만 사해진다고 치자. 그럼 다음 구절들은 어떻게 이해해야 할까?

> 그러나 만일 그 힘이 산비둘기 두 마리나 집비둘기 두 마리에도 미치지 못하면 그는 고운 밀가루 10분의 1에바를 자기의 죄를 위한 예물로 가져와야 한다. 그러나 거기에 올리브 기름이나 유향을 섞어서는 안 된다. 그것은 속죄 제물이기 때문이다.
>
> (레위기 5:11, 우리말성경)

제사에 필요한 동물을 잡으려면 적지 않은 돈이 들었다. 상대적으로 비싼 양이나 염소를 살 처지가 안 되는 사람은 대신 비둘기를 사서 피를 뿌렸다. 그런데 비둘기도 살 처지가 안 되는 사람은? 하나님은 그런 사람에게 밀가루를 가져오라고 했다. 밀가루는 피를 흘리지 않는다.

> 우리 각 사람이 받은 바 금 패물 곧 발목 고리, 손목 고리, 인장 반지, 귀걸이, 목걸이 들을 여호와께 헌금으로 우리의 생명을 위하여 여호와 앞에 속죄하려고 가져왔나이다.
>
> (민수기 31:50)

군인들은 전리품으로도 제사를 지냈다. 보석 같은 전리품에서 피를 뽑을 수는 없다. 물론 '영적'으로 해석해서 전리품에는 전쟁에서 진 적군의 한이 서린 피가 묻어 있기에 피가 엄청나게 흐른다고 우기면 굳이 할 말은 없다.

그런데 재미있게도 히브리서 저자는 아주 재미있는 단어를 중간에 넣었다.

율법을 따라 거의 모든 물건이 피로써 정결하게 되나니.

(히브리서 9:22)

'거의'라고? 종교 경전에서 거의 찾기 힘든 단어다. 왜 저자는 이런 모호한 단어를 넣었을까? 순간적으로 밀가루와 전리품이 머리를 스쳤기 때문일까? 알 수 없다. 하지만 저자의 주장은 확고하다. 오로지 인간이 되어 죽은 신의 피를 통해서만 하나님이 모든 죄를 용서하신다는 것이다. 그러나 히브리 성경은 그렇지 않다고 말한다.

우리는 지금까지 네 명의 신약성경 저자들을 살펴보았다. 마태복음, 요한복음, 히브리서 저자 그리고 사도 바울. 그들이 남겨놓은 오류가 실수인지 아니면 고의적 왜곡(창작)인지 결론 내리기는 쉽지 않다. 하지만 어떤 경우라도 그들에 대한 한 가지는 확실해 보인다. 요즘 글을 쓰는 사람들보다 훨씬 더 편한 마음으로 펜을 들었을 것이다. 손만 뻗으면 얻을 수 있는 정보가 넘치는 지금과 달리, 독자들이 결코 히브리 성경, 원전을 찾아서 확인하지 못하리라는 확신 속에 글을 썼을 테니까 말이다.

조금 방향을 바꾸어 복음서 저자가 직접 인용하지는 않았지만, 후대의 기독교 변증가가 메시아에 대한 분명한 예언이라고 주장하는 구절을 하나만 더 살펴보자. 좀 어이없을 수 있는데, 그 정도로 간절하게 히브리 성경에서 예수의 흔적을 찾으려고 발버둥 쳤다는 사실을 엿볼 수 있다.

공관복음서는 하나같이 예수와 가깝던 여인들이 십자가에 매달린 예수로부터 '멀리' 떨어져 있었다고 묘사한다.

예수를 섬기며 갈릴리에서부터 따라온 많은 여자가 거기 있어 **멀리서** 바라보고 있으니.

(마태복음 27:55)

멀리서 바라보는 여자들도 있었는데.

(마가복음 15:40)

예수를 아는 자들과 갈릴리로부터 따라온 여자들도 다 **멀리** 서서 이 일을 보니라.

(누가복음 23:49)

사랑하는 사람들조차 가까이 오지 않는 상황 속에서 예수가 얼마나 외로웠을지를 깊이 묵상한 기독교 신학자가 있었던 것 같다. 그리고 아마도 그는 확신했을 것이다.

"그래, 분명해. 예수님이 느낀 이런 처절한 외로움은 정말로 특별한 고통이야. 구약성경에 이런 특별한 상황에 대한 예언이 없을 리가 없어. 분명히 어딘가 지금 이 장면에 대한 예언이 있을 거야."

그리고 마침내 그는 시편 38편 11절에서 바라던 구절을 찾아냈다.

내가 사랑하는 자와 내 친구들이 내 상처를 멀리하고 내 친척들도 멀리 섰나이다.

이 구절을 발견한 익명의 그 신학자는 기쁨에 넘쳐서 무릎을 쳤을 것이다. "그러면 그렇지, 내 이럴 줄 알았어. 그렇게 중요한 예언이 없을 리가 없지, 없을 리가 없어."

그 익명의 신학자가 수고한 덕분에 언젠가부터 시편 38편 11절은 예수의 십자가 고통을 예언한 구절로 교회에서 흔히 인용된다. 그런데 이 구절이 메시아를 예언하는 구절이라고 보기에는 두 가지 심각한 문제가 있다.

첫 번째는 요한복음 때문이다. 공관복음서와 달리 요한복음에서는 예수와 친했던 여자들이 하나같이 십자가 '곁'에 있었다고 전하기 때문이다.

예수의 십자가 곁에는 그 어머니와 이모와 글로바의 아내 마리아와 막달라 마리아가 섰는지라.

(요한복음 19:25)

두 번째 문제는 시편 38편의 화자를 예수로 보기에는 문제가 많다는 사실이다. 아무리 고통을 고백하는 화자의 간절함으로 이해할 수 있다고 해도, 차마 이 화자를 예수라고 하기에는 민망할 정도다. 죄가 너무 많기 때문이다. 18절을 보자.

내 죄악을 아뢰고 내 죄를 슬퍼함이니이다.

(시편 38:18)

※ 기독교가 주장하는 대표적 메시아 예언 구절 분석

처녀 탄생, 이사야서 7장 14절

이 모든 일이 된 것은 주께서 선지자로 하신 말씀을 이루려 하심이니 이르시되, 보라 처녀가 잉태하여 아들을 낳을 것이요, 그의 이름은 임마누엘이라 하리라 하셨으니 이를 번역한즉 하나님이 우리와 함께 계시다 함이라.

(마태복음 1:22-23)

마태복음 저자가 이사야서 7장 14절을 인용해 1장 22-23절을 기록하면서 기독교 역사의 물줄기가 바뀌었다. 만약에 그가 이 구절만 인용하지 않았더라도, 기독교는 지금과는 전혀 다른 모습이었을 것이다.

마태복음 1장 22-23절은 역사적 구절이다. 신약성경에서 처음 등장하는 히브리 성경 예언의 성취이기 때문이다. 이 구절을 자세히 살펴보기 전에 마태복음 저자를 먼저 알아보자.

마태복음은 서기 70년에서 80년 사이에 쓰였는데, 가장 먼저 기록된 마가복음보다 10년에서 20년 정도 늦은 시점이다. 이어서 누가복음이 그리고 마지막으로 요한복음이 쓰였다. 마태복음이 쓰인 시점은 예수가 죽고 약 40년에서 50년이 지나서인데, 바울이 죽고도 무려 20년 가까운 세월이 지났을 때였다.

마태복음 이전에 이미 초대 기독교인 사이에는 마가복음과 Q자료[34]로 알려진 문서가 유통되었는데, 마태복음 저자는 마가복음에 상당히 문제가 있다고 생각했던 것 같다. Q자료야 예수의 '어록' 중심이니까 그렇다고 치더라도, 마가복음은 예수의 생애를 기록했음에도 부활 사건이 너무도 간단하게만 언급되었기 때문이었다.[35]

"아니, 어떻게 예수의 부활을 이렇게 용두사미로 기록할 수 있는 거지?" 마태복음 저자는 아마도 이런 상황을 상당히 심각하게 받아들였던 것 같다. 그래서 그는 마가복음을 보충하기 위해서라도 부활 사건을 매우 상세하게 기록했다. 아니, 상세한 정도를 뛰어넘었다. 부활은 죽었던 예수가 다시 살아난 기독교 역사 최고의 사건이다. 그런 대사건에 조연이 없다는 것

---

34   Q자료 또는 Q문서는 예수의 어록이라고 생각되는 구절들로 이루어진 가상의 기독교 문서를 말한다. Q라는 명칭은 출처 또는 원천을 말하는 독일어 'Quelle'에서 유래했다. 주로 예수의 설교를 담은 어록 복음서일 것으로 본다. 공관복음서 문제에 가장 널리 알려진 해법은 Q자료가 있었다고 보는 것이다. 공관복음서 중 마태복음서와 누가복음서의 많은 부분은 중복되어 있다. 예를 들면 마태복음서 3장 7-10절과 누가복음서 3장 7-9절까지 그리스어 판본은 단어 하나와 글자 하나만 다를 뿐 완전히 똑같은 단어와 문장으로 되어 있다. 이런 일치에 대한 문제를 공관복음서 문제라고 한다. 이 둘이 한 출처에서 왔다는 것이 설득력 있으며, 이러한 공통의 출처를 Q문서로 본다.(https://ko.wikipedia.org/wiki/Q자료)

35   마가복음 원본은 16장 8절에서 다음과 같이 끝난다. "여자들이 몹시 놀라 떨며 나와 무덤에서 도망하고 무서워하여 아무에게 아무 말도 하지 못하더라." 그다음 9절에서 20절까지는 지금 성경에도 괄호로 표시되어 있다. 왜냐하면 마가복음이 쓰이고 무려 몇백 년이 지난 후에 누군가가 임의로 추가한 내용이기 때문이다. 그게 누구인지 모르지만, 그가 첨부한 내용 중에서도 18절 때문에 그 후 수도 없이 많은 사람이 죽었다. "믿는 자에게는 이런 표적이 따르리니 …… 뱀을 집어올리며 무슨 독을 마실지라도 해를 받지 아니하며." 이 말씀을 문자 그대로 믿고 믿었다가 살모사, 코브라에게 물려 죽은 사람이 수도 없다. 왜 그는 하필이면 이런 구절을 넣었을까? 왜 뱀에 물려도 죽지 않는다는 뜬금없는 구절을 넣었을까? 아마도 그는 광야에서 불뱀에 물려 죽었던 이스라엘 백성을 생각했을 것이다. 불뱀에 물렸지만 기독교에서 흔히 예수의 상징으로 생각하는 '놋뱀'을 본 사람들은 다 나았다. 그러니까 예수가 이 세상에 와서 구원을 이루고 간 지금은 뱀에 물려도 아예 죽지 않는다고 생각했던 걸까? 그럼 그런 글을 쓰기 전에 최소한 자기가 한 번 뱀에 물려봤어야 하지 않았을까? 그러나 그는 그러지 않았다. 뱀에, 독사에 물렸더라면 그 저자는 애초에 마가복음에 첨삭할 수 없었을 테니까. 그랬다면 최소한 그의 뜬금없는 첨삭 때문에 죽어간 후대의 어이없는 희생은 막을 수 있었을 것이다.

을 참을 수 없었던 걸까? 다음 구절들을 넣었다.

예수께서 다시 크게 소리 지르시고 영혼이 떠나시니라. 이에 성소 휘장이 위로부터 아래까지 찢어져 둘이 되고 땅이 진동하며 바위가 터지고 무덤들이 열리며 자던 성도의 몸이 많이 일어나되 예수의 부활 후에 그들이 무덤에서 나와서 거룩한 성에 들어가 많은 사람에게 보이니라.

(마태복음 27:50-53)

예수가 죽던 바로 그 순간에 몇 개인지 모를 무덤이 열리면서 시체가 살아났다. 그러고는 열린 무덤 속에서 숨을 쉬면서 이틀을 꼬박 누워서 기다리다가 예수가 살아난 일요일 새벽에 마침내 무덤에서 나와서 예루살렘으로 걸어 들어갔다.[36] "저벅, 저벅, 저벅……"

마태복음 저자는 여기서 그치지 않고 이렇게 덧붙인다.

많은 사람에게 보이니라.

이 구절만 없었어도 어떻게든 빠져나갈 구멍이 있었다. 그냥 사람들이 보이지 않는 곳에서 돌아다니다가 다시 죽었다. 대충 그런 식으로 수습할 수 있었다. 그러나 저자는 애초에 그럴 생각이 없었던 것 같다. 일단 시작한 이상, 손에 쥔 붓끝으로 끝장을 보고 싶었나 보다.

한번 생각해보자. 정말로 이런 일이 있었다면 세상이 어떻게 되었을까?

---

36   마이클 잭슨의 걸작 뮤직비디오 〈스릴러thriller〉가 생각나는 대목이다.

로마 시대를 정의하는 여러 표현이 있지만, 그중 하나가 기록의 시대다. 죽은 사람들이 살아나서 예루살렘 거리를 활보한다? 그런데 조만간 십자가에서 죽은 예수까지 살아났다는 소문이 파다하게 퍼진다? 예루살렘이 뒤집어지지 않았을까? 아니, 예루살렘뿐이었을까? 정작 예수를 못 박은 로마 제국이 그런 초자연적 기적을 견뎌낼 수 있었을까?

아주 오래전 이야기다. 내가 대학교 2학년 때 6·10항쟁이 있었다. 무려 100만이 넘는 사람들이 시청 광장에 모여서 이한열 열사의 장례식을 치렀다. 만약 최루탄을 맞아 사망한 그가 다시 살아났다면 어떤 일이 벌어졌을까? 당시 정권을 잡았던 전두환이 버틸 수 있었을까? 그런데 이한열 열사뿐만 아니라 정권의 핍박을 받아 죽은 다른 열사들까지 같이 살아나서 분노한 국민들과 함께 청와대를 향한다면? 그런 이야기는 결코 세상에서 조용히 묻힐 수 없었을 것이다. 2,000년 전이라고 달랐을까?

그러나 로마제국을 포함한 온 세상은 조용하기만 했다. 무엇보다 충격적인 장면이 사도행전 5장에 등장한다. 예수와 동시대를 살았던 바리새파 수장인 가말리엘이 예수를 그 당시 반로마 운동을 이끌었던 드가 또는 갈릴리 유다 사건과 동일선상에 놓았기 때문이다.[37]

만약에 가말리엘이 예수의 부활을 알고 있었다면? 예수뿐 아니라 수많은 죽은 사람들이 다시 살아나 예수 부활에 맞추어 예루살렘에 나타났다는 사실을 알았다면? 그가 예수를 한낱 드가와 유다에 비교했을 리가 없지 않을까?

마태복음 저자의 선의를 모르는 바 아니다. 그러나 그는 생각이 모자랐

---

37   옥성호, 앞의 책, 26~36쪽.

다. 누군가 '좀비 사건'이라고 부르는 이 몇 구절 때문에, 오히려 예수 부활 사건 전체의 신빙성마저 떨어뜨릴 수 있다는 생각을 미처 하지 못했다.

그러나 이 저자의 진짜 관심은 예수의 탄생이었다. 마가복음에 부활 사건이 자세히 기록되지 않은 것도 믿을 수 없었지만, 예수의 탄생 이야기는 아예 언급조차 되지 않았다는 데 그는 어쩌면 분노하지 않았을까?

바울 서신서에 의해 당시에 이미 '신급'으로 떠받들어지던[38] 예수였지만, 적지 않은 라이벌이 있었다. 로마제국에는 황제를 비롯해 반신반인이 득실거렸고, 이교도에는 초자연적인 탄생 비화를 가진 인물들로 넘쳤다. 예수가 그들과 차원이 다른 신급을 갖추려면, 누구에게도 뒤지지 않는 특별한 '탄생 비화'가 필요했다.

게다가 예수가 누구인가? 이 세상의 구원자가 아닌가? 마태복음 저자는 예수의 생애를 최초로 기록한 마가복음이 미처 채우지 못한 그 공백을 채워야겠다는 사명감이 있는 것 같다. 어떤 신적 존재도 범접할 수 없는 특별한 탄생 이야기를 만들겠다는 열망에 불탔을 것이다.

예수 부활에 맞추어 무덤에서 시체를 살린 화끈한 복음서의 저자답게 그는 예수의 탄생에 전 우주적 상징인 '별'을 주연으로 도입했다. 지구에서 몇 광년이나 떨어진지 모르지만, 그 별에서 반사된 빛이 칠흑 같은 우주 공간을 관통해 베들레헴의 아주 작은 마구간 위에 쏟아지는 광경은 21세기 최첨단 컴퓨터 그래픽 기술을 동원해도 재현하기 힘들지 않을까? 그 엄청난 광경은 아마도 온 유대 땅을 넘어 로마 전역에서도 목격할 수 있었을 것이다.

---

38   마태복음보다 바울 서신서가 20~30년 먼저 나왔다.

지금이 밤이라면 밖에 나가서 하늘에 있는 아무 별이나 바라보자. 그리고 그 별에서 한 광선이 지금 내가 서 있는 곳으로 쏟아져 내려온다고 생각해 보자. 백두산에서 한라산까지 온 한반도가 이 장관에 숨을 멈출 것이다.

그런 놀라운 우주 쇼가 있었는데도 예수가 어디서 태어났는지 몰라 전전긍긍했다는 헤롯 왕의 이야기는 이해하기 어렵다. 그런데 마태복음 저자는 별 이야기에서 그치지 않았다. 당시 로마인에게 일종의 신비감을 불러일으키던 동방박사를 등장시켰다. 움직이는 별을 따라서 동방에서 세 명의 박사가 예수를 찾아오도록 그들을 조연으로 넣었다.

그러나 뭐니 뭐니 해도 예수 탄생의 중심에는 '처녀 임신'이 있다. 예수가 처녀의 몸에서 탄생함으로써 여러 가지 면에서 유리했다. 이미 로마에 파다한 반신반인과 경쟁할 수 있을 뿐 아니라, 무엇보다 '죄 없는 존재'가 될 수 있기 때문이다. 죄에 오염된 남자의 정자 없이 태어났기 때문이다. 그 정도로 놀라운 탄생이었으니 당시 유대를 다스리던 헤롯 왕이 벌벌 떠는 건 당연했다. 그는 한 마을의 아기들을 싹 다 죽일 정도로 예수의 탄생을 두려워했다.[39] 헤롯 왕의 핍박을 피해 예수는 이집트로 갔다. 그 모습에서 자연스럽게 민족 해방의 영웅, '모세'가 연상되게 하기 위해서였다.

그러나 웅장하기 이를 데 없는 이 탄생 이야기에는 한 가지가 부족했다. 그것이 더해지지 않고서는 그가 타깃으로 삼는 유대인 독자를 설득할 가

39　요세푸스는 『유대 고대사』에서 헤롯 왕에 대해 무려 30페이지가 넘는 엄청나게 많은 양을 기록했다. 그러나 헤롯이 자행했다는 유아학살에 대한 이야기는 전혀 없다. 로마의 허락 없이 헤롯이 한 마을의 남자아이들을 다 죽였다는 생각은 당시의 상황을 고려할 때 있을 수 없다. 사실 헤롯이 당시 할 수 있는 일은 그렇게 많지 않았다. "로마에 종속되어 있던 왕에게 독립적인 대외정책은 허용되지 않았다. 이런 구속 때문에 그는 엄청난 돈과 노력을 웅장하고 사치스러운 건축 계획에 투자하게 되었던 것이다. 그렇게 그는 카이사리아와 세바스테라는 도시를 세웠다." 모니카 그뤼벨, 앞의 책, 36쪽.

능성은 거의 없어 보였다. 메시아는 히브리 성경의 중요 주제 중 하나였다. 메시아의 출현은 히브리 성경 곳곳에 예언되었다. 그렇기에 글을 읽는 유대인이라면 당장 이렇게 물을 게 뻔해 보였을 것이다.

"그래? 정말 대단한데요! 처녀가 아이를 낳았다고? 그런데 히브리 성경에 처녀가 잉태했다는 메시아 예언이 있어요? 이 정도의 엄청난 사건이라면, 당연히 예언이 있어야 하지 않을까요?"

마태복음 저자는 히브리 성경을 뒤지기 시작했다. 두 가지 시나리오가 가능하다.

첫 번째 가능성이다. 여기에는 두 개의 가정이 필요하다. 하나는 그가 히브리어를 아예 몰랐거나 알았다고 하더라도 그리스어가 모국어처럼 훨씬 더 편했으리라는 가정이다. 한국어를 대충은 이해하지만, 영어가 훨씬 더 편한 미국 교포 자녀를 떠올리면 된다. 또 하나는 마태복음 저자가 생존하던 당시, 히브리 성경의 그리스어 번역판인 '70인역 성경Septuagint'이 모세오경(토라)뿐 아니라 예언서까지 다 완성되었다는 가정이다.

70인역 성경을 뒤지던 그는 이사야서 7장에 다다랐다. 그러고는 무릎을 쳤다. 하나님은 정말로 예수가 처녀의 몸에서 태어난다고 예언하셨기 때문이다. 그의 눈에 이사야서 7장 14절에 분명하게 기록된 그리스어, '파테노스parthenos'가 들어왔다. 젊은 여자 또는 처녀라는 의미를 가진 단어였다.[40]

처녀가 잉태하여 아들을 낳을 것이요, 그의 이름을 임마누엘이라 하리라.

---

40   창세기 34장 2-4절에는 이미 강간을 당하고 난 후에도 야곱의 딸 디나를 지칭하는 단어로 '파테노스'가 쓰였다. 처녀가 아닌 '젊은 여자'의 의미로 쓰였기 때문이다.

왜 유대교는 예수를 거부하는가?

"아 처녀, 처녀라고? 정말로, 처녀가 아이를 낳는다는 거지? 게다가 미래형 동사니까 이건 분명한 예언이잖아?"

두 번째 시나리오이자 첫 번째보다 훨씬 더 가능성이 큰 경우다. 2세기 전까지 그리스어로 번역된 70인역 성경은 모세 오경밖에 없었고, 예언서를 포함한 모든 히브리 성경이 번역된 것은 기독교 교회가 완전히 자리 잡은 몇백 년이 더 지난 후라는 견해가 거의 정설이다.[41] 그렇다면 마태복음 저자가 이사야서를 읽을 수 있는 길은 오로지 하나, 히브리 성경의 원본을 뒤지는 길밖에 없었을 것이다.

달리 말하면, 저자가 히브리어에 능통했다는 의미다. 그렇다면 우리는 그에 대해서 훨씬 더 정확한 정보를 얻게 된다. 첫 번째 시나리오보다 훨씬 더 정확하게 당시 상황을 그릴 수 있다.

이사야서 7장 14절에 나오는, '처녀'에 해당하는 히브리어 단어는 '알마'다. 알마는 처녀라는 뜻과는 전혀 상관없는, 그냥 '젊은 여자'를 의미한다.[42] 알마라는 단어는 히브리 성경에서 이사야서 7장 14절을 포함해서 일곱 번 등장한다.[43] 창세기 24장 43절에 나오는 젊은 여자는 장차 이삭의 아내가 될 '리브가'다.

---

41   Rabbi Tovia Singer, 앞의 책, p.55.

42   '알마'의 상대어인 '젊은 남자'에 해당하는 히브리어는 '엘렘'이다. 사무엘상 17장 56절, 20장 22절. 이사야서 54장 4절 등에 쓰인 '젊은이'가 바로 엘렘이다. 엘렘 역시 알마와 마찬가지로 결코 '총각'을 의미하지 않는다. "두려워하지 말라. 네가 수치를 당하지 아니하리라. 놀라지 말라. 네가 부끄러움을 보지 아니하리라. 네가 네 젊었을 때의 수치를 잊겠고 과부 때의 치욕을 다시 기억함이 없으리니."(이사야서 54:4)

43   창세기 24장 43절, 출애굽기 2장 8절, 시편 68편 25절, 잠언 30장 19절, 아가서 1장 3절, 6장 8절에서 찾을 수 있다.

내가 이 우물 곁에 서 있다가 젊은 여자가 물을 길으러 오거든 내가 그에게
청하기를 너는 물동이의 물을 내게 조금 마시게 하라 하여.

(창세기 24:43)

청년 여자(젊은 여자)가 리브가라는 사실에 기독교는 흥분할 수 있다.
"봐라, 결혼 전 리브가라면 당연히 처녀가 아니었겠는가?"
출애굽기 2장 8절은 모세의 누이 미리암에 대한 구절이다.

바로의 딸이 그에게 이르되 가라 하매 그 소녀가 가서 아이의 어미를 불러
오니.

"소녀니까 당연히 처녀지. 게다가 미리암이 신앙이 좋았을 테니까 100퍼
센트 처녀일 것이다."

그러나 본문에 자연스럽게 드러나다시피, 위의 두 구절에서 리브가와
미리암의 '처녀성 여부'는 전혀 관심사가 아니다. 한 구절을 더 보자. 잠언
30장 18-19절이다.

내가 심히 기이히 여기고도 깨닫지 못하는 것 서넛이 있나니 곧 공중에 날
아다니는 독수리의 자취와 반석 위로 기어다니는 뱀의 자취와 바다로 지나다
니는 배의 자취와 남자가 여자와 함께한 자취며.

잠언 저자는 아무런 자취를 남기지 않는 몇 가지를 열거한다. 그중 하나
가 남자가 여자와 함께 사랑을 나눈 자취란다. 다들 알겠지만, 처녀는 남자

와 처음 성관계를 하면 확실한 자취를 남긴다. 시편과 아가서에 나오는 알마는 생략하자. 하나같이 젊은 여자를 지칭할 뿐이다.

진짜 중요한 이야기는 이것이다. 히브리어에는 '처녀'를 지칭하는 분명한 단어가 있다. 바로 '베툴라'다. 이 세상에 있는 수백, 수천 개의 언어 중에서 '처녀'라는 단어가 따로 없는 언어는 없다. 그만큼 '처녀성'이 갖는 의미가 인간에게 중요하기 때문이다. 중요한 의미는 언제나 독립된 단어를 가진다. 히브리어라고 다르지 않다. 다음 레위기 21장 14절에 쓰인 처녀가 바로 베툴라다.[44]

과부나 이혼 당한 여인이나 창녀 짓을 하는 더러운 여인을 취하지 말고 자기 백성 중에서 처녀를 취하여 아내를 삼아.

이사야 선지자가 애를 낳을 여자가 처녀라는 사실을 강조하고 싶었다면, 당연히 베툴라를 썼을 것이다. 그러나 이사야가 쓴 단어는 알마다. 다시 말하지만, 알마에 동정의 '처녀'라는 의미는 없다. 바로 이 지점에서 우리는 마태복음 저자의 정직성을 의심할 수밖에 없다. 그가 히브리어를 알았고, 그래서 히브리 성경을 읽었다면 알마의 의미를 몰랐을 리 없다. 그런데도 그가 알마를 '처녀'로 이해하고 마태복음에 썼다고? 우리는 이 상황을 어떻게 받아들여야 할까?

다시 마태복음 저자가 처했을지도 모를 첫 번째 가능성, 그러니까 마태복음을 썼던 당시에 히브리 성경 전체가 그리스어로 다 번역되었고, 저자

---

44 그 외에도 신명기 22장 13-17절, 사사기 21장 12절, 그리고 요엘 1장 8절 등에 '베툴라'가 등장한다.

는 완성된 70인역을 참고했다는 시나리오로 돌아가자.

누구인지 모르지만 70인역 번역자 중 한 명이 '알마'를 그리스어로 번역하면서 젊은 여자뿐 아니라 처녀라는 뜻도 있는 '파테노스'로 번역했다. 이렇게 보면 예수의 처녀 탄생을 만들어낸 장본인은 마태복음의 저자가 아니라 누군지 알 수 없는 70인역의 이사야 번역자다. 마태복음의 저자는 말 그대로 '선의의 실수'를 했을 뿐이다.

그렇다고 하더라도 여전히 심각한 문제 하나가 남는다. 그것은 '파테노스'라는 단어 속에도 '처녀' 외에 '젊은 여자'라는 뜻이 있을 뿐 아니라 이사야 7장의 전체 문맥을 볼 때 파테노스를 처녀로 해석하는 것은 이해하기 어렵기 때문이다.

아까 살펴봤듯이 단어 또는 문장을 바로 이해하는 핵심은 문맥에 달려 있다. 마태복음 저자가 히브리 성경 원본을 읽었든 아니면 그리스어로 쓰인 70인역을 읽었든지 문맥은 바뀌지 않는다. 문맥 이해는 읽기에서 기본 중 기본이다. 사실 개별 단어의 뜻보다 훨씬 더 중요한 것이 문맥이다.

그렇다면 이사야서 7장 14절을 둘러싼 문맥은 무엇일까? 이사야서 선지자는 북이스라엘과 아람(Aram 또는 Syria)이 동맹을 맺자 당황해하는 유다 왕 아하스에게 이렇게 말한다. "왕이여, 걱정하지 마시오. 당신과 내가 아는 '그' 여자가 곧 애를 낳을 텐데, 그 애가 그렇게 크기 전에 당신에게 닥친 모든 위기가 다 사라질 것이니까."

그러므로 주께서 친히 징조를 너희에게 주실 것이라. 보라 처녀가[45] 잉태하

45   영어 성경은 한결같이 히브리어 '알마'를 '처녀'라고, 'virgin'이라고 번역했다. 나중에 좀 더 자세히 살펴보겠지만, 기독교의 영향 아래 구약성경을 편찬한 사람들이 얼마나 고의적으로 히브리

여 아들을 낳을 것이요 그의 이름을 임마누엘이라 하리라. 그가 악을 버리며 선을 택할 줄 알 때가 되면 엉긴 젖과 꿀을 먹을 것이라. 대저 이 아이가 악을 버리며 선을 택할 줄 알기 전에 네가 미워하는 두 왕의 땅이 황폐하게 되리라.

(이사야서 7:14-16)

과연 그랬을까? 이사야 선지자의 예언대로 머지않은 미래에 북이스라엘과 아람의 동맹이 가져다준 위기가 사라졌을까? 사라졌다! 이사야 선지자의 예언은 정말로 얼마 지나지 않아 '실현'되었다. 유다와 아하스 왕을 위협하던 아람의 르신 왕과 이스라엘의 베가 왕은 태어난 그 아들이[46] 어릴 때 앗시리아에 패배했다.[47]

이처럼 이사야 선지자는 예수가 날 때까지 무려 700년을 기다려야 실현되는 먼 훗날의 예언을 말하지는 않는다. 당장 눈앞에 닥친 위협 때문에 불안해하는 아하스 왕에게 전해진 하나님의 위로를 전한다. 내가 너를 지키니 걱정하지 말라는, 하나님이 전하는 위로의 말이다.

네가 미워하는 두 왕의 땅이 황폐하게 되리라.

성경 원어를 왜곡했는지를 보여주는 매우 중요한 사례다.

[46] 많은 학자는 이사야 선지자가 언급한 '알마'를 아하스 왕의 아내이자 히스기야 왕의 어머니인 '아비'라고 생각한다. 그러니까 태어날 임마누엘이 히스기야 왕이라는 뜻이다. "그가 왕이 될 때에 나이가 25세라 예루살렘에서 29년간 다스리니라. 그의 어머니의 이름은 아비요 스가리야의 딸이더라."(열왕기하 18:2)

[47] "이스라엘 왕 베가 때에 앗수르 왕 디글랏 빌레셀이 와서 이욘과 아벨벳 마아가와 야노아와 게데스와 하솔과 길르앗과 갈릴리와 납달리 온 땅을 점령하고 그 백성을 사로잡아 앗수르로 옮겼더라."(열왕기하 15:29) "앗수르 왕이 그 청을 듣고 곧 올라와서 다메섹을 쳐서 점령하여 그 백성을 사로잡아 기르로 옮기고 또 르신을 죽였더라."(열왕기하 16:9)

이 세상에 700년 후에 일어날 일 때문에 위로받는 사람은 없다. 게다가 히브리 성경에는 젊은 여자에 해당하는 '알마' 앞에 정관사 '하'가 나온다. 정관사는 화자와 청자가 다 알 때만 쓴다. '누군지도 모르는 어떤 여자가'라고 할 때는 'a woman'이지만, '있잖아요, 당신과 내가 다 잘 아는 바로 그 여자 말이에요'라고 할 때는 'the woman'이다. 그러니까 지금 이사야 선지자는 아하스 왕도 아는 '그 여자'를 이야기한다. 그렇기 때문에 많은 학자가 그 여자를 아하스 왕의 부인 '아비'라고 생각한다.

이게 다가 아니다. 히브리어 원어를 정확하게 번역하면 7장 14절에 나오는 '그 여자'는 이미 임신한 상태다. 히브리 원어를 정확하게 번역한 성경은 그 사실을 정확하게 보여준다.[48]

"Therefore, the Lord, of His own, shall give you a sign; behold, the young woman is with child, and she shall bear a son, and she shall call his name Immanuel." (chabad version)

"보십시오, 왕이여. 하나님께서 표적을 주실 것입니다. 지금 한 젊은 여자가 임신을 했습니다. 그리고 아들을 낳을 것입니다. 그 여자는 그 아들의 이름을 임마누엘이라고 할 것입니다."

아하스 왕은 아내의 임신을 이미 알았을 수도 있고 아직 모를 수도 있다. 어떤 경우든지, 그에게 지금 이사야 선지자의 말처럼 위로가 되는 예언은 없었을 것이다. 과연 이 본문을 읽고 아하스 왕과 이사야 선지자가 700년

---

48   그럼 왜 기독교에서 쓰는 구약성경에는 이 구절이 미래형으로 쓰였을까? 왜 이미 임신한 상태
      라고 하지 않고 '아이를 낳을 것이다'라고 쓰였을까? 이 점에 대해서는 나중에 살펴보자.

후에 살았을 마리아를 이미 잘 안다고 주장할 수 있을까? 그래서 정관사를 썼다고 말할 수 있을까? 받아들이기 힘든 억지에 가깝다. 게다가 아이는 이미 엄마의 배 속에 있다! 이 세상에 700년 후에 태어날 아이를 이미 엄마의 배 속에 있다고 표현하는 경우도 있을까? 상식을 가진 사람이라면 아무도 수긍하지 않을 것이다.

따라서 백번 양보해 마태복음 저자가 중의적 의미를 가진 그리스어 '파테노스' 때문에 순간적으로 착각했다고 하더라도 7장과 8장의 내용만 차분히 읽었다면, 절대 이 구절이 메시아의 처녀 탄생 예언이라고 결론 내릴 수는 없다. 저자의 정직성에 대해 심각한 의구심을 가질 수밖에 없는 이유다.

가능성이 훨씬 더 큰 두 번째 시나리오, 그러니까 저자가 히브리 원어로 이사야서를 읽었다는 시나리오로 다시 돌아가자. 이 경우라면 저자는 거의 100퍼센트 의도적인 왜곡을 했다. 알마에서 '처녀'를 뽑아낸 것은 한국인이 '아줌마'라는 단어를 '처녀'라고 번역하는 것과 조금도 다르지 않다. 원빈이 주연한 영화 〈아저씨〉[49]를 외국에서 수입해서 상영하면서 제목을 '총각'이라고 지은 것이나 마찬가지다. 저자가 히브리어에 매우 무지했기 때문이라고 변명하고 싶은 사람이 있을지도 모르겠다. 그러나 나는 그럴 가능성은 거의 없다고 본다. 왜냐하면 그는 매우 용의주도하고 철저했기 때문이었다. 내가 그렇게 생각하는 데는 나름대로 이유가 있다.

그는 '알마'를 처녀로 의도적으로 왜곡하면서 다른 디테일도 세심하게 주의를 기울였다. 이사야의 내용은 명확하다. 한 아기가 태어날 텐데 엄마

---

49   〈아저씨〉(이정범 감독, 2010).

가 그 아이의 이름을 '임마누엘'[50]이라고 지을 것이다. 하지만 예수의 이름은 '임마누엘'이 아니다. 예수의 이름은 '예수'다. 누구도 예수를 임마누엘이라고 부르지 않았다. 저자는 그 점을 제대로 파악했던 것 같다. 그 문제는 아마도 고민이 되었을 것이다. 그래서 그는 앞서 살펴본 바울처럼 히브리 성경의 주어를 바꾸었다.

and they shall call his name Emmanuel. (KJV)

이사야서에서는 분명히 젊은 여자, 그러니까 엄마가 아이를 '임마누엘'이라고 부르고, 이름을 그렇게 지을 것이라고 썼는데 마태복음 저자는 엄마 대신 주어를 불특정한 3인칭 복수, '그들they'로 바꾸었다. 한글 성경은 '그들'이라는 3인칭 복수 주어를 표시하지 않고 주어 자체를 생략했다.[51]

보라, 처녀가 잉태하여 아들을 낳을 것이요 그의 이름은 임마누엘이라 하리라.

(마태복음 1:23)

그러나 주어를 '그들'로 바꾸었다고 문제가 해결되지는 않았다. 복음서를 보면 예수를 '임마누엘'이라고 부른 사람은 단 한 명도 없기 때문이다.

---

50   이스라엘에는 '엘'로 끝나는 이름이 많다. '엘'은 하나님을 의미한다. 따라서 이름 속에 '하나님'이라는 의미가 포함된다. 잘 알다시피 이스라엘은 야곱의 새 이름이다. '하나님과 씨름해서 이긴 사람'이라는 뜻이다. 그 외에도 요엘, 사무엘, 다니엘, 가브리엘, 이스마엘, 스알디엘, 에스겔, 스룹바벨 등 매우 많다.

51   앞 문장의 주어와 같은 경우 다음 문장에서 주어를 생략하는 게 오히려 자연스러운 한국어의 특징을 고려할 때, 한국어 번역이 히브리 원문을 더 잘 살렸다고 볼 수 있다. 그러니까 생략된 주어는 '처녀'다.

그랬기에 저자는 어떻게든 임마누엘을 이름이 아닌 상징으로 표현하고 싶어 했지만, 이사야서에서 '임마누엘'은 분명히 아이의 이름이지 별명이나 어떤 상징도 아니다.

이 정도로 디테일에 신경 쓴 저자가 머리가 나빠서, 무식해서 실수했다고 보기는 어렵다. 그는 주도면밀하고 철저하며, 목표를 위해서라면 수단과 방법을 가리지 않는 사람이 아니었을까? 당연히 히브리어에도 능통했을 것이다.

유대인이 이런 마태복음을 읽으면 무슨 생각을 할까? 히브리 성경을 잘 아는 유대인이 히브리어로 쓰인 자신들의 성경과 마태복음을 하나하나 확인하면서 읽을 때 어떤 생각이 들까? 단군 신화에 따르면 사람이 되고 싶었던 곰, 웅녀는 동굴 속에서 빛을 보지 못하고 마늘과 쑥만 100일 동안 먹고 마침내 아름다운 여자 인간이 되었다. 그러고는 환웅과 결혼해 고조선의 시조 단군을 낳았다. 그런데 잘못 번역된 단군 신화를 읽은 누군가가 한국에 와서 이렇게 우긴다면 과연 어떨까?

"웅녀가 먹은 건 마늘과 쑥이 아니라 감자와 고구마였어요. 생각해보세요. 마늘과 쑥만 먹어서는 절대로 생명을 유지할 수 없어요. 탄수화물이 너무 부족하거든요. 그리고 마늘을 그렇게 먹으면. 그 입 냄새는 어떻겠어요?"

바울을 제외하고 신약성경 저자 중에서 마태(마태복음 저자)처럼 무지막지하게 히브리 성경을 엉터리로 인용한 사람은 없다. 바울도 실로 어이없을 정도로 히브리 성경을 잘못 인용했지만, 마태에 비해 그의 실수는 당시 유대인에게 덜 알려졌다. 바울의 독자가 대부분 히브리어를 전혀 모르는 이방인이었기 때문이다.

참으로 아이러니하게도 마태가 이토록 히브리 성경을 마구 왜곡 인용한 동기는 어떻게든 유대인이 예수가 메시아라는 사실을 믿게 하기 위해서였다. 기이한 일이지만 마태복음이라는 책을 쓴 익명의 저자가 마태복음 전반에 걸쳐 히브리 성경을 마구 엉터리로 인용해 훼손하지만 않았더라도, 기독교는 유대인을 전도하는 데 조금은 더 성공적인 결과를 얻었을 것이다.[52]

마태복음 저자가 가져온 '처녀 수태'의 파급효과는 실로 상상을 초월한다. 랍비 토비아 싱어[53]가 지적한 대로 유대인이 예수를 확실히 거부하게 했지만, 극단적인 반대 현상도 일어났다. 마태복음이 세상에 나오고 무려 2,000년이 지난 지금도 상당수 기독교인이 처녀가 아이를 낳았다고 '진짜로' 믿는다! 산타클로스를 믿지 않는 성인 기독교인이 산타클로스와 차마 비교도 할 수 없는 처녀 수태를 역사적 사실로 믿는다! 이것은 실로 엄청난 영향력이다.

하지만 예수를 메시아로 믿는 사람들이 100퍼센트 다 처녀 수태를 환영했던 것 같지는 않다. 그런 사람 중에는 누가복음 저자가 있었다. 내가 생각할 때 누가복음이 쓰인 이유 중 하나는 처녀 수태를 비롯해 마태복음이 불러온 문제점을 해결하기 위해서였다. 마태복음이 마가복음의 문제점을 해결하려고 쓰였듯이, 누가복음도 마태복음을 보완하려고 기록되었다. 누가복음 저자의 눈에 마태복음의 문제점은 적지 않았던 것 같다. 그는 어쩌면 마태복음을 앞에 놓고 피가 날 정도로 입술을 씹으면서 이렇게 고민했

---

52   Rabbi Tovia Singer, 앞의 책, p.55.
53   Tovia Singer, 1960 ~ .

을지도 모른다.

"아니, 마태(익명의 마태복음 저자를 편의상 이렇게 부르자) 이 친구는 예수가 처녀에게서 태어났다고 하는 순간 메시아는 '다윗의 후손'이라는 히브리 성경의 예언이 아예 무효가 된다는 것을 몰랐나? 왜 이 친구는 하나만 알고 둘은 모르지? 미치겠네. 그런데 족보는 왜 넣은 거야? 어차피 처녀가 애를 낳았으면 족보가 아무런 소용이 없는데, 뭐하러 이렇게 길게 쓴 거야? 예수가 요셉이 아니라 '마리아'의 혈통이었다고 말하고 싶은 거야? 마리아 혈통이니까 처녀가 낳았어도 다윗의 자손이라고 말하고 싶었던 거야? 아니, 마리아의 조상이 다윗이라는 건 도대체 또 어디서 나온 생각이지? 게다가 유대 역사에 모계로 이어지는 혈통이 어디 있었나? 세상에 어떤 유대인이 다윗의 혈통이 어머니로 이어졌다는 소리를 믿겠어?[54] 아버지가 없으니까 그럼 어머니의 피가 다윗의 혈통인가 보네. 그렇게 생각할 멍청한 사람이 어디 있겠냐고? 그런데 이걸 어떻게 해결하지? 답이 없어 보이네. 처녀가 예수를 낳은 순간 이제 다윗의 족보는 물 건너갔으니까. 도대체 이걸 어떻게 하지? 답이 안 보여, 답이 없어. 게다가 이 친구, 족보 숫자는 왜 이리 안 맞아? 조상들 숫자가 너무 비잖아? 다른 족보를 하나 더 만들어야 하나? 그런다고 크게 달라질 건 없지만, 그래도 일단 조상의 숫자라도 맞춰놓아야 하나?

아니, 천사는 왜 요셉한테 나타나는 거야? 예수를 낳을 당사자 마리아한테 나타나야지. 왜 뜬금없이 요셉한테 나타나?

---

54   "둘째 달 첫째 날에 온 회중을 모으니 그들이 각 종족과 조상의 가문에 따라 20세 이상인 남자의 이름을 자기 계통별로 신고하매."(민수기 1:18) 유대에서 가문은 모계가 아닌 부계로 이어진다.

예수가 나사렛 출신인 걸 세상이 다 아는데 엉뚱하게 베들레헴을 고향으로 만들면 어떡해? 이집트에서 나중에 나사렛으로 갔다고 써놓으면 도대체 어쩌라는 거야? 누가 고향을 찾아가는데 천사에게 별도의 지시를 받고 가? 당연히 자기 고향으로 바로 가지. 뜬금없이 '나사렛 사람이라 칭하리라'라고? 이건 왜 넣은 거야? 근데, 이 구절이 히브리 성경에 있기는 한 거야?"

누가복음 저자는 대작업에 착수했다. 하지만 그도 마태복음 저자에 버금가는 문제를 일으켰다. 물론 문제의 성질이 히브리 성경을 인용하는 데 치중했던 마태복음 저자와는 다르다. 누가복음 저자는 일단 마태복음의 족보를 수정(보완)했다. 그리고 처녀 탄생 이야기도 수정 보완했다. 천사는 마리아에게도 나타난다. 자신도 모르는 사이에 성령으로 임신한 처녀가 너무 덤덤하다면 이상하다고 생각했던 걸까? 마리아의 감동적인 신앙고백을 넣었다. 저자는 거기에서 그치지 않는다. 태어나기도 전에 예수와 세례자 요한이 태중에서 서로 만난 이야기까지 삽입한다.

이 와중에서 그는 중대한 실수를 하나 저질렀다. 우리는 이미 앞에서 유대교와 기독교의 상반된 인간관을 살펴보았다. 그런데 누가복음 저자가 마리아의 이야기를 쓰는 과정에서 세례자 요한의 부모인 스가랴와 엘리자베스를 히브리 성경에 등장하는 '의인', 토라를 완전하게 지키는 흠 없는 자들로 표현했다. 그들을 '의롭다'라고 불렀다.

이 두 사람이 하나님 앞에 의인이니 주의 모든 계명과 규례대로 흠이 없이 행하더라.

(누가복음 1:6)

게다가 자식이 없는 스가랴와 가브리엘의 대화를 보면 자연스럽게 아브라함이 연상된다.

사가랴가 천사에게 이르되 내가 이것을 어떻게 알리요 내가 늙고 아내도 나이가 많으니이다.

(누가복음 1:18)

예수를 높이려는 과정에서 스가랴를 아브라함의 반열에 놓으려다 보니 저자는 그를 그만 의인으로 만드는 실수를 저질렀다. 6절만 봐서는 1장에서 살펴본 유대교의 인간관, 율법을 지켜야 의로울 수 있다는 인간관과 조금도 다르지 않다.

누가복음 저자는 흔히 바울의 제자로 알려져 있다. 다행히 누가복음은 바울이 죽고 나서 한참 후에 나왔다. 만약에 이 책이 바울 생전에 나왔더라면, 바울은 땅을 치며 한탄했을 것이다. 제자가 스승이 가장 혐오하는 신학, 인간이 율법을 지킴으로써만 하나님 앞에 흠 없는 자가 될 수 있다고 썼기 때문이다.

저자는 중대한 실수를 하나 더 저질렀다. 하지만 이건 실수라기보다는 불가피한 선택으로 보인다. 1세기를 살던 사람들에게 삶의 우주는 반경 수십 킬로미터에 불과했다. 물론 유대인은 절기에 맞춰 예루살렘 성전에 가야 했지만, 요셉과 마리아의 뜬금없는 베들레헴 여행에는 명분이 필요했다. 1세기 초의 역사를 뒤지던 저자는 로마제국에서 정기적으로 이뤄지던 인구조사를 찾았다. 그는 아마도 요셉 부부를 베들레헴으로 보낼 이유를 찾아냈다고 흥분했을지도 모르겠다. 그러고는 그들을 베들레헴으로 보냈다. 그런데 여기에는 세 가지의 중대한 문제가 있었다. 아마도 저자는 거기까지 생각이 미치지 못했을 가능성이 높다. 앞에서 이미 언급했지만 한 번 더 살펴보도록 하자.

첫 번째로 마태복음에 의하면 예수는 헤롯 왕이 죽은 기원전 4년 전에 태어났어야 했다. 그런데 누가복음 저자가 말하는 인구조사는 서기 6년에 있었던 것이 거의 틀림없다. 마태복음과 최소 10년 이상의 차이가 난다.

두 번째로 나사렛이 있는 갈릴리는 로마제국의 자치지구였다. 갈릴리는 로마에 세금을 내지 않았고, 당연히 로마가 시행하는 인구조사 대상 지역이 아니었다.

세 번째로 백번 양보해서 갈릴리가 인구조사 대상이라고 해도 왜 사람들이 굳이 조상의 고향을 찾아가야 하는가? 누가복음 저자는 어디에서 그런 아이디어를 얻었는지 이해하기 어렵다. 요셉 가족이 나사렛에서 과연 몇 대째 살았는지 몰라도 왜 1,000년 전의 조상, 다윗의 아버지 이새의 고향인 베들레헴으로 갈까? 인구조사의 목표는 단 하나, 세금 징수다. 요셉이 세금을 내야 한다면, 나사렛에서 내야 한다. 그런데 정작 세금 내는 동네가 아니라 베들레헴으로 가서 인구조사를 받는다? 어느 시대, 어느 나라에도 이런 인구조사는 없다. 요셉의 행적은 일본에서 인구조사를 하는데 한국인이 도쿄로 날아가서 '우리 가족 숫자도 세어주세요' 하고 말하는 것과 다르지 않다.

하지만 저자에게 다른 선택은 없었던 것 같다. 인구조사라는 궁색한 구실로 요셉 가족을 베들레헴으로 보내야만 했다. 그의 머릿속에는 오로지 마태가 일으킨 중대한 실수, 나사렛 출신인 예수를 베들레헴 출신으로 만들어버린 문제를 해결하겠다는 생각으로만 가득 찼기 때문인지도 모른다.

누가복음 저자는 베들레헴에서 '예수 탄생'이라는 임무를 끝낸 요셉 가족을 자연스럽게 고향인 나사렛으로 돌려보낸다. 그는 이 부분을 쓰면서 어쩌면 스스로 만족스러운 미소를 지었을지도 모르겠다.

하지만 어수룩하게 해결된 문제는 대체로 더 큰 문제를 불러오기 마련이다. 확실히 해결할 수 없다면, 좀 문제가 있더라도 그냥 놔두는 게 차라리 더 낫다. 누가복음 저자가 딱 그런 경우다. 그러나 그건 지금의 생각이지 당시에 그는 절대 그렇게 생각하지 않았을 것이다. 어려운 문제를 기막히게 해결했다고 생각했을 가능성이 더 크다.

여기서 잠시 시선을 마태복음이 쓰이기 전으로 돌려보자. 신약성경의 최초 저자는 바울이다. 그는 예수가 죽고 채 30년도 지나기 전인 50년대에 서신서를 썼다. 예수의 죽음을 수도 없이 강조한 그가 놀랍게도 예수의 탄생은 딱 세 구절에서만, 그것도 그저 스쳐 지나가듯 언급했다.

때가 차매 하나님이 그 아들을 보내사 여자에게서 나게 하시고 율법 아래 나게 하신 것은.

(갈라디아서 4:4)

그의 아들에 관하여 육신으로는 다윗의 혈통에서 나셨고.

(로마서 1:3)

오히려 자기를 비워 종의 형체를 가지사 사람들과 같이 되셨고.

(빌리보서 2:7)

바울이 예수가 처녀에게서 태어났다고 생각했을까? 아니, 바울이 선교하던 당시 예수가 처녀의 몸에서 태어났다는 '전승'이 이미 돌았을까? 바울에게 가장 중요한 메시지는 예수의 죽음과 부활이다. 그것도 죄 없는 예수의 죽음이다! 그런 바울이 만약에 예수의 처녀 탄생을 '알았거나' 또는 그렇게 '믿었다면', 그 사실에 대해서 침묵했을까? 그랬을 리가 없다. 아마도 누구보다도 열정적으로 그 사실을 전했을 것이다.

그런데 바울이 예수의 탄생을 언급한 세 구절을 살펴보자. 조금이라도 그런 낌새가 있나? 아니, 오히려 예수의 처녀 탄생에 대해서는 아무것도 모르는 사람의 글로 느껴지지 않는가? 첫 번째로 "여자에게서 나시고." 이 세상에 여자에게서 나지 않는 사람은 없다. 이 구절은 그냥 예수가 인간의 몸을 입었다. 그 이상도 이하의 의미도 아니다.

하버드대학교에서 박사 학위를 받은 사람이 이력서를 쓴다고 생각해보자. 그냥 이렇게만 쓸까? '미국에서 박사 학위 받음.' 그렇지 않다. 이력서에 '하버드'라는 단어를 뺄 리가 없다. 처녀 탄생이 그런 의미가 아닐까? 바울이 예수의 처녀 탄생을 아는데, 그냥 '여자에게서 나시고'라고만 썼을까? 아니다. 그는 분명히 이렇게 썼을 것이다. "처녀의 몸에서 나시고"

두 번째로 "다윗의 혈통에서 나셨고." 바울은 예수가 다윗의 혈통에서 난 것에 대해 조금도 의문을 갖지 않는다. 그것은 예수가 요셉의 아들이기 때문이다. 이스라엘에서 자손은 모계를 통해 이어지지 않는다. 그리고 양자 입적을 통해서도 이어지지 않는다. 오로지 아버지의 씨를 통해야만 자손은 이어진다. 따라서 처녀가 예수를 낳았다면, 그는 절대 다윗의 자손이 될 수 없다. 그런데 바울은 그런 문제점을 조금도 느끼지 못하는 것 같다. 그 이유는 단 하나뿐이다. 바울은 예수가 처녀에게서 낳다고 생각하지 않았기 때문이다.

세 번째로 "사람들과 같이 되었고." 다른 사람처럼 평범하게 태어났다는 해석 외에 다른 방법이 없어 보인다. '다른 사람과 다르지 않다'라는 의미다. 처녀에게서 태어났다면 어떻게 그 사람이 다른 사람과 같다고 말할 수 있을까?

그런데 어느 날 갑자기 예수가 처녀의 몸에서 나왔다고 주장하는 마태복음이 등장했다. 당시로는 대단히 큰일이었을 것이다. 건조하기 이를 데 없는 마가복음보다 훨씬 더 극적이고 생동감이 넘치는 복음서가 등장한 것이다.

하늘에서 별이 나타나고, 그 별을 따라 동방에서 박사들이 나오고, 헤롯 왕은 공포에 질려서 아이들을 막 죽이고, 예수가 처녀의 몸에서 태어났다는 마태복음의 주장은 점점 더 힘을 얻었고, 마침내 교리가 되었다. 오늘도 교회에서는 이렇게 사도신경을 외운다. "동정녀 마리아에게서 나시고……"

예수는 확실하게 죄 없는 존재sinless가 되었고, 본격적으로 신성을 갖출 만반의 준비가 끝났다. 더 나아가 신성 중에서도 최고의 신성인 하나님이 되었고, 삼위일체의 한 위person가 되었다. 이미 앞에서 다뤘듯이 예수의 처녀 탄생에서부터 본격적으로 시작하는 예수의 신성과 삼위일체 교리는 로마의 교회 권력자에게 매우 유용했다. 하지만 처녀 탄생이 100퍼센트 죄 없는 예수를 보장하지는 않았다. 이런 질문을 던지는 사람들이 많아졌기 때문이다.

"예수님이 정자가 없이 나왔다고 반드시 죄가 없는 건 아니지 않나요? 어차피 마리아가 원죄를 가진 인간인데, 마리아의 몸속에서 자랐으면 예수님도 죄인일 수밖에 없잖아요?"

예수의 탄생을 적은 두 저자가 여기까지는 미처 생각을 못 했던 것 같다. 어쩌면 당시에는 여자의 '난자'를 아예 몰랐을 수도 있다. 그냥 식물의 씨를 땅에 심으면 열매가 나오듯이 여자의 몸은 남자의 씨가 심어지는 땅 정도로 생각했는지도 모르겠다. 하지만 시간이 지나면서 가톨릭교회는 마리아 또한 죄인인 이상 아무리 성령으로 잉태되었어도 죄인의 몸 안에서 자랐다면 죄인일 수밖에 없다는 사실이 주는 문제점을 점점 더 분명하게 인식하기 시작했다.

3세기 말부터 이 문제를 해결하려고 여러 이론이 등장했고, 마침내 오랜 세월이 흐른 1854년, 역대 최장인 32년 재임을 자랑하는 교황 비오 9세Pope Pius IX[55]에 이르러서 '흠 없는 수태immaculate conception'는 가톨릭의 공식 교리가 되었다. 그리고 12월 8일은 '흠 없는 수태 기념일'이 되었다.

얼핏 보면 비슷해 보이지만 처녀 탄생과 흠 없는 수태는 하늘과 땅 차이다. 처녀 탄생은 마리아가 예수를 낳을 때는 처녀였지만, 그 이후로는 정상적인 성생활을 했다는 의미다. 그래서 예수의 동생도 많이 낳을 수 있었다. 마태복음 저자는 분명히 그런 의미로 처녀 탄생을 썼던 것 같다.

아들을 낳기까지 동침하지 아니하더니 낳으매 이름을 예수라 하니라.

(마태복음 1:25)

이 구절의 뉘앙스는 누가 봐도 '예수를 낳고 난 그 이후로는' 요셉과 정

---

55   비오 9세(1792~1878)는 1846년 6월 16일부터 1878년 2월 7일까지 교황에 재임했다. 사진을 찍은 최초의 교황이기도 하다. 어떤 교황보다 그는 성모 마리아를 공경했다고 한다.

상적으로 잠자리를 했다고 들린다. 그런데 마태복음 저자의 의도와 달리 마리아는 타의에 의해서 예수를 낳은 뒤에도 죽을 때까지 처녀로 남는 기구한 운명이 되었다. 처녀일 뿐 아니라 성령으로 잉태되는 순간 새로운 몸으로 바뀌어 아예 원죄가 사라진 특별한 인간이 되었다. 말 그대로 마리아도 예수처럼 죄 없는 존재로 거듭났다. 하지만 복음서에 등장하는 마리아의 몇몇 모습은 가톨릭이 그리는 죄 없는 마리아와 차이가 크다.

마리아는 매우 인간적이다.[56] 사실 마리아보다 더 황당해진 사람은 따로 있다. 그녀의 남은 가족이다. 예수의 동생들은 졸지에 다 입양아가 되었고, 무엇보다 요셉은 호칭만 남편이지 평생을 총각 귀신으로 살아야 하는 운명이 되었다. 가톨릭에 따르면 요셉은 마리아와 단 한 번도 성관계를 갖지 못했다. 그런데 내가 아는 한, 그런 기구한 팔자가 된 요셉은 카톨릭에서 마리아만큼은 대접을 못 받고 있다.

개신교는 다행히(?) '흠 없는 수태'를 교리로 채택하지 않았다. 그러나 처녀 탄생은 누구도 감히 의문을 제기할 수 없는 일종의 신성불가침 또는 언터쳐블untouchable 교리다. 만약 누군가 교회에서 하는 성경공부 시간에 이렇게 말한다면 분위기가 어떻게 될까?

"뭐라고요? 처녀가 아이를 낳았다고요? 에이, 그게 말이나 됩니까?"

그래도 세상이 좋아졌다. 다행히 더는 그런 교리에 의문을 제기해도 목숨을 잃지는 않는다. 지금 내가 이런 글도 쓸 수 있으니까 말이다. 처녀 탄생을 부정했다가 죽어간 목숨은 지난 2,000년 기독교 역사에 수를 셀 수 없을 만큼 많다. 나는 이사야서 7장 14절의 '알마'를 처녀로 바꾼 마태복음

---

56   옥성호, 앞의 책, 236~265쪽.

저자조차도 그런 희생을 바라지는 않았을 것이라 확신한다.

십자가에 달린 예수의 손과 발을 찔렀다는 시편 22편 16-17절

또 다른 성경에서 그들이 그 찌른 자를 보리라 하였느니라.

(요한복음 19:37)

이 구절을 읽으면 그림 하나가 떠오른다. 십자가에 달린 예수의 옆구리를 창으로 찌른 로마 군인들이 그를 물끄러미 쳐다보는 그림이다. 이 장면을 묘사하려고 많은 화가가 붓을 들었다. 이미 숨을 거둔 예수의 몸에 잔인하게 창을 꽂는 로마 군인과 창이 몸에 박히고도 꼼짝도 하지 않는, 이미 숨을 거둔 십자가 위 예수, 그리고 그의 옆구리에서 흘러나오는 물과 피…… 오랜 세월 많은 화가의 상상력을 자극한 신약성경 속 명장면 중 하나다.

요한복음 저자가 말한 '그들'은 로마 군인이다. 그건 의심의 여지가 없다. '예수를 찌른 군인들이 창에 찔린 예수를 쳐다볼 것이다.' 이런 극적이고도 구체적인 장면을 묘사한 예언이 히브리 성경에 정말로 있다면 그건 놀라운 일이다. 그럼 요한복음 저자는 도대체 어디에서 이런 예언을 본 것일까? 다윗이 쓴 시편 22편 16-17절이다.[57]

---

57   스가랴서 12장 10절도 함께 인용했다고 보는 학자도 있다. "내가 다윗의 집과 예루살렘 주민에게 은총과 간구하는 심령을 부어 주리니 그들이 그 찌른 바 그를 바라보고 그를 위하여 애통하기를 독자를 위하여 애통하듯 하며, 그를 위하여 통곡하기를 장자를 위하여 통곡하듯 하리로다." 기독교에서는 이 구절을 놓고 이미 이뤄졌다는 요한복음의 저자와 달리 아직 이뤄지지 않

개들이 나를 에워쌌으며 악한 무리가 나를 둘러 내 수족을 찔렀나이다. 내가 내 모든 뼈를 셀 수 있나이다. 그들이 나를 주목하여 보고.

정말 누가 읽어도 깜짝 놀랄 정도의 예언이다. 이건 정말로 예수에 대한 예언이라고밖에 볼 수 없기 때문이다. 우리가 아는 한 누구도 이 시를 지은 다윗의 손발을 찌른 적이 없다. 따라서 말 그대로, 성령의 감동을 받은 다윗이 1,000년 후 예수의 십자가를 보며 이 시를 적었다고 해도 과언이 아니다. 로마제국의 폭정을 생각할 때 예수를 찌른 군인을 개와 악인이라고 부른 것은 조금도 심한 표현이 아니다.

여기에는 단 두 가지 문제가 있다. 첫 번째로 군인이 창으로 찌른 곳은 예수의 손발이 아니었다. 바로 옆구리였다.

> 그중 한 군인이 창으로 옆구리를 찌르니 곧 피와 물이 나오더라.
>
> (요한복음 19:34)

저자가 옆구리를 찔렀다는 34절에 바로 이어서 37절에 "그들이 그 찌른 자를 보리라 하였느니라"를 쓴 것으로 보아서 여기서 말하는 게 옆구리를 찌른 '창'이 분명하다. 그렇다면 왜 다윗은 좀 더 정확하게 '내 옆구리를 찔

은 예언이라고도 말한다. 즉, 유대인이 그들이 찌른 '예수'를 보고 슬피 울며 회개할 미래의 어느 시점, 그러니까 예수가 재림하는 그때를 가리킨다는 주장이다. 이 주장을 받아들이기 어려운 가장 큰 이유는 예수를 찌른 건 유대인이 아니라 로마제국인데 왜 유대인이 예수를 보며 슬피 울어야 하는지 그 이유를 이해하기 어렵기 때문이다. 또 100번 양보해서 그들이 예수를 찔렀다 하더라도 그건 결국 유대인이 하나님의 뜻을 이뤄드린 것인데, 다시 말해 하나님의 도구로 쓰인 것인데 왜 예수를 보며 슬피 울어야 하는지 이해하기 어렵다.

한스 멤링, 〈예수의 수난〉, 1470~1471년.

렀습니다'라고 쓰지 않았을까? 하지만 예수의 손과 발도 못에 찔린 것은 분명하지 않은가? 충분히 이해할 수 있다.

두 번째 문제는 다윗의 표현에 따르면 나를 찌른 악한 무리와 나를 쳐다 보는 사람들이 다르다. 그러니까 악한 무리가 나를 찌르자 주변에서 구경

하던 사람들이 찔린 나를 뚫어지게 바라보는 그림이다. 그런데 요한복음 저자에 의하면 찌른 자들과 바라보는 자들이 동일인이다. 저자는 특히 그 점을 분명하게 했다.

하지만 이 문제도 얼마든지 이해할 수 있다. 다윗이 찌른 무리와 쳐다보는 사람들을 분명히 구분했다는 증거가 없을뿐더러, 찌른 사람이 찔린 사람을 보는 게 오히려 더 자연스럽기 때문이다. 하지만 진짜 문제는 이게 아니다.

지금부터 신약성경 저자의 '날조'를 후대의 믿음 좋은 기독교인이 어떻게 감추어왔는지 알아보자. 사실 지금부터 내가 설명하는 이 과정은 요한복음 19장 37절에만 해당되지 않는다. 이미 앞에서 살펴본 처녀 탄생 예언인 이사야서 7장 14절에도 해당하고 앞으로 살펴볼 여러 본문에도 같이 적용된다.

아마도 요한복음 저자는 히브리어를 모르는 이방인이었을 것이다. 그렇기에 그가 요한복음이 쓰인 2세기 초에 시편을 히브리 원어로 읽는 것은 불가능했을 것이다. 이미 앞에서도 언급했듯이, 그리스어 성경인 70인역은 당시에 모세 오경, 그러니까 토라만 번역되었기 때문이다. 아마도 그는 시편 22편에 대해서 히브리어에 능통한 유대인 기독교인에게 들었을 것이다.[58]

"참, 시편 22편[59]을 읽으면 가슴이 찡해요. 다윗의 고통이 그렇게 절절했

---

[58]　아니면, 내 생각과 달리 그는 히브리어에 능통하고 스스로 히브리 성경을 읽었을 수도 있었다. 하지만 '유월절 양'에 대한 부분에서 자세히 설명하겠지만, 그럴 가능성은 거의 없다고 본다.

[59]　물론 당시는 지금처럼 시편이 '편'으로 정확하게 구분되어 있지 않았다. 즉 어떤 구절을 놓고 23편이다, 55편이다, 이렇게 말할 수 없었다는 의미다.

나 싶을 정도로 말이에요. 마치 십자가에 달리신 우리 주님의 고통을 말하는 것처럼 느껴질 정도라고요."

"뭐라고요? 시편 22편이요? 거기 뭐라고 쓰여 있는데요? 우리 주님이 생각날 만한 뭐 그런 내용이 있나요?"

아마도 유대인은 그 시편에 쓰인 몇 가지 구절을 언급했을 것이다. 사자의 입, 들소의 뿔, 악인, 개들과 같은 무리……

"그 고통이 얼마나 극심했으면 다윗은 자신의 뼈를 다 셀 수 있을 정도라고 썼다니까요."

"혹시, 거기에 손발이나 옆구리가 못이나 창에 찔린다. 그런 구절은 없나요?"

"'손발'이란 단어는 나오는데, '찔린다' 그런 단어는 없는데요?"

"그래요? 옆구리는 없어도 아무튼 손발은 있다는 거죠? 그 구절이 정확히 뭡니까?"

그 유대인은 요한복음 저자에게 히브리어 원문 구절을 말해주었을 것이다.

　개들이 나를 둘러싸고 악인의 무리가 사자처럼 달려들며 내 손과 발을 에워쌌습니다.

그 구절을 듣는 순간 요한복음 저자의 머리에는 한 가지 섬광 같은 생각이 스쳐 지나갔으리라. '사자라. 사자는 발톱으로 찌르잖아? 입으로 물기도 하지만 그 무서운 발톱으로 찌르는 게 사자의 무기 아니겠어? 그럼 사자처럼, 이 구절은 사실 찌른다고 봐도 틀린 말이 아니지 않을까?' 그는 요한복음을 쓰기 시작했다. 그리고 예수의 십자가 장면에 가서 시편 22편을 기억했다. 그리고 이렇게 썼다.

또 다른 성경에 그들이 그 찌른 자를 보리라 하였느니라.

(요한복음 19:37)

그런데 시편 22편에는 그 어디에도 '찌른다'라는 말은 나오지 않는다. 요한복음 저자가 인용한 16절의 "찔렀나이다"에 해당하는 히브리 원어는 '카아리'다. 이 단어의 원뜻은 '사자와 같이'다. 같은 단어가 22편 13절과 21절에 두 번이나 나온다.

내게 그 입을 벌림이 찢으며 부르짖는 사자 같으니이다. 나를 사자의 입에서 구하소서. 주께서 내게 응답하시고 들소의 뿔에서 구원하셨나이다.

하지만 요한복음 저자는 '사자처럼'을 '찌른다'로 바꾸어서 인용했다. 하지만 진짜 놀라운 일은 지금부터다. 구약성경의 시편 22편 16-17절에는 분명히 "찔렀나이다"가 나오기 때문이다.

개들이 나를 에워쌌으며 악한 무리가 나를 둘러 내 수족을 찔렀나이다. 내가 내 모든 뼈를 셀 수 있나이다. 그들이 나를 주목하여 보고.

킹제임스 버전으로 16-17절을 살펴보자.

For dogs have compassed me: the assembly of the wicked have inclosed me: they pierced my hands and my feet. I may tell all my bones: they look and stare upon me.

'찌르다'에 해당하는 '피어스pierce'라는 단어가 분명히 등장한다. 도대체 어떻게 된 것일까? 존 위클리프[60]가 처음 번역한 영어 성경 번역의 역사는 파란만장하다. 여기서는 한 가지만 확인하면 된다. 1611년에 완성된 최초의 영어 성경이자 가장 정확하게 번역되었다고 평가받는 킹제임스 성경이 어떻게 만들어졌는가다. 우리가 물어야 할 질문은 이것이다.

"킹제임스 성경을 만든 번역자들이 히브리어 원어에서 구약성경을 번역했을까?"

대답은, "그렇다"다. 그러나 거기에는 함정이 하나 있었다.

킹제임스 성경 구약의 경우 번역자들은 다니엘 봄버그의 히브리어 랍비 바이블(1524, 1525년)을 사용하였다. 그러나 히브리 원문에 기독교적 해석이 첨부된 구절에 한해서는, 그리스어 70인역과 라틴어 불가타 성경과 동일하게 원문을 수정했다.[61]

킹제임스 성경이 만들어지던 당시, 이미 사용되던 그리스어 성경인 70인역과 5세기 초에 라틴어로 번역된 불가타 성경의 구약 본문 중에는 히브리

---

60   John Wycliffe, 1320~1384.

61   Benson Bobrick, *Wide as the Waters: the Story of the English Bible and the Revolution It Inspired*(Simon & Schuster, 2001), p.271.

원문을 왜곡한 번역이 많았다는 뜻이다. 그러니까 킹제임스 성경을 만든 번역자 대부분은 히브리 원어에 충실하게 번역했지만, 70인역과 불가타가 이미 오래전에 '의도적으로' 오역했던 부분을 그대로 따랐다는 말이다. 어디일까? 어떤 구절들을 의도적으로 오역했을까?

메시아가 예수라는 예언과 관련한 구절들이다.

이미 앞에서 살펴본 이사야서 7장 14절이 거기에 해당한다. 히브리 원어는 젊은 여자인 '알마'인데도 영어 성경은 하나같이 '처녀'라고 되어 있다. 왜? 최초의 영어 성경인 킹제임스를 만든 번역자들이 '이미' 오역된 70인역과 불가타를 따라 그 단어를 '처녀'라고 번역했기 때문이다. 마태복음 저자의 왜곡을 감추기 위해서 히브리 원어의 원래 의미인 '젊은 여자'라고 바르게 번역할 수 없었다.

지금 우리가 살펴보는 시편 22편 16절도 이미 오역된 구절 중 하나였다. 번역자들은 당연히 '사자처럼'이라고 번역해야 했지만 그러지 않았다. 왜? 요한복음 저자가 이미 이 구절을 인용하면서 '찔렀다'라고 쓴 것을 알았기 때문이다. 그래서 그들은 '사자처럼'을 '찔렀다'로 바꾸었다. 그래야 요한복음 저자가 인용한 구절이 '그나마' 맞기 때문이다.

거짓말은 또 다른 거짓말을 낳는다. 신약성경에서 시작된 거짓말을 감추려고, 후대 번역자들은 또 다른 거짓을 구약성경에 심었다.

그게 기독교의 역사다.

그들은 절대 지금과 같은 세상이 오리라 상상하지 못했을 것이다. 누구나 성경을 앞에 놓고 여러 언어를 비교하는 세상이 오리라는 것을 차마 꿈꾸지 못 했을 것이다. 그랬기에 그들이 심은 거짓이 영원히 드러나지 않으리라고 확신했을 것이다. 게다가 그게 다 주님의 복음을 위한 귀한 헌신이

기도 했으니까 말이다. 히브리 성경 원문 그대로 번역하면 시편 22편 16-17절은 다음과 같다.

개들이 나를 둘러싸고 악인의 무리가 사자처럼 달려들며 내 손과 발을 에워 쌌습니다. 나는 내 뼈를 다 느낄 정도입니다. 그들이 나를 내려다보면서 기뻐 합니다.[62]

메시아의 승리, 시편 110편 1절[63]

바리새인들이 모였을 때에 예수께서 그들에게 물으시되, 너희는 그리스도에 대하여 어떻게 생각하느냐, 누구의 자손이냐. 대답하되 다윗의 자손이니이다. 이르시되, 그러면 다윗이 성령에 감동되어 어찌 그리스도를 주라 칭하여 말하되, 주께서 내 주께 이르시되, 내가 네 원수를 네 발 아래에 둘 때까지 내 우편에 앉아 있으라 하셨도다 하였느냐. 다윗이 그리스도를 주라 칭하였은즉 어찌 그의 자손이 되겠느냐 하시니, 한 마디도 능히 대답하는 자가 없고 그 날부터 감히 그에게 묻는 자도 없더라.

(마태복음 22:41-46)

그리스도는 메시아를 뜻하는 그리스어다. 그러니까 예수가 바리새파

---

62   히브리 성경 원본에는 시편 16-17절이 아니라 17-18절이다.
63   이 구절은 사도행전 2장 34-36절, 고린도전서 15장 25절 그리고 히브리서 1장 13절에도 언급될
      정도로 신약성경 전반에 걸쳐서 매우 중요하게 다뤄진 매우 특별한 구절이다.

에게 지금 '너희는 메시아가 누구의 자손인가'를 묻는다. 그러면서 시편 110편 1절을 인용한다.

> 여호와께서 내 주에게 말씀하시기를 "내가 네 원수들로 네 발판이 되게 하기까지 너는 내 오른쪽에 앉아 있으라 하셨도다."
> The LORD said unto my Lord, Sit thou at my right hand, until I make thine enemies thy footstool. (KJV)

예수의 논지는 이렇다.

"바리새인들아, 너희는 메시아가 다윗의 자손이라고 말하는데, 내가 볼 때 거기에는 심각한 오류가 있는 것 같다. 다윗이 쓴 시편을 한번 보렴. 다윗이 여호와의 입을 통해 메시아를 '내 주'라고 부르시지 않니? 그러니까, 여호와가 '내 주'라고 부르는 메시아는 당연히 다윗에게도 주님이겠지? 다시 말해서, 다윗이 '내 주'라고 높여 부르는 메시아가 어떻게 다윗의 아랫사람인 자손이 될 수 있겠니? 만약에 메시아가 다윗의 후손이라면 다윗이 이렇게 써야 하지 않을까? '주께서 내 후손에게 말씀하셨다'라고 말이야."

이 이야기는 마태복음에만 있지 않다. 공관복음에 다 등장한다. 기독교는 이 구절을 예수가 자신을 '하나님'으로 생각했다는 중요한 증거로 내세운다. 그래서인지 가장 먼저 쓰인 마가복음에도 이 장면은 매우 중요하게 다뤄졌다.[64]

---

64   "서기관 중 한 사람이 그들이 변론하는 것을 듣고 예수께서 잘 대답하신 줄을 알고 나아와 묻되, 모든 계명 중에 첫째가 무엇이니이까. 예수께서 대답하시되, 첫째는 이것이니 이스라엘아 들으라, 주 곧 우리 하나님은 유일한 주시라. 네 마음을 다하고 목숨을 다하고 뜻을 다하고 힘을 다하여 주 너의 하나님을 사랑하라 하신 것이요. 둘째는 이것이니 네 이웃을 네 자신과 같이 사랑하

복음서를 보면 바리새파야말로 예수의 철천지원수다. 그런데 이상하게도 예수가 가장 자주 대화를 나누는 대상 또한 바리새파다. 이 사실은 많은 학자의 호기심을 불러일으켰다. 그래서 혹자는 예수가 바리새파라고 주장하기도 한다. 같은 동료이기에 항상 논쟁을 벌였다는 이야기다. 물론 이런 주장은 기독교의 시각에서 볼 때 말도 되지 않는다. 아마도 기독교의 대답은 다음과 같을 것이다.

"그거야 바리새파가 자꾸 가만히 계신 예수에게 시비를 걸었기 때문이지요. 아니면 아주 가끔 예수가 바리새파를 불쌍하게 여겨 계몽하려고 했기 때문이고요."

무엇이 진짜인지 알 길은 없지만, 지금 소개한 예수와 바리새파 간의 대화는 상당히 중요한 의미가 있다. 왜냐하면 둘 사이에 있었던 여러 대화 중에서 가장 심오한 신학적 내용이 들어 있기 때문이다. 게다가 예수가 히브리 성경을 인용해서 바리새파를 계몽한다!

그런 예수의 가르침이 얼마나 설득력 있었던지 마태복음과 마가복음은 예수의 시편 110편 강해를 들은 바리새파의 전혀 상반된 반응을 각각 이렇게 적었다.

라 하신 것이라. 이보다 더 큰 계명이 없느니라. 서기관이 이르되, 선생님이여 옳소이다. 하나님은 한 분이시요. 그 외에 다른 이가 없다 하신 말씀이 참이니이다. 또 마음을 다하고 지혜를 다하고 힘을 다하여 하나님을 사랑하는 것과 또 이웃을 자기 자신과 같이 사랑하는 것이 전체로 드리는 모든 번제물과 기타 제물보다 나으니이다. 예수께서 그가 지혜 있게 대답함을 보시고 이르시되, 네가 하나님의 나라에서 멀지 않도다 하시니, 그 후에 감히 묻는 자가 없더라. 예수께서 성전에서 가르치실새 대답하여 이르시되 어찌하여 서기관들이 그리스도를 다윗의 자손이라 하느냐. 다윗이 성령에 감동되어 친히 말하되 주께서 내 주께 이르시되, 내가 네 원수를 네 발 아래에 둘 때까지 내 우편에 앉았으라 하셨도다. 하였느니라. 다윗이 그리스도를 주라 하였은즉 어찌 그의 자손이 되겠느냐 하시니 많은 사람들이 즐겁게 듣더라."(마가복음 12:28-37)

왜 유대교는 예수를 거부하는가?

한 마디도 능히 대답하는 자가 없고 그날부터 감히 그에게 묻는 자도 없더라.

(마태복음 22:46)

많은 사람들이 즐겁게 듣더라.

(마가복음 12:37)

히브리 성경에 능통한 유대인이라면, 이 본문을 읽고 혀를 찰 수밖에 없다. 기가 차서 차마 할 말을 잊을 지경이다. 왜 그럴까? 지금부터 그 이유를 시편 110편 1절에서 찾아보자.

여호와께서 내 주에게 말씀하시기를.
The LORD said unto my Lord.

영어 성경은 여호와를 대문자 네 개인 'LORD'로, 내 주를 대문자가 하나뿐인 'Lord'로 표시했다. 그러나 히브리 원어는 이와 전혀 다르다. '여호와'는 하나님을 의미하는 '발음 불가의 네 글자 단어Tetragrammaton'인 'YHWH'로 그리고 '내 주'는 영어의 'master', 그러니까 단순한 주인님을 의미하는 '아도니adonee'로 쓰여 있다.[65] 다시 말해서 영어 성경처럼 같은 단어에 대문자의 숫자만 다르게 쓰인 게 아니라, 히브리 원문에서는 아예 서로 다른 두 개의 단어가 각각 쓰였다.

---

65   히브리 원어를 그대로 직역한 영어 번역은 다음과 같다. "Of David a psalm. The word of the Lord to my master: 'Wait for My right hand, until I make your enemies a footstool at your feet.'"(Chabad version)

이 구절만을 보면 대문자가 대단한 역할을 하는 것 같다. 그러나 히브리어에는 애초에 대문자와 소문자로 나눠지지 않는다. 아무것도 아닌 것 같아도 기독교의 '구약성경'이 오리지널 '히브리 성경'을 알게 모르게 얼마나 많이 '손질'했는지 알 수 있게 하는 대목이다.

중요한 점은 이것이다. 히브리 원문에 쓰인 주인님, 아도니는 신이 아닌 사람을 의미한다.

히브리 단어 아도니가 히브리 성경에서 하나님을 지칭한 적은 단 한 번도 없다. 언제나 사람을 지칭한다. 다시 강조하면 히브리 성경에서 하나님, 온 우주의 창조자는 결코 아도니라는 단어로 불리지 않는다. 하나님을 지칭하는 여러 단어가 히브리 성경에는 있지만 그중에 아도니는 포함되지 않는다.[66]

헷 족속이 아브라함에게 대답하여 이르되, 내 주여 들으소서.

(창세기 23:5-6)

이에 그들 곧 종과 동행자들이 먹고 마시고 유숙하고 아침에 일어나서 그가 이르되, 나를 보내어 내 주인에게로 돌아가게 하소서.

(창세기 24:54)

그들에게 명령하여 이르되, 너희는 내 주 에서에게 이같이 말하라.

(창세기 32:4)

---

66   Rabbi Tovia Singer, 앞의 책, p.185.

여기서 쓰인 '주'가 바로 아도니다. 위의 사례에서는 아브라함과 에서가 아도니, 주에 해당한다. 히브리 성경은 야곱의 형 에서에게도 사용했던 아도니라는 호칭으로 결코 하나님을 부르지 않는다. 그런데 유대인이라면 누구나 아는 이런 사실을 예수가 몰랐던 걸까? 예수의 말을 다시 들어보자.

> 그런즉 다윗이 그리스도를 주라 칭하였으니, 어찌 그의 자손이 되겠느냐 하시니라.
>
> (누가복음 20:44)

예수의 말은 무엇인가?

"사람 중에 다윗보다 높은 이가 있을까? 당연히 없겠지? 그러니까 다윗 같은 사람이 '주'라고 부르는 메시아(그리스도)는 신적 존재야, 그런데 그런 '주'가 한낱 인간에 불과한 다윗의 자손이라니 말이 되니?"

복음서에 따르면, 예수는 지금 사람에게만 붙이는 호칭, 아도니에 해당하는 '주'가 메시아를 가리키며 동시에 신적 존재라고 말한다. 게다가 한 걸음 더 나아가서, 그런 이야기를 들은 바리새파가 히브리 성경 전체를 줄줄 외는 그들이 예수의 가르침에 감동해서 말문이 막혔거나 감동받았다고 한다.

히브리 성경에 능통한 유대인이 이 본문 앞에서 '정말로' 말문이 막히는 이유가 바로 여기에 있다. 예수와 바리새파 사이의 가장 신학적인 이 대화는 정작 가장 일어났을 리 없는 창작물인 이유가 바로 여기에 있다.

어떻게 이런 일이 가능했을까? 히브리 성경 속에서 어떻게든 메시아가 신적 존재라는 구절을 찾아내고 싶었던 복음서 저자의 순수 창작물이거나, 아니면 누군가에 의해 '이미' 창작되어 떠도는 전승을 그들이 기록했거나 둘 중 하나다. 기왕이면 예수의 입을 통해서 나오게 함으로써 그 이야기에 권위를 더하고 싶었을 것이다. 그 결과는 무엇인가? 의도야 그렇지 않았겠지만, 이 이야기의 오리지널 창작자는 예수를 히브리 성경은 말할 것도 없고 자기 모국어도 모르는 어이없는 존재로 만들어버렸다.

그럼 110편 1절의 진짜 의미는 무엇일까? 110편은 다윗의 노래다. 시편 대부분은 음악적, 작가적 재능이 출중했던 다윗이 만들었다. 시편이라는 단어는 '노래'를 의미하는 그리스어 '싸아모스psalmos'에서 왔다. 그러니까 시편 전체가 노래라는 것이다.

그럼 어디서 불린 노래였을까? 바로 성전이다. 비록 자신이 완성할 수 없는 운명이었지만, 다윗은 성실하게 성전을 준비했다. 사무엘기하 7장과 역대기상 14장에서 17장 그리고 22장 이후를 보면 다윗이 성전 건축 및 성전에서 있을 예배를 준비했음을 잘 알 수 있다. 그 준비 중 하나가 바로 시편을 만드는 것이다. 성전에서 불릴 노래를 만드는 일이었다.

그렇다면 성전에서 노래를 부르는 사람들은 누구였을까? 당연히 레위족 사제다. 그들은 아마도 성전이 완성된 뒤에 시편 110편을 장엄하게 불렀을 것이다. 그들 앞에는 다윗의 아들, 솔로몬 왕이 허다한 무리와 함께 앉아서 완성된 성전을 바라보며 그들의 노래를 들었을 것이다.

여호와께서 내 주에게 말씀하시기를, 내가 네 원수들로 네 발판이 되게 하기까지 너는 내 오른쪽에 앉아 있으라 하셨도다.

위에 인용한 시편 110편 1절의 아도니는 다름 아닌 다윗 왕을 가리킨다!

이미 앞에서 살펴본 대로, 복음서 저자의 무식 또는 왜곡은 후대 구약성경 번역자가 또 다른 거짓이나 왜곡을 저지르게 했다. 그리스어, 라틴어, 영어에서 한국어 구약성경까지. 번역자들은 다른 모든 곳에서는 아도니를 정확하게 번역했지만, 시편 110편 1절에 와서만은 그럴 수 없었다. 복음서의 거짓을 감추기 위해 아도니를 왜곡할 수밖에 없었다.

한번 시작한 거짓말은 점점 더 눈덩이처럼 불어날 수밖에 없다. 거짓을 감추려면 '언제나' 또 다른 거짓이 필요하기 때문이다. 다른 사람도 아니고 예수의 입에 그런 거짓말을 심은 복음서 저자들은 도대체 무슨 생각을 한 것일까? 예수를 메시아로, 하나님으로 설득할 수만 있다면, 그 목적을 위해서라면 무슨 거짓말을 해도 상관없다고 생각했던 것일까?[67] 아마도 그랬을 것이다.

기묘자, 모사, 전능하신 하나님, 이사야서 9장 6절

이는 한 아기가 우리에게 났고 한 아들을 우리에게 주신 바 되었는데 그의 어깨에는 정사를 메었고 그의 이름은 기묘자라, 모사라, 전능하신 하나님이라, 영존하시는 아버지라, 평강의 왕이라 할 것임이라.

기독교가 내세우는 대표적인 히브리 성경의 메시아 예언 구절이다. 지금

---

67   바울도 시편 110편 1절을 생각하면서 고린도전서 15장 25절을 썼다. "그가 모든 원수를 그 발 아래에 둘 때까지 반드시 왕 노릇 하시리니." 스스로 바리새파라는 그의 주장이 의심스러운 이유다. 바울이 가말리엘의 제자였다는 사도행전 저자의 주장은 아예 언급할 가치도 없다. 행여 바울은 히브리어를 전혀 몰랐던 것은 아닐까?

기준에서 볼 때 복음서 저자뿐 아니라 바울까지도 이 구절을 전혀 인용하지 않았다는 사실은 매우 놀랍다. 우리가 앞에서 살펴본 복음서 저자가 인용했던, 특히 문제가 많던 메시아 예언 구절을 비교할 때 이 구절은 누가 봐도 분명한 메시아 예언으로 보이기 때문이다. 그런데 왜 신약성경 저자는 이 구절을 인용하지 않았을까?

한 가지는 확실하다. 이 구절에서 나오는 다양한 호칭으로 예수를 부른 사람은 단 한 명도 없었다. 예수를 기묘자, 모사, 전능하신 하나님, 영원하신 아버지, 그리고 평화의 왕이라고 부른 사람은 아무도 없다. 예수를 임마누엘이라고 부른 사람이 없었던 것과 마찬가지다.

그래서 인용하지 않은 걸까? 그럼에도 기독교가 주장하는 메시아 예언의 대표 구절이 되었다. 보이지 않은 곳에서 이름도 남기지 않고 땀과 피를 흘린 사람들의 노력 덕분이다. 먼저 영어 번역을 살펴보자.

For a child will be born to us, a son will be given to us; And the government will rest on His shoulders; And His name will be called Wonderful Counselor, Mighty God, Eternal Father, Prince of Peace. (NASB)

영어 성경을 편찬한 사람들이[68] 보이지 않는 곳에서 말없이 쏟아부은 노력이 무엇인지 하나씩 살펴보자.

---

[68] 지금부터 설명하는 번역자의 노력은 '아마도' 그리스어와 라틴어 번역에서 시작되었을 것이다. 그러나 내가 그 두 언어를 모르는 탓에 어쩔 수 없이 영어 번역만을 살펴보자.

1. 시제 수정

이들은 가장 먼저 시제를 바꿨다. 예언으로 만들기 위해 과거형을 뻔뻔하게도 미래형으로 바꾸었다. 우리말 성경에 '태어났다', '얻었다'라고 분명하게 표현된 과거형 동사가 NASB에서는 미래형 동사로 되어 있다. '태어날 것이다' 그리고 '얻을 것이다'라고.

> 한 아이가 우리에게 났고 한 아들을 우리에게 주신 바 되었는데.
> For a child will be born to us, a son will be given to us.

우리나라 성경이 원문에 훨씬 더 충실할 때도 있다는 사실에 새삼 자부심을 느낀다. 다행히 모든 영어 성경이 다 NASB처럼 뻔뻔스럽지는 않다. KJV과 NIV는 다행히 'is born'과 'is given'으로 번역했다. 이미 끝났다는 느낌이 강한 수동형이다.

중요한 것은 히브리어 원문이다. 히브리어 원문에는 영어의 'has been born과 has been given'에 해당하는, 이미 끝났음을 의미하는 '완료시제'가 쓰였다.[69] 말 그대로 '다 태어났고 다 얻었다. 그러니까 이제 끝났다'라는 의미다. 이미 끝난 사건을 예언이라고 하는 사람은 없다. 이미 끝난 바둑을 다시 두면서 예언이라고 하지 않는다. 그럴 때는 복기한다고 한다.

그러나 아마도 독실한 신앙을 가졌을 NASB 성경 편집자는 이 구절을 예언으로 만들기 위해서 동사의 시제를 과감하게 미래로 바꾸었다.

---

69   "For a child has been born to us, a son given to us."(Chabad version)

2. 대문자 첨가

히브리어에는 대문자가 따로 없다. 그런데 영어 성경은 '그'를 지칭하는 대명사에 한결같이 'His'라는 대문자를 사용했다. 태어날 아이가 신적 존재인 메시아, 즉 예수로 보이도록 하기 위해서다.

3. 의미 수정과 또 한 번의 시제 수정

이는 한 아기가 우리에게 났고 한 아들을 우리에게 주신 바 되었는데 그의 어깨에는 정사를 메었고 그의 이름은 기묘자라, 모사라, 전능하신 하나님이라, 영존하시는 아버지라, 평강의 왕이라 할 것임이라.

한글 성경 구절은 히브리 원문과 많이 다르다. 첫 번째로 비록 우리말 성경이 앞부분의 시제를 과거형으로 제대로 번역했지만, 후반부는 영어 성경과 마찬가지로 과거형을 "할 것임이라"라는 미래형으로 바꾸었다. 그러나 히브리 성경을 그대로 직역하면 다음과 같다.[70]

한 아이가 태어났다. 한 아이가 주어졌다. 그리고 그의 왕국이 그의 어깨 위에 있다. 기묘자, 전능하신 하나님, 영원한 아버지가 그의 이름을 '평화의 왕자Sar-Shalom'라고 불렀다.[71]

---

70 히브리 성경에는 이 구절이 이사야서 9장 5절이다.

71 "For a child has been born to us, a son given to us, and the authority is upon his shoulder, and the wondrous adviser, the mighty God, the everlasting Father, called his name, 'the prince of peace.'"(Chabad version)

두 번째로, 언어를 불문하고 기독교의 모든 구약성경은 이 구절의 의미를 아예 완전히 바꾸어버렸다. 메시아 예언으로 둔갑하기 위해서다. 이사야서 9장 6절의 후반부에 해당하는 다음 두 문장을 비교해보자.

> 기묘자, 전능하신 하나님, 영원한 아버지가 그의 이름을 '평화의 왕자Sar-Shalom'라고 불렀다.
>
> (히브리 성경)

> 그의 이름은 기묘자, 모사, 전능하신 하나님이라, 영존하시는 아버지라, 평강의 왕이라 할 것임이라.
>
> (구약성경)

위의 두 문장은 전혀 다른 내용이다. 히브리 성경 문장의 주어는 하나님이다. 하나님이 '그'를 평화의 왕자라고 불렀다. 구약성경 문장의 주어는 '그의 이름'이다. 그의 이름은 여러 개인데, 그중에는 전능하신 하나님과 영원하신 아버지도 들어 있다. 그가 장차 그런 이름으로 불릴 것이라고 한다.

어떻게 이런 왜곡이 가능한지 자괴감이 들 정도다. 히브리어를 모르면 아예 구약성경을 제대로 읽을 수 없다는 것인지 의문이 들지 않으면 이상할 정도다. 신약성경 저자가 히브리 성경을 잘못 인용한 것도 많지만, 이 구절처럼 후대에 구약성경을 편찬한 사람들이 히브리 성경 원문을 아예 왜곡한 것도 심심찮게 발견할 수 있다.

왜 이런 왜곡이 일어났을까? 우리는 이미 그 이유를 잘 안다. 애초에 그리스어, 라틴어 그리고 영어 성경을 만든 번역자들은 다 히브리어에 능통했다. 그런데도 왜 이런 오역이 있을까? 오역이 아니라 왜곡이고 거짓이다. 예수를 어떻게든 메시아로 만들겠다는, 지고지순한 열망과 목적의식 때문이다.

신약성경 저자가 실수했을 때는 그 실수를 감추려고 구약성경을 수정했다. 신약성경에는 없지만, 후대 신학자들이 메시아 예언이라고 생각한 구절이 있으면, 또 거기에 맞게 구약성경을 수정했다. 이 모두가 히브리 성경 어디에도 없는 예수가 메시아라는 예언을 만들어내겠다는 열렬한 사명감 때문이었다.

그렇다면 이사야서 9장이 말하는 벌써 태어난 이 아이, 하나님이 '평화의 왕자'라고 부른 이 아이는 과연 누구일까? 많은 학자는 그가 다름 아닌 히스기야 왕이라고 부르는 데 주저하지 않는다. 여러 증거가 있지만 무엇보다 바로 뒤따르는 7절 때문이다.

그 정사와 평강의 더함이 무궁하며 또 다윗의 왕좌와 그의 나라에 군림하여 그 나라를 굳게 세우고, 지금 이후로 영원히 정의와 공의로 그것을 보존하실 것이라. 만군의 여호와의 열심이 이를 이루시리라.

히브리 성경에 단 세 번 등장하는 "여호와의 열심"이라는 단어는[72] 오로지 히스기야 왕과 관련해서만 등장하는 독특한 표현이기 때문이다. 히스기야 왕 때에 유다는 다윗 왕에 버금가는 영화를 누린다. 이사야 선지자는

---

72   나머지 두 구절은 이사야서 37장 32절, 열왕기하 19장 31절이다.

수백 년 후에 태어날 예수가 아니라, 이미 태어난 히스기야 왕이 조만간 가져다줄 유다의 번영을 예언했을 뿐이다.

예수는 정말 유월절의 양인가? 유월절의 참 의미[73]

성경을 하나님의 말씀으로 평생 믿던 사람이 성경 속 오류를 확인하면 고통이 따른다. 대부분은 아예 그 오류를 사소하다고 치부하며 무시한다. "본질이 중요한 거야. 신앙은 본질만 잡으면 돼요." 그렇게 회피할 때 따라오는 것은 잘해야 어설픈 변명이다. 회피야말로 내가 본질이라고 부르는 것이 사실은 본질이 아님을 말해준다.

물론 성경 속 오류라는 말은 조심해서 써야 한다. 얼마든지 '다른 시각'을 오류라고 착각할 수 있기 때문이다. 오류는 '틀렸다'지만 다른 시각은 틀린 것이 아니다. 교통사고를 목격한 사람들의 증언이 다 똑같을 수는 없다. 사고를 바라보는 방향에 따라서 또 목격자의 감정에 따라서 이야기가 조금씩 다를 수 있기 때문이다. 졸음운전을 하던 버스 운전자가 앞에 가던 승용차를 덮치는 사건이 몇 달 전에 한국에서 있었다. 모든 목격자가 한결같이 뒤에서 따라오던 버스가 승용차를 덮쳤다고 한다. 그런데 오로지 한 명만이 승용차가 갑자기 후진해서 뒤에 있던 버스 밑으로 들어갔다고 증언한다면, 우리는 그 말을 어떻게 이해해야 할까? 사고의 가해자와 피해자를 아예 뒤바꿔버리는 이런 진술을 어떻게 받아들여야 할까?

---

73 이 부분은 『야고보를 찾아서』 3장에도 담겨 있다. 그럼에도 이 책의 논지와 관련해 중요하기 때문에 빼지 않았다.

일관된 다른 진술의 허점을 보완한다고 봐야 할까? 아니면 전혀 다른 진술을 하는 사람에게 어떤 숨겨진 의도가 있다고 봐야 할까? 그런데 유독 한 사건을 놓고 복음서가 이 정도로 완전히 다른 이야기를 한다. 그것도 가장 중요한 예수의 십자가 죽음을 놓고.

나는 평생 성경(신약성경)에 오류가 있을 수 없다고 믿었다. 왜냐하면 성경의 저자는 사람이 아닌 '성령님'이고, 성경 스스로 그 사실을 분명히 말하기 때문이었다. 가끔 이상한 구절을 만나는 것도 다 내가 부족해서 생기는 문제라고 생각했다. 아무리 성경이라고 해도 번역하거나 여러 판본을 취합하는 과정에서 사소한 실수는 충분히 일어날 수 있다고 자위했다. 물론 성령님이 진짜 저자라면 그런 실수까지도 얼마든지 막을 수 있었을 텐데 하는 생각이 들지 않은 것은 아니다. 그럴 때는 이렇게도 생각했다. 아무리 성령님이라도 너무 100퍼센트 다 주관하면 인간의 존엄성(?)이 좀 떨어질 수 있으니까, 인간의 자유의지를 존중하는 차원에서 치명적이지 않은 한도 내에서 실수를 허락했다고.

그러던 내가 마태, 마가, 누가복음, 그러니까 공관복음에서 예수가 십자가에서 죽은 날짜와 요한복음의 날짜가 다르다는 사실을 발견한 것은 뭐라 표현하기 힘든 충격이었다. 나는 이 문제를 해결하려고 이런저런 주석을 찾아 읽었고, 또 여러 명에게 자문도 구했지만 설명과 변명은 전혀 다른 대답이라는 점만 깨달았을 뿐이었다.

예수의 죽음은 말 그대로 기독교의 핵심이다. 기독교의 전부라고 해도 과언이 아니다. 그런데 다른 곳도 아닌 바로 예수의 죽음에 관해서 이토록 완전히 다른, 모순된 진술이 성경 속에 버젓이 있다니 말이 되는가? 이 상황을 도대체 어떻게 이해해야 할까? 한 가지는 확실하다.

한 사람이 각기 다른 날 두 번 죽지 않는 한 공관복음과 요한복음, 둘 중 하나는 거짓말이다.

이건 앞에서 다뤘던 예수 탄생과는 아예 차원이 다른 이야기다. 별이 나오고 동방박사가 와서 경배하고, 그런 것은 하나의 은유로 받아들일 수도 있다. 그러나 예수의 십자가 죽음은 전혀 차원이 다르다. 다른 이야기도 아닌 십자가의 죽음에 거짓이 있다면, 도대체 복음서가 말하는 예수의 생애에서 무엇이 진실이란 말인가?

지금부터 이 이야기를 살펴보자. 유대민족에게 1년의 첫 번째 달은 우리의 달력으로 3월과 4월 사이를 걸친 니산월[74]이다. 니산월에는 중요한 축제가 있는데 바로 유월절이다. 유월절 축제는 그달의 열네 번째 저녁에[75] 양을 잡아서 구워 먹는 유월절 준비일과 그다음 날부터 그러니까 열다섯 번째 저녁부터 스물한 번째 저녁까지 7일간 이집트에서의 노예 생활을 기억하며 스스로 깨끗하게 한다는 의미로 누룩 없는 빵을 먹는 기간을 의미한다.[76] 열네 번째 저녁, 유월절 준비일에 양을 잡아서 바로 그날 양을 구워

---

74   히브리 성경에서는 아빕월로도 불렸다.

75   유대에서는 해가 뜰 때가 아니라 해가 질 때 하루가 시작된다.

76   유월절과 무교절을 구분하기도 한다. 그러니까 양을 잡는 저녁을 유월절이라고 부르고, 그다음 날부터 시작하는 7일간의 축제를 무교절이라고도 부른다. "첫째 달 그 달 열나흗날 저녁부터 21일 저녁까지 너희는 무교병을 먹을 것이요."(출애굽기 12:18) 이 구절을 보면 14일부터 21일 저녁까지 총 여덟 번의 저녁이 있다. 따라서 첫째 날 저녁과 나머지 7일을 구분한다(학자에 따라서 저녁부터 시작하는 유대의 날짜 계산에 따라서 비록 구절에 '21일 저녁'이라는 표현이 들어갔지만 그날은 빼고 총 일곱 번의 저녁이라고 주장하기도 한다). 그러나 여기서는 둘을 합쳐서 그냥 유월절로 부르겠다. 다시 말해서 니산월 열네 번째 저녁에 양을 잡고 그다음 날 저녁, 열다섯 번째 저녁은 스물한 번째 저녁까지 이어지는 유월절 축제의 첫째 날이 되는 것이다. 마태복음과 마가복음은 이 열네 번째 저녁, 그러니까 양을 잡는 날을 무교절 첫날이라고 적었다. 하지만 무교절 첫날이 아니라 '양을 잡는 날' 또는 요한복음 19장 14절처럼 "유월절의 준비일"이라고 표현했어야 정확하다. 하지만 실질적인 유월절이 총 7일이냐 아니면 8일이냐는 지금 논하는 주제와 상관이 없다.

서 먹는 식사를 '유월절 만찬Passover Seder'이라고 한다. 이 모든 것은 출애굽기에 정확하게 나온 하나님의 명령에 따른 것이다.

여호와께서 애굽 땅에서 모세와 아론에게 일러 말씀하시되, 이 달을 너희에게 달의 시작 곧 해의 첫 달이 되게 하고, 너희는 이스라엘 온 회중에게 말하여 이르라. 이 달 열흘에 너희 각자가 어린 양을 취할지니 각 가족대로 그 식구를 위하여 어린 양을 취하되, 이 달 열나흗날까지 간직하였다가 해 질 때에 이스라엘 회중이 그 양을 잡고 그 밤에 그 고기를 불에 구워 무교병과 쓴 나물과 아울러 먹되.

(출애굽기 12:1-3, 6, 8)

공관복음에 의하면 예수는 유월절 만찬을 제자들과 함께했다. 그 만찬이 이른바 레오나르도 다빈치의 그림에까지 등장하는 '최후의 만찬'이다. 그 만찬 때 예수는 제자들과 최초의 성찬식을 했다. 포도주와 빵을 떼어주며 자신의 피와 살이니 먹고 마시라고 말했다.[77] 그리고 그날 밤 예수는 잡혀

---

[77] "무교절의 첫날 곧 유월절 양 잡는 날에 제자들이 예수께 여짜오되, 우리가 어디로 가서 선생님께서 유월절 음식을 잡수시게 준비하기를 원하시나이까 하매, 어디든지 그가 들어가는 그 집 주인에게 이르되 선생님의 말씀이 내가 내 제자들과 함께 유월절 음식을 먹을 나의 객실이 어디 있느냐 하시더라 하라. 그리하면 자리를 펴고 준비한 큰 다락방을 보이리니 거기서 우리를 위하여 준비하라 하시니."(마가복음 14:12, 14-16)
"무교절의 첫날에 제자들이 예수께 나아와서 이르되, 유월절 음식 잡수실 것을 우리가 어디서 준비하기를 원하시나이까. 이르시되, 성 안 아무에게 가서 이르되 선생님 말씀이 내 때가 가까이 왔으니 내 제자들과 함께 유월절을 네 집에서 지키겠다 하시더라 하라 하시니, 제자들이 예수께서 시키신 대로 하여 유월절을 준비하였더라. 저물 때에 예수께서 열두 제자와 함께 앉으셨더니."(마태복음 26:17-20)
"유월절이라 하는 무교절이 다가오매 유월절 양을 잡을 무교절날이 이른지라. 예수께서 베드로와 요한을 보내시며 이르시되, 가서 우리를 위하여 유월절을 준비하여 우리로 먹게 하라. 그들이 나가 그 하신 말씀대로 만나 유월절을 준비하니라. 이르시되 내가 고난을 받기 전에 너희와 함께 이 유월절 먹기를 원하고 원하였노라."(누가복음 22:1, 7-8, 13, 15)

서 다음 날 유월절 첫째 날, 니산월의 15번째 날에 십자가에서 죽었다.

그러나 요한복음에 가면 예수가 죽은 날짜가 달라진다. 공관복음보다 정확하게 하루가 빨라진다. 따라서 예수는 유월절 만찬을 할 수 없었다. 당연히 요한복음에는 공관복음에 다 등장하는 '성찬식 장면'도 없다.[78] 예수는 시점을 확실히 알 수 없는 한 저녁 식사에서[79] 제자들의 발을 씻겨주었을 뿐이다. 요한복음 저자는 예수가 유월절 만찬을 하지 않았다는 점을 분명히 했다.

> 유월절 전에 예수께서 자기가 세상을 떠나 아버지께로 돌아가실 때가 이른 줄 아시고.
>
> (요한복음 13:1)

---

78 성찬식을 처음 만든 사람은 바울이다. 기독교인은 성찬식이 복음서에 나오기 때문에 예수 때부터 시작한 줄 오해하지만 전혀 그렇지 않다. 다시 말하지만 성찬식의 창시자는 예수가 아닌 바울이다. 바울은 유대교 전통에서는 상상할 수도 없는 '피를 마시는' 성찬식을 만들어냈다. 당연히 바울 신학이 주류가 된 초대 교회에서 신비적 요소가 가미된 성찬식은 매우 중요했다. 요한복음 저자의 고민은 아마도 여기에 있었던 것 같다. 예수를 유월절 양으로 만들기 위해서는 성찬식 장면을 포기해야만 했다. 성찬식 하는 시간에 예수가 죽기 때문이다. 그러나 이 중요한 성찬식을 복음서에서 뺄 수는 없었다. 그래서 그는 예수의 유월절 예루살렘 방문 일정을 바꾸었듯이 이 성찬식 장면을 다른 곳에다 넣었다. 성찬식의 메시지를 가버나움 회당에서의 가르침으로 바꾸었다. "예수께서 이르시되 내가 진실로 진실로 너희에게 이르노니 인자의 살을 먹지 아니하고 인자의 피를 마시지 아니하면 너희 속에 생명이 없느니라. 내 살을 먹고 내 피를 마시는 자는 영생을 가졌고 마지막 날에 내가 그를 다시 살리리니 내 살은 참된 양식이요 내 피는 참된 음료로다. 내 살을 먹고 내 피를 마시는 자는 내 안에 거하고 나도 그의 안에 거하나니."(요한복음 6:53-56) 솔직히 말해 이 장면을 보면 할 말을 잃게 된다. 당시 유대인에게 '피'가, '피를 마시는(먹는) 것'이 무엇인지 조금이라도 아는 사람이라면 공공장소에서 예수가 이런 말을 하고 그 말을 유대인이 아무 반감 없이 듣는 이런 장면을 어떻게 복음서에 넣을 수 있었을까? 요한복음을 쓴 저자의 용기에 놀라움을 금할 수 없을 정도다. 그러나 저자는 어떻게든 그 장면을 넣어야만 했다. 게다가 기독교의 핵심 성례로 굳어가는 성찬식을 처음으로 예수가 직접 발표하는데 반발이 있다는 식의 '사실적인' 묘사는 그에게 상상도 할 수 없었을 것이다.

79 요한복음 13장 2절. 니산월 열세 번째 저녁이었을 가능성이 크다.

제자들의 발을 씻겨준 그날 저녁 가룟 유다가 밖으로 나가는 장면에서, 요한복음 저자는 그날 저녁이 유월절 만찬 전임을 한 번 더 명확하게 표현했다.

> 어떤 이들은 유다가 돈궤를 맡았으므로 명절에 우리가 쓸 물건을 사라 하시는지 혹은 가난한 자들에게 무엇을 주라 하시는 줄로 생각하더라.
>
> (요한복음 13:29)

유월절 전이었기 때문에 가룟 유다가 나가는 모습을 보면서 제자들이 이렇게 생각했다는 것이다. '아, 쟤가 지금 나가서 양을 사려고 하나? 하긴 유월절 만찬을 하려면 이것저것 준비할 게 많으니까.'

저자는 여기서 끝나지 않는다. 예수가 유월절 만찬을 하지 않았다는 사실을 강조하려고 예수가 빌라도에게 끌려간 시점을 또 한 번 추가로 설명한다. 유대 사람들이 유월절 음식을 먹기 전이라는 점을 분명히 한 것이다.

> 그들이 예수를 가야바에게서 관정으로 끌고 가니 새벽이라 그들은 더럽힘을 받지 아니하고 유월절 잔치를 먹고자 하여 관정에 들어가지 아니하더라.
>
> (요한복음 18:28)

그리고 저자는 마침내 기다리던 장면에서 분명하게 말한다. 예수가 사형선고를 받은 날짜는 유월절의 준비일, 그러니까 양을 잡는 날이고 그 시간은 낮 12시였다고.

> 이날은 유월절의 준비일이요 때는 제육시라 빌라도가 유대인들에게 이르
> 되, 보라 너희 왕이로다.
>
> (요한복음 19:14)

유대에서 하루는 저녁에 시작한다. 그러니까 유월절 예비일 시작과 함께
양을 잡는다면, 그 시간은 해가 진 6시에서 7시 정도가 될 것이다. 낮 12시
에 사형선고를 받은 예수는 십자가에 달리고 여섯 시간 정도 지나서 사망
했다. 보통 젊고 건강한 사람이라면 십자가에 달려서도 이틀은 살지만, 예
수는 당일 저녁 즈음에 사망했다.

왜냐하면, 그의 사망시간을 양 잡는 시간에 맞췄기 때문이다. 예수의 사
망과 함께 저자는 다시 강조한다. 참으로 집요하다고 말할 수밖에 없을 정
도로 저자는 유월절 양 잡는 시간에 예수가 죽었다는 점을 분명히 한다.
"이날은 유월절의 준비일이요"라고.

> 예수께서 신 포도주를 받으신 후에 이르시되, 다 이루었다 하시고 머리를
> 숙이니 영혼이 떠나가시니라. 이 날은 준비일이라 유대인들은 그 안식일이
> 큰 날이므로 그 안식일에 시체들을 십자가에 두지 아니하려 하여 빌라도에게
> 그들의 다리를 꺾어 시체를 치워 달라 하니.
>
> (요한복음 19:30-31)

그러나 저자의 집요함은 이 정도로 끝나지 않았다. 어떻게든 예수를 유
월절의 양으로 만들기 위해서 예수의 뼈가 꺾이지 않았다는 사실까지 추
가했다.

예수께 이르러서는 이미 죽으신 것을 보고 다리를 꺾지 아니하고, 이 일이 일어난 것은 그 뼈가 하나도 꺾이지 아니하리라 한 성경을 응하게 하려 함이라.

(요한복음 19:33, 36)

왜냐하면 유월절 양을 잡을 때 뼈를 부러뜨리지 말라는 히브리 성경을 인용하기 위해서였다.

한 집에서 먹되 그 고기를 조금도 집 밖으로 내지 말고 뼈도 꺾지 말지며.

(출애굽기 12:46)

결론적으로, 공관복음에 의하면 예수는 니산월 열네 번째 저녁에 유월절 만찬을 제자들과 함께하고, 그날 밤에 잡혀서 그다음 날인 열다섯 번째 날에 처형당했다. 그러나 요한복음에 따르면 예수는 유월절 만찬을 하기 전날, 그러니까 니산월 열세 번째 밤에 잡혔고, 열네 번째 날 낮 12시에 빌라도에 의해 사람들 앞에서 사실상 사형선고를 받은 후 몇 시간이 지나고 저녁에, 사람들이 유월절 양을 잡는 바로 그 시점에 십자가에서 사망했다.

요한복음이 맞다면 공관복음서가 말하듯이 예수가 제자들과 유월절 만찬과 성찬식을 할 수는 없다. 왜냐하면 그 시점에 그는 이미 죽었기 때문이다. 공관복음서가 맞다면 예수는 하루를 더 살았다. 요한복음 저자가 죽었다고 하는 그 시점에 예수는 제자들과 유월절 만찬과 성찬식을 했다.

누가 맞을까? 나는 공관복음서가 맞다고 생각한다. 예수를 유월절 양으로 만들려는 요한복음 저자의 동기가 노골적으로 드러나기 때문이다. 속된 말로 하면 너무 속 보이기 때문이다. 그렇기에 그의 진술은 거짓일 가능성이 아주 높다. 4복음서 중 유일하게 요한복음 저자만이 예수를 유월절 양에 비유한다. 저자는 초반부터 다른 사람도 아닌, 세례자 요한의 입을 빌려서 예수를 이렇게 표현한다.

> 이튿날 요한이 예수께서 자기에게 나아오심을 보고 이르되, 보라 세상 죄를 지고 가는 하나님의 어린 양이로다. 예수께서 거니심을 보고 말하되, 보라 하나님의 어린 양이로다.
>
> (요한복음 1:29, 36)

요한복음 저자는 처음부터 '작정하고' 예수를 유월절의 양으로 만들려고 펜을 들었다고 해도 과언이 아니다. 그러나 나머지 복음서는 전혀 그렇지 않다. 그런데 왜 요한복음 저자만 독특하게 그런 시각을 가졌을까? 왜 공관복음서와 모순되는 무리수를 두면서까지 예수를 유월절의 양으로 만들었을까?[80]

다 떠나서 도대체 유월절의 양이 무슨 의미일까? 저자가 세례자 요한의 입을 빌려 말한 것처럼 정말로 '세상 죄를 지고 가는' 그런 의미일까? 유월절 양에게 정말로 그런 뜻이 있었을까? 세상 죄를 지고 가는? 지금부터 유월절에 대해서 살펴보자. 유월절에 죽은 양이 진짜 의미한 것이 무엇인지 살펴보자. 창세기에는 초반부터 양을 잡는 제사 장면이 나온다. 아벨의 제사다.

---

[80] 이 시점에서 우리는 요한복음이 가장 늦게 쓰였을 뿐 아니라 공관복음서와 달리 예수를 가장 신성화하는 책이라는 사실을 기억해야 한다.

아벨은 자기도 양의 첫 새끼와 그 기름으로 드렸더니 여호와께서 아벨과 그의 제물은 받으셨으나.

(창세기 4:4)

그러고는 한참 지나서 아브라함이 이삭을 바치려는 장면에 이르면, 다시 제사와 관련해 이삭이 아브라함에게 질문하는 장면이 나온다.

이삭이 그 아버지 아브라함에게 말하여 이르되, 내 아버지여 하니, 그가 이르되, 내 아들아 내가 여기 있노라. 이삭이 이르되, 불과 나무는 있거니와 번제할 어린 양은 어디 있나이까.

(창세기 22:7)

이 장면으로 봐서는 아마도 아브라함이 자주 양을 제사로 바쳤고, 그 장면을 이삭이 옆에서 봤던 것이 틀림없다. 그럼 여기서 한번 물어보자. 아벨과 아브라함의 제사 장면에서 양을 바치는 것이 '죄 용서'와 관련 있다는 어떠한 단서를 찾을 수 있는지를. 위의 구절만 읽어서는 양을 바치는 제사를 왜 하는지 알 길이 없다. 죄 용서를 위해서인지, 단순히 하나님을 찬양하는 행위인지 아니면 뭔가 간구할 것이 있어서인지 정확하게는 알 수 없다. 하지만 우리는 이삭을 제물로 바치려는 아브라함을 향한 천사의 말에서 최소한 그 특별한 제사의 목적에 대해서만은 확실한 힌트를 얻을 수 있다.

사자가 이르시되, 그 아이에게 네 손을 대지 마라. 그에게 아무 일도 하지마라. 네가 네 아들 네 독자까지도 내게 아끼지 아니하였으니 내가 이제야 네가 하나님을 경외하는 줄을 아노라.

(창세기 22:12)

아브라함의 신앙에 대한 테스트였다. 과연 아브라함이 유대민족의 조상이 될 만한 그릇인지에 대한 하나님의 테스트가 바로 이삭을 바치는 제사의 목적이다. 유월절의 양에도 아브라함을 테스트한 것과 같은 목적이 숨어 있었다. 유월절의 양에게 '죄 용서'의 개념은 조금도 없었다. 목적은 단하나, 과연 유대민족이 하나님이 선택한 민족에 걸맞은 민족인지, 그래서 선택한 약속의 땅에 들어갈 만한 민족인지 확인했던 것이다. 궁극적으로 메시아 시대에 인류를 인도할 만한 민족으로서 자격을 갖췄는지를 테스트하는 것이 유월절 양을 잡은 이유다.

이집트에서 양은 신을 상징하는 동물이었다. 따라서 이집트에서 양을 죽이는 것은 이집트 신에 대한 신성모독이었다. 이집트에서 양을 상하게 하면 사형에 처하는 벌을 받을 정도였다. 이 사실은 모세와 바로(파라오)의 대화에 여실히 드러난다. 끔찍한 재앙으로 고통받던 바로가 너희가 믿는 신에게 제사를 올려서 이 재앙을 물리쳐 달라고 부탁할 때, 모세가 무엇이라고 대답하는가?

바로가 모세와 아론을 불러 이르되, 너희는 가서 이 땅에서 너희 하나님께 제사를 드리라. 모세가 이르되, 그리함은 부당하니이다. 우리가 우리 하나님 여호와께 제사를 드리는 것은 애굽 사람이 싫어하는 바인즉 우리가 만일 애굽 사람의 목전에서 제사를 드리면 그들이 그것을 미워하여 우리를 돌로 치지 아니하리이까.

(출애굽기 8:25-26)

도대체 이게 무슨 말일까? 모세는 지금 이렇게 말한다. "이집트의 신을 상징하는 양을 죽여서 제사를 지내는 우리를 당신들이 살려두겠습니까?" 그게 바로 이집트에서 양의 위상이었다. 바로 이런 상황을 염두에 두고 하나님이 내리는 구체적인 유월절 명령을 살펴보자.

> 　너희는 이스라엘 온 회중에게 말하여 이르라. 이 달 열흘에 너희 각자가 어린 양을 취할지니 각 가족대로 그 식구를 위하여 어린 양을 취하되, 이 달 열나흗날까지 간직하였다가 해 질 때에 이스라엘 회중이 그 양을 잡고, 그 피를 양을 먹을 집 좌우 문설주와 인방에 바르고 날것으로나 물에 삶아서 먹지 말고 머리와 다리와 내장을 다 불에 구워 먹고 아침까지 남겨두지 말며 아침까지 남은 것은 곧 불사르라.
>
> 　(출애굽기 12:3, 6-7, 9-10)

　양을 며칠씩 집에다가 가둬둔다. 그리고 죽여서 그 피를 문에 바른다. 양은 절대로 삶지 말고 머리와 내장까지 다 굽는다. 그리고 먹고 남은 고기는 불에 남김없이 태워버린다. 이 모든 것은 무엇을 상징할까? 이집트에 대한 철저한 조롱이다. 이집트 신에 대한 철저한 조롱이다.

　생각해보자. 이집트에서 신을 상징하는 동물을 며칠씩 집에서 갖고 놀다가 죽여서 피를 바르고 구웠다고 한다. 왜 고기를 삶지 말고 굳이 구우라고 할까? 삶으면 냄새가 나지 않는다. 구워야만 냄새가 난다. 그들의 신이 조롱당하다가 피를 흘리고 도살된 것도 믿을 수 없는데, 온 세상이 불에 굽힌 양고기의 누린내로 진동한다. 게다가 남은 고기는 아예 불에 활활 타서 재도 남지 않게 된다. 이게 유월절 양이 상징하는 것이다. 양을 살육해 이집트 신을 모욕하는 것이 유월절 양의 상징이다.

"우리 유대민족은 하나님 외에 다른 신을 두려워하지 않습니다. 그렇기에 우리는 유일신 하나님을 섬길 자격이 있는 민족입니다."

양을 잡으면서 유대민족은 이렇게 외쳤다.

기억해야 한다. 그들이 이런 유월절을 처음으로 지킨 때는 이집트에서 해방된 이후가 아니라, 여전히 노예로 신음하던 때라는 사실이다. 군인들이 칼을 들고 와서 그들을 죽이면 죽을 수밖에 없던 때였다. 그렇기에 이집트의 신을 상징하는 양을 하나님의 명령대로 도살하는 일은 대단한 용기와 믿음이 없으면 불가능했다. 결국 유월절은 이집트에 대한 승리, 이집트의 신에 대한 승리를 의미한다.

그런데 이런 유월절의 양이 예수라고? 이집트의 신을 상징하는 유월절의 양이 예수라고? 이집트의 신을 물리친 것을 기념하는 유월절에 이집트보다 몇십 배는 더 악한 로마제국에 의해서 비참하게 죽는 것이 유월절의 양, 예수라고? 게다가 기독교에서 예수는 하나님이다. 하나님은 유월절에 죽지 않았다. 유월절에 죽은 것은 이집트의 신을 상징하는 양이다. 유대민족의 하나님은 유월절에 이집트의 신을 조롱하며 승리를 노래했다. 승리의 유월절을 요한복음 저자는 죽음의 절기로 바꾸었다. 이집트의 신을 상징하는 유월절 양을 요한복음 저자는 예수로, 하나님의 어린 양으로 바꾸었다.

유월절과 유월절의 양이 무엇을 의미하는지 너무도 잘 아는 유대인이 이런 예수를 어떻게 메시아로 받아들일 수 있을까? 다른 복음서는 몰라도 요한복음 저자는 100퍼센트 이방인이었을 것이다. 그는 히브리 성경을 모를 뿐 아니라 유대절기에 대해서도 무지했다. 결국 마태복음 저자에 못지 않게 유대민족이 예수를 결코 메시아로 받아들일 수 없게 하는 데 큰 역할을 했다.

예레미야서 31장 31절 : 새 언약

여호와의 말씀이니라. 보라, 날이 이르리니 내가 이스라엘 집과 유다 집에 새 언약을 맺으리라. 이 언약은 내가 그들의 조상들의 손을 잡고 애굽 땅에서 인도하여 내던 날에 맺은 것과 같지 아니할 것은 내가 그들의 남편이 되었어도 그들이 내 언약을 깨뜨렸음이라. 여호와의 말씀이니라. 그러나 그날 후에 내가 이스라엘 집과 맺을 언약은 이러하니 곧 내가 나의 법을 그들의 속에 두며 그들의 마음에 기록하여 나는 그들의 하나님이 되고, 그들은 내 백성이 될 것이라. 여호와의 말씀이니라.

(예레미야서 31:31-33)

기독교에서 '새 언약'이라는 구절은 아주 중요하다. 하나님이 유대민족과 맺은 과거의 약속, '구약성경'이 가고 '신약성경'이라는 새로운 약속이 온 것처럼 새 언약이라는 단어가 들어가는 히브리 성경의 구절은 기독교에서 예수에 대한 중요한 예언이 된다. 가장 대표적인 새 언약 구절이 예레미야서 31장 31절이다. 그렇기에 히브리서 저자는 이 구절을 염두에 두고 이렇게 썼다.

새 언약이라 말씀하셨으매 첫 것은 낡아지게 하신 것이니 낡아지고 쇠하는 것은 없어져 가는 것이니라.

(히브리서 8:13)

과연 그럴까? 여기서 저자가 말하는 첫 것은 하나님이 모세를 통해 주신 토라를 의미한다. 곧 사라질 운명에 처한 낡고 오래된 것은 토라뿐 아니라 유대민족도 의미한다. 그런데 이런 히브리서 저자의 의견을 액면 그대로 받아들이기에는 몇 가지 심각한 문제점이 있다. 하나씩 살펴보자. 예레미야서 31장 31절은 이렇게 시작한다.

내가 이스라엘의 집과 유다 집에 새 언약을 맺으리라.

히브리서 저자의 말이 맞으려면 이렇게 시작되어야 하지 않을까?

내가 이제 이방인들과 새로운 언약을 맺으리라.

그런데 정작 예레미야 선지자는 누구를 대상으로 이 책을 썼을까? 한 700, 800년 후에 나타날 이방인이 읽으라고 썼을까? 히브리서 저자가 맞으려면 유대민족은 과거 언약의 대상이기 때문에 한마디로 끝난 민족이다. 따라서 이제는 새로운 시대에 맞는, 새로운 영적 유대민족이 주인공이라면 당연히 예레미야 선지자는 그들에게 써야 했지 않나?

그런데 예레미야 선지자는 유대민족에게, 과거 언약의 대상자에게 이 글을 썼다. 다시 말하지만, 새 언약의 대상자가 유대민족이 아니라 이방인이라면, 왜 그들을 대상으로 예레미야서를 쓰지 않았을까? 이걸 어떻게 이해

신의 변명

286

해야 할까? 예레미야 선지자가 제정신이 아니거나, 아니면 히브리서 저자가 제정신이 아니거나 둘 중 하나다.

예레미야서 31장 31절의 새 언약이 이방인을 위한 것이라는 히브리서 저자에게 동의할 수 없는 두 번째 이유가 있다. 만약에 토라가 사라질 첫 언약, 낡은 것이라면 하나님은 왜 토라를 지키면 조상의 땅에서 영원히 살 것이라고 약속할까? 이런 모순을 어떻게 이해해야 할까?

> 만군의 여호와 이스라엘의 하나님께서 이와 같이 말씀하시되, 너희 길과 행위를 바르게 하라. 그리하면 내가 너희로 이 곳에 살게 하리라. 너희는 이것이 여호와의 성전이라, 여호와의 성전이라, 여호와의 성전이라 하는 거짓말을 믿지 마라. 너희가 만일 길과 행위를 참으로 바르게 하여 이웃들 사이에 정의를 행하며 이방인과 고아와 과부를 압제하지 아니하며 무죄한 자의 피를 이 곳에서 흘리지 아니하며 다른 신들 뒤를 따라 화를 자초하지 아니하면 내가 너희를 이 곳에 살게 하리니, 곧 너희 조상에게 영원무궁토록 준 땅에니라.

(예레미야서 7:3-7)

문제는 이뿐만이 아니다. 새 언약이 나오는 31장의 33절은 또 어떤가?

> 내가 나의 법을 그들의 속에 두며 그들의 마음에 기록하여 나는 그들의 하나님이 되고 그들은 내 백성이 될 것이라.

새 언약을 이야기하던 하나님이 왜 뜬금없이 사라지고 없어져야 할 율법을 주겠다는 걸까? 히브리서 저자가 맞으려면 이 구절은 이렇게 바뀌어야 하는 게 아닐까?

내가 율법을 대체하는 십자가의 복음을 주고 그들의 마음에 믿음을 불어넣을 것이다.

그다음 구절 34절은 또 어떤가? 새 언약이 왔을 때 세상이 어떻게 될지를 보여주는 구절이다. 바로 히브리 성경이 말하는 메시아 예언 구절 중하나다.

그들이 다시는 각기 이웃과 형제를 가르쳐 이르기를 너는 여호와를 알라 하지 아니하리니, 이는 작은 자로부터 큰 자까지 다 나를 알기 때문이라. 내가 그들의 악행을 사하고 다시는 그 죄를 기억하지 아니하리라. 여호와의 말씀이니라.

만약에 히브리서 저자의 말대로 예수 십자가의 죽음과 부활이 새 언약이라면, 왜 2,000년 전에 34절과 같은 일이 이루어지지 않았을까? 그때는 말할 것도 없고 그로부터 무려 2,000년이 넘게 흘렀지만, 34절이 말하는 세상, '모두가 다 하나님을 아는 그 세상'은 여전히 요원해 보인다.

결론은 하나밖에 없다. 예레미야 선지자가 말하는 새 언약의 시대는 아직 오지 않았다. 그렇기 때문에 아직도 이 세상에는 하나님을 모르는 사람들이 아는 사람들보다 더 많다. 에스겔 선지자는 예레미야 선지자가 말한 새 언약의 시대, 그러니까 유대민족이 아직도 기다리는 메시아가 온 시대를 이렇게 묘사한다.

그 땅 이스라엘 모든 산에서 그들이 한 나라를 이루어서 한 임금이 모두 다
스리게 하리니 그들이 다시는 두 민족이 되지 아니하며 두 나라로 나누이지
아니할지라. 내 종 다윗이 그들의 왕이 되리니 그들 모두에게 한 목자가 있을
것이라. 그들이 내 규례를 준수하고 내 율례를 지켜 행하며 내가 내 종 야곱
에게 준 땅 곧 그의 조상들이 거주하던 땅에 그들이 거주하되 그들과 그들의
자자손손이 영원히 거기에 거주할 것이요, 내 종 다윗이 영원히 그들의 왕이
되리라.

(에스겔서 37:22, 24-25)

새 시대가 오면 다음과 같은 일들이 벌어진다. 이미 1장에서 살펴본 메
시아가 오면 생기는 다섯 가지 사건과 일맥상통한다.

① 유대민족은 더 이상 둘로 갈라지지 않는다.
② 다윗의 자손인 메시아가 한 왕이 되어서 다스릴 것이다.
③ 히브리서 저자의 생각과는 정반대로 그들은 여전히 토라를 지키면서
   살 것이다.
④ 유대민족은 조상의 땅에서 살 것이다.

히브리서 저자가 맞다면, "그들이 내 규례를 준수하고 내 율례를 지켜 행
하며"라는 구절은 이렇게 되어야 했지 않을까? "그들은 예수를 구주로 영
접하고 믿음으로써 구원을 얻을 것이며." 최소 한 문장 정도라도 이런 구
절이 새 언약과 더불어 언급되어야 했지 않을까?
위의 예언 중에서 예수가 와서 이뤄진 것은 단 하나도 없다! 히브리서를

포함한 신약성경이 쓰였던 시대처럼, 유대민족이 뿔뿔이 갈라지고 쪼개진 시대는 일찍이 없었다. 그런데 어떻게 히브리서 저자는 예수를 메시아라고, 새 언약이라고 말할 수 있을까?

새 언약은 앞으로 도래할 메시아가 만들어갈 세상이다. 새 언약의 시대는 아직 오지 않았다. 하나님은 그때를 예레미야 선지자를 통해서 다음과 같이 분명히 약속했다.

> 내가 그들을 기르는 목자들을 그들 위에 세우리니. 그들이 다시는 두려워하거나 놀라거나 잃어버리지 아니하리라. 여호와의 말씀이니라. 여호와의 말씀이니라, 보라, 때가 이르리니 내가 다윗에게 한 의로운 가지를 일으킬 것이라. 그가 왕이 되어 지혜롭게 다스리며 세상에서 정의와 공의를 행할 것이며 그의 날에 유다는 구원을 받겠고, 이스라엘은 평안히 살 것이며, 그의 이름은 여호와 우리의 공의라 일컬음을 받으리라. 그러므로 여호와의 말씀이니라. 보라, 날이 이르리니 그들이 다시는 이스라엘 자손을 애굽 땅에서 인도하여 내신 여호와의 사심으로 맹세하지 아니하고, 이스라엘 집 자손을 북쪽 땅, 그 모든 쫓겨났던 나라에서 인도하여 내신 여호와의 사심으로 맹세할 것이며 그들이 자기 땅에 살리라 하시니라.
>
> (예레미야서 23:4-8)

하나님은 더 이상 '이집트에서 유대민족을 이끌어낸 하나님'이 아니라 '온 세상 위에 유대민족을 위대하게 만든 하나님'이라고 불릴 것이라고 한다. 바로 그때가 새 언약이 시작되는 시대다. 더 이상 자신의 땅에서 추방되지 않는 시대다. 그리고 그 대상은 한민족도 아니고 축복받은 미국도 아니고 오순절파가 활개를 펼치는 브라질과 멕시코도 아니다. 수천 년 전 하나님이 이집트에서 끌고 나온 바로 그 민족, 유대민족이다.

여호와께서 이와 같이 말씀하셨느니라. 그는 해를 낮의 빛으로 주셨고 달과 별들을 밤의 빛으로 정하였고 바다를 뒤흔들어 그 파도로 소리치게 하나니, 그의 이름은 만군의 여호와니라. 이 법도가 내 앞에서 폐할진대 이스라엘 자손도 내 앞에서 끊어져 영원히 나라가 되지 못하리라. 여호와의 말씀이니라.

(예레미야서 31:35-36)

이사야서 53장 (이하 우리말성경 인용)

다음 이야기는 유대인 사이에서 유명하다.

한 나그네가 숲을 걸어가고 있었다. 아름드리나무가 곳곳에 자리 잡은 울창한 숲이었다. 그런데 숲 중간 정도에 들어가니까, 나무마다 화살 과녁이 그려져 있고, 어김없이 그 과녁 한가운데에는 화살이 깊게 박혀 있었다. 그 어떤 화살도 과녁 한가운데를 조금이라도 벗어난 것이 없었다. 양궁으로 치면 다 10점 만점, 불스 아이bull's eye였다. 나그네는 놀라움에 벌어진 입을 다물 수 없었다.

한참을 더 걸어가도 과녁 정중앙에 어김없이 화살이 박혀 있는 나무를 계속 만날 수 있었다. 마침내 숲속 가장 깊은 곳에서 나그네는 마침내 멀리 있는 나무를 향해 화살 시위를 천천히 당기는 날카로운 눈매의 한 젊은 남자를 만났다. 그는 더 놀랐다.

"아니, 저렇게 젊은 나이에 어떻게 이런 경지에 다다를 수가……"

나그네는 조용히 그에게로 다가갔다. 자기도 모르게 정중한 존댓말이 흘러나왔다.

"저기, 실례합니다. 제가 여기 오면서 선생님이 쏘신 화살을 다 보았습니다. 정말로 놀랍습니다. 아직 나이도 어리신데 어떻게 이런 신의 경지에 도달하셨는지…… 저는 이 나이가 되기까지 아직 선생님 같은 수준에 다다른 분은 본 적이 없습니다. 게다가 이런 울창한 숲속에서 어떻게 백발백중으로 화살을 쏠 수 있는지…… 솔직히 말이 잘 안 나올 지경입니다. 도대체 어떻게 훈련을 하셨길래 이런 경지에 이르셨습니까?"

그 젊은이는 당겼던 시위를 천천히 풀더니 여유 있는 미소로 말했다.

"뭐, 별로 어렵지 않습니다. 저는 말이죠."

그의 얼굴에 이번에는 조금은 야릇한 미소가 떠올랐다.

"저는 나무에 화살을 일단 먼저 쏴요. 그리고 나서 화살이 박힌 주위로 과녁을 그리거든요. 그러니까 다 백발백중이죠. 아니, 정확하게 말하면 백발백중으로 과녁을 그리는 거죠."

이 이야기가 왜 유대인들 사이에서 유명할까? 기독교가 히브리 성경에서 찾아내는 메시아 예언이 바로 그렇다는 것이다. 화살을 먼저 쏘고 나중에 그리는 과녁과 조금도 다르지 않다고 생각하기 때문이다.

지금까지 살펴본 대로 기독교의 메시아 예언에 그런 측면이 있음을 부정하기는 어려워 보인다. 마치 9·11이 터지고 나서야, 오래전에 나온 애니메이션 〈심슨네 가족〉에 9·11의 예언이 있었다고 주장하는 것과 같다. 하지만 기독교에는 비장의 무기가 하나 있다. 메시아 예언과 관련해 자신 있게 내보일 4번 타자가 있다. 바로 이사야서 53장이다.

"기독교의 메시아 예언이 화살을 쏘고 난 다음에 과녁을 그리는 거라고요? 웃기는군요. 이사야서 53장을 보고도 그런 소리가 나올지 정말로 궁금하네요."

마침내 우리는 유대교와 기독교가 메시아 예언을 놓고 사실상 최후의 결전을 벌이는 현장에 도착했다. 야구에서 진짜 승부는 9회 말 투아웃부터라는 말이 있는데 메시아 예언과 관련해 9회 말 투아웃, 만루 상황에서 타석에 등장한, 현재 3대 0으로 지는 기독교를 대표해 타석으로 나온 4번 타자가 바로 이사야서 53장이다. 홈런 한 방이면 4대 3으로 역전승이다. 그 정도로 이사야서 53장이 가진 영향력은 어마어마하다. 누군가는 이사야서 53장을 예수의 고난을 묘사한 시편 22편과 예수의 승리를 표현한 시편 110편의 결합이라고도 표현했다.[81] 왜 이사야서 53장이 이토록 주목을 받게 되었는지, 그 이유는 자명하다. 유대교가 기다리는, 현실에서 승리를 가져다주는 메시아 개념을 정면으로 반박할 수 있는 유일한 예언이기 때문이다.

히브리 성경 속 메시아와 가장 어울릴 수 없는 개념이 하나 있다면 '죽음'이다. 메시아는 승리하는 사람이지 절대 패배하지 않는다. 유대인은 이집트를 깨어 부수고 백성을 탈출시킨 모세에게서 메시아를 본다. 거대한 골리앗을 돌멩이 하나로 죽인 다윗의 모습에서 메시아를 본다. 수백 개의 메시아 예언 구절은 오로지 승리와 성취를 묘사할 뿐이다. 그것은 유대인

이라면 누구나 다 아는 사실이었다. 그 점에서는 예수와 함께 3년을 동고 동락한 제자들의 생각도 전혀 다르지 않았다. 그들이 스승에게서 바랐던 메시아의 모습 또한 승리자, 메시아였다.

마태복음은 메시아의 개념과 관련해 예수와 베드로 사이에 있었던 설전을 소개한다. 물론 저자의 의도는 예수의 제자들이 멍청하기 이를 데 없음을 강조하기 위해서였지만, 이 에피소드는 은연중에 작지만 중요한 진실 하나를 드러낸다. 바로 당시의 유대인이 갖고 있던 메시아에 대한 일반적인 생각이다.

예수께서는 자신이 마땅히 예루살렘에 올라가서 장로들과 대제사장들과 율법학자들의 손에 많은 고난을 당해야 할 것과 죽임을 당했다가 3일 만에 다시 살아나야 할 것을 제자들에게 드러내기 시작하셨습니다. 그러자 베드로는 예수를 붙들고 거칠게 소리 높였습니다. "주여! 절대로 안 됩니다! 그런 일이 주께 일어나서는 절대로 안 됩니다!"

(마태복음 16:21-22)

베드로의 거친 항의는 다름 아니라 이런 말이다.

"아니, 세상에 고난당하고 죽는 그런 메시아가 어디 있다는 말입니까? 나는 당신을 메시아로 믿고 모든 것을 다 버리고 지금까지 따라왔습니다. 그런데 지금 당신은 내가 속았다고 말하는 것입니까? 당신이 메시아가 아니라는 말입니까?"

그래서 이사야서 53장이 중요하다. 만약에 이 구절이 메시아에 대한 예언이 맞다면, 유일하게 고난당하는 메시아의 모습을 히브리 성경에서 그리기 때문이다. 물론 53장이 정말로 고난받는 메시아를 묘사한다고 해도 합리적인 의문 하나는 여전히 남는다.

"왜 하나님이 수백 개의 구절 중에서 딱 하나에만 고난받는 메시아를 보여주셨을까? 왜 그런 숨은그림찾기를 만들었을까?"

진리는 횟수가 중요하지 않다고 생각해서였을까? 기독교는 그렇게 생각할지도 모르겠다. 하나님을 뜻하는 집약적 복수형 엘로힘을 가리키는 단수형 대명사의 횟수가 2만 번이 넘는데도 불구하고, 딱 4번 나오는 복수형 대명사를 근거로 삼위일체를 주장하는 것과 크게 다르지 않다.

하지만 한 가지는 분명하다. 이사야서 53장 때문에 예수를 메시아로 받아들인 유대인이 많다는 사실이다. 이스라엘 안에서 예수를 메시아로 믿는 유대인이 받는 핍박을 그린 〈회복〉[82]이라는 다큐멘터리가 있다. 거기에도 이사야서 53장이 등장한다. 교회 예배를 방해하는 유대교 청년이 유대인 목사에게 왜 히브리 성경에 나오지도 않는 예수를 메시아라고 믿는지 따지고 들자, 그 목사는 단박에 이렇게 대답한다. "이사야서 53장을 펴고 읽으세요. 그럼 왜 예수가 메시아인지 알게 됩니다."

미국에는 40년째 유대인을 대상으로 복음을 전하는 기독교 라디오 방송 '잇츠 수퍼내쳐럴It's Supernatural'이 있다. 그 방송의 진행자인 유대인 시드 로스Sid Roth는 1972년 귀신에 들려 고통받던 중에, 사도 바울처럼 환상 중에 예수를 만나고 기독교인이 되었다고 한다. 그는 그 후 남은 인생을 바쳐 유대인에게 복음을 전하는 일에 전력을 다한다.

그는 종종 정통 유대교를 믿던 자기 아버지에 대해 간증한다. 아들이 예

---

82   〈회복〉(김종철 감독, 2009).

왜 유대교는 예수를 거부하는가?

295

수를 메시아로 믿는다고 고백하자, 단숨에 부자의 연을 끊었던 단호한 아버지였다. 그런 아버지가 죽기 얼마 전에 시드 로스가 읽어주는 이사야서 53장에 마음이 흔들리고, 결국 아들처럼 예수를 메시아로 인정하게 되었다는 감동적인 이야기다.

이사야서 53장이 낭독될 때 마음이 흔들린 사람은 시드 로스의 아버지만이 아니었다. 신약성경에도 그런 사람이 등장한다. 1세기에 유대민족은 눈앞의 예수를 보고도 메시아라는 사실을 몰랐는데, 이방인은 이처럼 딱 한 번 설명해주니까 바로 깨달았다. 아마 메시아라는 단어의 뜻도 몰랐을 에티오피아 내시가 단박에 복음을 받고 기독교인이 되었다.[83] 그게 다 이사야서 53장 때문이다.[84]

많은 기독교 신학자는 비록 직접적인 인용은 아니지만, 복음서에도 이사

---

83 "그때 주의 천사가 빌립에게 '너는 예루살렘에서 가사로 내려가는 광야 길을 따라 남쪽으로 가거라' 하고 말했습니다. 그래서 빌립이 일어나 가다가 길에서 에티오피아 내시를 만났습니다. 그는 에티오피아 여왕 간다게의 재정을 맡은 고위 관리였습니다. 이 사람이 예루살렘에 예배드리러 갔다가 본국으로 돌아가는 길에 마차에 앉아 예언자 이사야의 책을 읽고 있었습니다. 그때 성령께서 빌립에게 '저 마차로 가까이 다가가거라'고 말씀하셨습니다. 빌립이 마차로 달려가서 그 사람이 예언자 이사야의 글을 읽는 것을 듣고 그에게 '지금 읽고 있는 것을 이해하십니까?'라고 물었습니다. 그러자 그는 '설명해 주는 사람이 없는데 내가 어떻게 알겠소?'라고 대답하면서 빌립에게 마차에 올라와 자기 곁에 앉으라고 부탁했습니다. 그가 읽고 있던 성경 구절은 바로 이것이었습니다. '그는 도살장으로 향하는 양처럼 끌려갔고 털 깎는 사람 앞에서 잠잠한 어린 양처럼 그의 입을 열지 않았다. 그는 굴욕을 당하며 공정한 재판도 받지 못해 이 땅에서 그의 생명을 빼앗겼으니 누가 이 세대의 악함을 말로 다 표현할 수 있겠는가?' 그 내시가 빌립에게 '이 말은 누구를 두고 한 말입니까? 예언자 자신을 두고 한 말입니까, 아니면 다른 사람을 두고 한 말입니까?'라고 물었습니다. 그러자 빌립이 그의 입을 열어 바로 그 성경 구절로부터 시작해서 예수에 대한 복음을 전해주었습니다."(사도행전 8:26-35)

84 이사야서 53장은 2세기가 되어서야 쓰인 베드로전서에서도 언급되었다. 신약성경 전반에 걸쳐서 이렇게 꾸준하게 인용된 히브리 성경은 이사야서 53장이 유일하다고 해도 과언이 아니다. "여러분은 이것을 위해 부르심을 받았습니다. 그리스도께서도 여러분을 위해 고난을 당하시고 여러분에게 본을 남겨 주심으로 그분의 발자취를 따르게 하셨습니다. 그분은 죄를 지으신 일도 없고 그 입에는 거짓이 없었으며."(베드로전서 2:21-22)

야서 53장이 나온다고 주장한다. 그것도 한 번이 아니라 두 번씩이나. 첫 번째는 엠마오로 가던 두 제자에게 부활한 예수가 나타난 장면이다.[85]

> 예수께서는 모세와 모든 예언자들로부터 시작해 성경 전체에서 자기에 관해 언급된 것을 그들에게 자세히 설명해주셨습니다.
>
> (누가복음 24:27)

읽으면 읽을수록 기이하기 이를 데 없는 구절이다. 먼저 예수가 엠마오로 가던 제자들에게 히브리 성경 전체에서[86] 자기에 관해 언급된 것들을 풀어주었다고 한다. 자연스럽게 드는 첫 번째 의문이 있다. "도대체 '히브리 성경 전체'에서 예수에 관해 언급하는 구절이 무엇이지?"

바로 이 부분에서 많은 학자는 예수가 풀어준 구절이 바로 이사야서 53장일 것으로 추측한다. 이게 사실인지 아닌지 확인할 길은 없지만, 이 구절이 진짜로 기이한 이유는 바로 다음 질문이 떠오르기 때문이다. "아니, 왜 지금에 와서야? 자세히 풀어주려면, 십자가에서 죽기 전에 해야 했던 거 아니야?"

복음서 어디에도 예수가 새로운 메시아의 개념을 히브리 성경 속 예언에 비추어서 제자들에게 설명했다는 구절은 전혀 없다. 예수는 왜 살아 있을 때 제자들의 마음을 열어 깨닫게 하지 않았을까? 왜 굳이 부활한 후에야 가장 중요한 이야기, 히브리 성경 속 자신에 대한 예언이 무엇인지 알려주었을까?

---

85   두 번째는 누가복음 24장 44-47절이다. 부활한 예수와 제자들 사이의 만남이다.

86   이 당시에는 신약성경이 만들어지지 않았다.

그런 설명 없어도, '부활한 모습'만 봐도 충분하지 않았을까? 정작 제자들의 마음의 눈을 열어주려면 부활이 현실로 닥치기 전에 해야 했지 않을까? 기독교가 말하는 천국을 생각해보자. 앞에서도 잠시 언급했지만, 이 세상에 차고 넘치는 고통의 원인에 대한 설명이 필요한 때는 고통이 현실인 지금이다. 그런데 기독교는 지금은 모든 것이 희미하지만, 나중에 천국에 가면 다 명확하게 볼 것이라고 말한다. 다 똑똑하게 알게 될 것이라고 한다. 아니, 모든 고통이 다 사라진 후에 군이 이유를 알 필요가 뭐가 있을까? 이미 대학에 들어간 학생에게 수능 잘 치르는 비결을 군이 알려주겠다는 소리와 다를 게 없다. 배부르게 먹고 막 식당에서 나온 사람에게 근처에 있는 맛있는 식당을 알려주겠다는 말과 똑같다.

이제 이사야서 53장에 관한 서론은 이 정도로 하고 본론으로 들어가보자. 이 정도만으로도 독자는 이사야서 53장이 기독교에서 갖는 위상이 얼마나 대단한지 충분히 이해할 수 있다. 53장의 내용은 사실상 52장의 후반부인 13절부터 시작한다. 길지만 전체 내용을 천천히 읽어보자.

52장 13-15절

보라. 내 종이 잘 될 것이다. 그가 드높아지고 존귀하게 될 것이다. 전에는 그의 몰골이 사람이라 할 수 없을 만큼 엉망이고 그의 풍채도 사람의 모습이 아니어서 많은 사람들이 그를 보고 놀랐지만 이제는 **왕**들이 지금껏 아무도 말해주지 않은 것을 보고 아무에게도 들어보지 못한 것을 깨달아서 많은 나라들이 그를 보고 물을 끼얹듯 놀라고 왕들이 그 앞에서 입을 다물 것이다.

53장

우리가 들은 이 소식을 누가 곧이 믿겠느냐? 여호와께서 그분의 팔을 누구에게 드러내셨느냐? 그는 주 앞에서 마치 새싹과 같이, 메마른 땅을 뚫고 나온 싹과 같이 자라났다. 그는 수려한 풍채도 없고 화려한 위엄도 없으니 우리가 보기에 볼품이 없었다. 그는 사람들에게 멸시를 당하고 버림을 받았을 뿐 아니라 고통을 겪었고 언제나 병을 앓고 있었다. 사람들이 그를 보고서 얼굴을 가릴 만큼 그는 멸시를 당했으니 우리마저도 그를 무시해버렸다. 그러나 사실 그가 짊어진 병은 우리의 병이었고, 그가 짊어진 아픔은 우리의 아픔이었다. 그런데도 우리는 그가 맞을 짓을 해서 하나님께서 그를 때리시고 고난을 주신다고 생각했다. 그러나 사실은 우리의 허물이 그를 찔렀고 우리의 악함이 그를 짓뭉갰다. 그가 책망을 받아서 우리가 평화를 누리고 그가 매를 맞아서 우리의 병이 나은 것이다. 우리는 모두 양처럼 길을 잃고 제각각 자기 길로 흩어져 가버렸지만 여호와께서는 우리 모두의 죄악을 그에게 지우시고 그를 공격하셨다. 그는 학대를 받고 괴롭힘을 당했지만 입을 열지 않았다. 마치 도살장으로 끌려가는 어린 양처럼, 마치 털을 깎이는 잠잠한 어미 양처럼 그는 입을 열지 않았다. 그는 강제로 끌려가 재판을 받고 처형을 받았지만 땅에서 그의 생명이 끊어지는 것을 보고서 그가 당하는 것은 내 백성의 죄악 때문이라고 중얼거리기라도 한 사람이 우리 세대 가운데 누가 있느냐? 폭행을 한 적도 없고 거짓말을 입에 담은 적도 없었지만 사람들은 그의 무덤을 악인과 함께 두었고 그가 죽은 후에 부자와 함께 묻어버렸다. 그러나 그가 병들어 으스러진 것은 여호와께서 원하신 일이었다. 그가 그의 생명을 속건 제물로 내놓으면 그는 자손을 보면서 오래오래 살 것이다. 그리고 여호와께서 원하신 일이 그의 손에서 이뤄지고 있다. 그는 고통에서 벗어나서 그가 알고 있었던 자신의 사명을 제대로 이뤄냈음을 보고 만족할 것이다. 내 종이 많은 사람들을 의롭게 할 것이다. 그는 많은 사람의 죄악을 스스로 짊어질 것이다. 그러므로 나는 그에게 많은 사람들을 몫으로 나눠주고 강한 사람들을 전리품으로 나눠주겠다. 그가 자기 목숨을 죽음으로 내던지고 죄 지은 사람들 가운데 하나로 여겨졌으며 많은 사람의 죄를 대신 지고 죄 지은 사람들이 용서를 받도록 중재를 했기 때문이다.

이 본문은 이사야서 41장에서 49장까지 이어진 '고난받는 종의 노래'로 불리는 내용과 연결된다. 내가 알기로 이사야서 53장 본문만을 분석한 논문과 단행본은 수천 권이 넘을 것이다. 그중에서 몇 권을 읽었지만, 이해가 쉽지 않았다. 가끔은 원문보다 더 어렵고 난해한 해설집을 만날 때가 있다. 명확한 내용을 궤변으로, 모르면서 아는 척 포장하기 때문이다.

따라서 지금 우리는 이런저런 복잡한 설명을 생략하고, 오로지 본문 속 내용만을 보면서 상식선에서 하나씩 생각해보자. 자세한 해설 없이 이해할 수 없는 글이라면, 그건 수준이 높아서가 아니라 문제가 많아서다. 좋은 글은 본문만 읽어도 이해할 수 있어야 한다.

1. 이사야서 52장 13절을 보자.

보라. 내 종이 잘 될 것이다. 그가 드높아지고 존귀하게 될 것이다.

여기서 화자는 명확하다. 하나님이다. 그렇다면 하나님이 말하는 내 종은 누구일까? 바로 뒤에 나오는 '그', 나중에 드높아지고 존귀하게 될 '그'

다. 그럼 '그'라는 이 대명사가 가리키는, 하나님이 '내 종'이라고 부른 대상은 과연 누구일까?

2. 52장에서는 화자가 하나님이었는데, 53장에 가서 갑자기 화자가 '우리'로 바뀐다.

우리가 들은 이 소식을 누가 곧이 믿겠느냐?

당장 이렇게 생각할 기독교인이 많을 것이다. '잠깐만, 조금 전 52장에서 화자가 하나님이었는데, 그 하나님이 복수형 우리로 바뀌었으니까, 이건 삼위일체를 증명하는 구절이구나!' 그렇지 않다. 바로 이어지는 다음 문장 때문이다.

여호와께서 그분의 팔을 누구에게 드러내셨느냐?

즉, 53장에 들어와서는 화자였던 하나님이 3인칭으로 바뀌었음을 알 수 있다. 그럼 느닷없이 등장한 새로운 화자, 소식을 들었다는 '우리'는 도대체 누구일까?

3. 52장과 53장을 연결해서 볼 때, 화자는 하나님에서 '우리'로 바뀌었지만, 바뀌지 않은 대상이 있다. 화자가 이야기하는 대상, 하나님이 '내 종'이라고 불렀던 '그'는 바뀌지 않았다. 도대체 '그'는 누구일까? 기독교인에게 익숙한 개역개정을 잠시 가져오자. 53장 5절이다.

왜 유대교는 예수를 거부하는가?

그가 찔림은 우리의 허물 때문이요, 그가 상함은 우리의 죄악 때문이라. 그가 징계를 받으므로 우리는 평화를 누리고 그가 채찍에 맞으므로 우리는 나음을 받았도다.

기독교인이라면 단숨에 무릎을 칠 것이다.

"예수님이구나!"

기독교에서 이사야서 53장이 중요한 이유는 단 하나, 52장 후반부터 등장하는 '그'를 예수라고 생각하기 때문이다. 그런데 '그'가 예수가 되는 순간 생기는 문제가 한두 가지가 아니다.

그 이야기를 하기 전에, 그럼 53장에서 새롭게 화자로 등장한 '우리'가 누구인지를 먼저 살펴보자. 만약에 '그'가 예수라면, '우리'는 당연히 지금 이 글을 쓰는 나와 읽는 독자들이다. 아니, 지난 2,000년간 이 지구상에 살았던 모든 인류다. '그'의 찔림과 징계로 인해 평화를 누리고 나음을 입은 대상이 바로 '우리'이기 때문이다.

4. "아니, '그'는 예수이고 '우리'는 우리이고…… 너무 당연하고 자연스러운 것 같은데 뭐가 문제라는 거지?" 기독교인이라면 당연히 이런 의문이 든다. 정말로 '그'가 예수가 될 때 많은 문제가 생길까? 자, 이제부터 52-53장의 주인공 '그'가 예수가 될 때 생기는 문제점을 살펴보자. 첫 번째 문제다. 눈치가 빠른 독자는 바로 느꼈겠지만, 당장 이 노래의 시작 부분, 그러니까 52장 13절부터 문제가 발생한다.

보라. 내 종이 잘 될 것이다. 그가 드높아지고 존귀하게 될 것이다.

예수가 나중에 드높아지고 존귀해지는 것은 문제가 없는데, 눈에 걸리는 구절이 있다. 하나님이 예수를 부른 호칭, '내 종'이다. 아니, 예수가 누구인가? 하나님과 동등한 삼위일체가 아닌가? 아무리 인간의 몸을 입었다고 해도 여전히 100퍼센트 신성을 보유한 하나님이 아닌가? 그런데 그런 예수를 어떻게 하나님이 '나의 종'이라고 부를 수 있을까?

두 번째 문제다. '그'가 받은 모든 고통이 다 과거 시제로 쓰였다는 점이다. 이사야서는 예수가 태어나기 거의 700년 전에 쓰였다. 왜 이사야는 예언을 미래 시제로 쓰지 않았을까? 이 부분은 당연히 구약성경을 편찬한 사람들에게도 문제가 되었다. 다른 영어 성경과 달리 킹제임스 버전은 3절에서 5절까지 시제를 현재형 수동태로 바꾸었다. 아예 확실하게 미래 시제로 바꾸고 싶었을 것이다. 그러나 차마 그렇게 하지는 못했다. 우리말 성경은 다행히 정확하게 과거형을 사용했다.

He is despised and rejected of me. (KJV)

He was despised and rejected by men. (NIV)

그는 사람들에게 멸시를 당하고 버림을 받았을 뿐 아니라.

세 번째 문제다. 8절 때문이다. 앞의 두 가지보다 훨씬 심각한 문제다.

그가 당하는 것은 내 백성의 죄악 때문이라고……

히브리 원문에는 여기 나오는 '그'가 단수가 아닌 복수, '그들'이다. 히브리 원어를 정확하게 영어로 번역한 두 성경을 보자.

affliction upon them(lamo in Hebrew) that was my people's sin. (Jewish Bible, Stone edition)[87]

그들에게 닥친 재앙은 내 백성의 죄악 때문이다.

because of the transgression of my people, a plague befell them. (Chabad version)

내 백성의 죄악 때문에 재앙이 그들에게 닥쳤다.

이건 매우 심각한 문제였다. 영어 성경 편집자는 히브리 원문의 복수형 '그들'을 그대로 둘 수 없었다. 킹제임스 버전뿐 아니라 다른 모든 영어 성경이 복수형 '그들'을 단수인 '그'로 일제히 바꾸었다.

for the transgression of my people was he stricken. (KJV)
for the transgression of my people he was stricken. (NIV)

충분히 이해할 수 있다. 왜냐하면 예수가 여러 명일 수는 없기 때문이다. 미래형이 되어야 할 시제가 과거가 되는 정도야 어느 정도 변명이 가능하다. "문학적 상상력을 좀 발휘하세요. 그 시대로 가서 과거를 회상하는 그런 느낌으로 썼으니까 그렇지요." 이렇게 말하면 고개를 끄덕일 수도 있다.

그러나 한 사람이 갑자기 여러 명이 되는 것은 말이 안 된다. 아예 설명

---

87   Asher Norman, *Twenty-Six Reasons Why Jews Don't Believe in Jesus*(Black WHilte and Read Publishing. 2007), p.242.

할 방법이 없다. 게다가 예수가 누구인가? '유일한 구원자'가 아니던가? 그래서 구약성경 편집자는 일제히 원문의 복수를 단수로 바꾸었다.

이 점을 놓고 마이클 브라운[88] 같은 저명한 유대인 기독교 변증가는 앞에서 이미 살펴본 단어, '엘로힘'처럼 '그들'이라는 이 단어가 비록 형태는 복수지만, 사실상 단수를 의미하는 집약적 복수intensive plural의 하나라고 설명한다.[89] 그런데 왜 보통명사도 아닌 대명사에, 그것도 사람을 가리키는 대명사에 집약적 복수형을 썼는지 이해하기 어렵다.

집약적 복수가 쓰인 대표적 단어, 엘로힘의 경우 이 복잡한 삼라만상의 복잡한 모든 비밀이 오로지 '한 분' 속에 있음을 강조하려고 복수형을 썼다. 이처럼 집약적 복수형이 쓰인 데는 분명한 이유와 목적이 있다. 그럼 이 구절에 쓰인 '그들'에는 무슨 목적이 있을까? 굳이 집약적 복수형이 쓰인 이유가 무엇일까? 이해하기 어려운 설명이다.

네 번째 문제다. 전반적으로 '그'에 대한 묘사가 복음서에 드러난 예수와 도통 맞지 않다는 점이다. 개역개정은 3절을 이렇게 번역했다.

그는 …… 간고를 많이 겪었으며 질고를 아는 자라.

영어 성경을 보면 '간고'에 해당하는 단어는 슬픔을 의미하는 'sorrow'다. '질고'에 해당하는 단어로는 깊은 슬픔의 'grief' 또는 고통의 'suffering'을 썼다. 그런데 히브리 성경을 정확하게 영어로 옮기면 다음과 같다.

---

88   Michael L. Brown, 1959~.

89   Michael L. Brown, *Answering Jewish Objections to Jesus, Volume 3: Messianic Prophecy Objections* (BakerBooks. 2003), pp.49~57.

a man of pains and accustomed to illness.[90]

고통의 사람이며 항상 육신의 질병에 걸려 있었다.

놀랍게도 우리말 새번역 성경이 히브리 원어를 '제대로' 번역했다.

고통을 많이 겪었다. 그는 언제나 병을 앓고 있었다.

예수가 언제 아팠던가? 감기도 한번 앓은 적이 없을 정도로 매우 건강했다. 그는 오히려 항상 병자들을 치료했다. 그런데 예수가 너무 아팠다고 한다. 게다가 느낌상 그 병이 거의 전염병이 아닌가 하는 의구심이 들 정도다. 3절의 다음 구절과 이렇게 이어지기 때문이다.

언제나 병을 앓고 있었다. 사람들이 그를 보고서 얼굴을 가릴 만큼 그는 멸시를 당했으니 우리마저도 그를 무시해버렸다.

보는 사람이 얼굴을 가릴 정도로 아팠다? 도대체 사람이 얼마나 아파야 얼굴을 가릴까? 생각나는 것이라고는 나병(한센병)이나 에이즈 정도다. 여기에는 영적이라는 단어가 들어갈 여지도 없다. 아무리 그 말을 좋아하는 사람도 예수가 영적으로 아팠다고 말하지는 않을 것이다.

예수가 영적으로 아프면, 문제가 더 심각해진다. 아, 좀 억지스럽긴 해도 죄와의 싸움이 주는 '영적 짓누름'을 이렇게 표현했다고 주장할 수는 있겠

---

90   http://www.chabad.org/library/bible_cdo/aid/15984#showrashi=true.

다. 도대체 '그'가 얼마나 아팠는지 모르지만, 심각해도 여간 심각하게 아프지 않았던 것 같다.

하지만 예수는 병에 걸린 적이 없었다! 그렇기에 이 구절의 표현처럼 사람들이 얼굴을 가릴 정도의 멸시를 받은 적이 없다. 게다가 이 구절은 분명하게 한 가지 사실을 더 말한다.

우리마저도 그를 무시해버렸다.

'우리마저도' 예수를 무시했다고? 기독교의 설명에 의하면 '우리'는 다름 아닌 예수로 인해 구원받은, 치유받은 기독교인이다. 그런데 기독교인이 예수를 무시했다고? 언제? 십자가를 지고 가는 예수를 보면서 유대인이 무시했다고 하면 차라리 말이 된다. 그러나 유대인은 이 본문 속 '우리'가 아니다. 예수로 인해 구원받은 우리들, 그러니까 신약성경에 따르면 예수를 믿게 된 이방인이 본문이 말하는 '우리'에 가장 가깝다.

구원받은 '우리'가 언제 예수를 무시했나? 그러나 본문은 예수를 보고 얼굴을 가린 '사람들'과 예수를 무시한 '우리'를 분명히 구분한다. 그러니까 기독교의 해석에 따르면 '사람들'은 유대인을 비롯해 예수를 메시아로 인정하지 않은 모든 사람이고, '우리'는 예수 때문에 구원받은 기독교인을 의미한다. 그런데 '우리마저도' 예수를 무시했단다. 언제? 이어지는 7절을 보자.

그는 학대를 받고 괴롭힘을 당했지만 입을 열지 않았다. 마치 도살장으로 끌려가는 어린 양처럼, 마치 털을 깎이는 잠잠한 어미 양처럼 그는 입을 열지 않았다.

하지만 복음서를 보면 예수는 십자가에서 결코 침묵을 지키고만 있지는 않았다. 여러 번 입을 열었다. '입을 열지 않았다'라는 구체적 묘사와는 거리가 있다. 4절은 또 어떤가?

그런데도 우리는 그가 맞을 짓을 해서 하나님께서 그를 때리시고 고난을 주신다고 생각했다.

솔직히 정신을 확 들게 하는 구절이다. 이 세상에 예수가 맞을 짓을 해서 십자가에 달렸다고 생각한 사람이 얼마나 있을까? 그런 생각을 하는 사람이 예수에게 치유받은 '우리'란다. 아니, 우리가 예수를 무시한 것도 모자라서, 이제는 아예 예수를 보면서 맞을 짓을 해서 하나님께 벌을 받는다고 생각했다고? 정말로?

기독교인은 말할 것도 없고 교회를 다니지 않는 사람도 예수를 보면서 차마 그렇게 생각하지 않는다. 지금 길을 걸어가는 비기독교인 아무나 붙잡고 한번 물어보자.

"예수가 왜 죽었다고 생각하세요?"

"맞을 짓을 해서 하나님이 십자가에 죽임을 당하게 하신 거 아닌가요?"

이런 대답을 할 사람은 1,000명에 단 한 명도 없을 것이다. 위 본문은 전혀 예수와 어울리지 않는다.

오히려 현실은 반대다. 대부분 사람은 예수가 억울하게 죽임을 당했다고 생각한다. 예수를 메시아로 믿는 사람이든 그렇지 않은 사람이든지, 그의 죽음을 보며 안타까움을 느끼면 느꼈지 당해서 싸다고 생각하는 사람은 아무도 없다. 예수의 죽음을 보면서 '인과응보'라고 생각하는 사람은 내가 아는 한 이 세상에 아무도 없다. 10절을 보자.

그러나 그가 병들어 으스러진 것은 여호와께서 원하신 일이었다.[91]

예수 십자가상의 죽음을 '병들어 으스러진'으로 표현할 수 있을까? 전혀 적절하지 않은 표현이다. 차라리 십자가의 참혹한 고문으로 '으스러졌다'라고 하면 몰라도. 그런데 본문은 분명하게 표현한다. '병이 들어서 으스러졌다고……' 이 구절을 어떻게 이해해야 할까?

아마도 앞에서 언급한 구절, '언제나 병을 앓고 있었다'와 연결되는 것 같지만, 문제는 이런 표현이 예수와는 전혀 맞지 않는다는 사실이다. 그러나 53장은 '그'에 대해 일관되게 병이 들었다. 그래서 사람들이 피했다고 묘사한다. 그런데 진짜 중요한 문제가 발생한다. 10절 후반부다. 그가 병들어 으스러졌지만, 하나님께서 그를 다시 회복시킨 부분이다. 우리말 성경은 다음과 같이 정확하게 번역했다.

그가 그의 생명을 속건 제물로 내놓으면 그는 자손을 보면서 오래오래 살 것이다.[92]

---

91   영어 성경과 개역개정 등의 다른 한글판은 '병'이라는 단어를 쓰지 않는다. 병 대신 또 '질고'라는 단어를 썼다. "여호와께서 그에게 상함을 받게 하시기를 원하사 질고를 당하게 하셨은즉."

92   "he shall see children, he shall prolong his days." (Chabad version)

예수는 오래 살지 않았다. 고작해야 서른을 조금 넘기고 죽었다. 게다가 그는 자손을 보지도 못했다. 기독교인은 고개를 설레설레 흔들 것이다.

"이봐요, 이거야말로 정말로 영적 자손을 말하는 것 아닙니까? 이거야말로 100퍼센트 영적으로 해석해야 하는 거 아니겠어요? 나도 당신만큼이나 영적 해석 별로 좋아하지 않아요. 하지만 그런 해석이 필요할 때가 있잖아요? 바로 지금 이 구절이 아니겠어요? 정말로 그걸 모르겠습니까?"

물론 오래오래 사는 장수야 영적으로 해석한다고 치더라도, 문제는 자손children, offsprings에 해당하는 히브리 원어가 '지라'라는 데 있다. 왜냐하면 이 단어는 말 그대로, 남자의 '정액'을 의미하기 때문이다. 히브리 성경에서 지라는 무려 205번이나 나온다. 그리고 그 단어는 '언제나' 육적인 자손을 의미한다.[93] 그래서 우리나라의 개역개정도 다음과 같이 번역했다.

　　그가 씨를 보게 되며 그의 날은 길 것이요.

히브리 성경에서 영적 자손을 의미할 때 쓰이는 다른 단어가 있다. 아들을 의미하는 '벤' 또는 '바님'과 '브나이' 등이다.[94] 따라서 이 구절을 영적 해석이라는 구실로 예수에게 적용할 수 없다. 히브리어 '지라'가 주는 문제는 앞에서 살펴본 이사야서 7장 14절의 '알마'가 처녀가 아니라, 젊은 여자라는 사실과 비교될 만큼 심각한 문제다. 10절의 마지막 내용을 보자.

　　그리고 여호와께서 원하신 일이 그의 손에서 이뤄지고 있다.

93　　창세기 1장 11절, 3장 15절, 12장 7절, 15장 3절 등이 '지라'가 육적인 자손으로 사용된 사례다.

94　　Asher Norman, 앞의 책, p.246.

말 그대로 해피엔딩이다. 이어지는 11절부터 주어는 '우리'에서 다시 하나님으로 바뀐다. 다시, 하나님이 화자가 된다. 그런데 당장 11절에서 하나님은 '그'를 다시 '내 종'이라고 부른다. 앞에서 이미 살펴본 문제다. 왜 하나님이 예수를 자꾸 '종'이라고 부를까? 한 번도 아니고…… 12절에 가면 또 하나 곤란한 구절이 나온다. 하나님이 예수에게 전리품을 나눠주겠다고 말하기 때문이다. 전리품이 무엇인가? 왕이 신하에게 하사하는 선물이다. 그런데 하나님이 예수에게 전리품을 준다고? 이걸 어떻게 받아들여야할까?

그러므로 나는 그에게 많은 사람들을 몫으로 나눠주고 강한 사람들을 전리품으로 나눠주겠다. 그가 자기 목숨을 죽음으로 내던지고 죄 지은 사람들 가운데 하나로 여겨졌으며 많은 사람의 죄를 대신 지고 죄 지은 사람들이 용서를 받도록 중재를 했기 때문이다.

다섯 번째 문제다. 이어지는 54장 내용 때문이다. 살펴본 대로 53장의 마지막은 해피엔딩이다. 비록 고통받았지만, 결국 '그'가 회복되고 승리하는 모습으로 마무리된다. 그는 많은 사람과 전리품을 챙기고 승리자가 되었다. 54장은 그런 '그'의 모습을 더욱더 생생하게 그려낸다. 53장 11절에 이어서 화자는 계속 하나님이다. 당연히 고통받았지만, 승리한 '그'를 향한 하나님의 말씀이다. 54장 1절부터 10절까지다.

"환호성을 질러라, 아이를 낳지 못하는 여인아! 환호성을 터뜨리며 소리쳐라, 산고를 겪어보지 못한 여인아! 홀로 쓸쓸히 지내는 여인의 자녀들이 결혼한 여인의 자녀보다 더 많기 때문이다."

여호와께서 말씀하셨다.

"장막 터를 넓히고 장막의 휘장을 아낌없이 활짝 펼쳐라. 장막 줄을 길게 늘이고 말뚝을 단단히 박아라. 네가 좌우로 터져 나갈 것이기 때문이다. 네 자손이 뭇 나라를 차지하고 버려졌던 성읍들에 살게 될 것이다. 두려워하지 마라! 네가 부끄러움을 당하지 않을 것이다. 기죽지 마라! 네가 창피를 당하지 않을 것이다. 너는 어린 시절의 부끄러움을 잊고 과부 시절의 창피를 더 이상 떠올리지 않을 것이다. 너를 만드신 분이 네 남편이시다. 그 이름은 만군의 여호와시다. 이스라엘의 거룩한 분이 네 구원자시다. 그분은 '온 땅의 하나님'이라 불린다. 버림받은 여인처럼 마음에 상처를 입은 너를 여호와께서 부르신다. 어린 시절에 버려진 여인과 같은 너를 여호와께서 부르신다."

네 하나님께서 말씀하셨다.

"내가 잠시 너를 버렸지만 큰 긍휼로 너를 다시 모으겠다. 노여움이 북받쳐서 내가 잠시 내 얼굴을 네게서 숨겼지만 이제 영원한 사랑으로 네게 자비를 베풀겠다."

네 구원자 여호와께서 말씀하셨다.

"노아 시대에 다시는 땅을 물로 덮어버리지 않겠다고 내가 맹세한 것처럼 이제 맹세한다. 나는 네게 화를 내지 않고 꾸짖지도 않겠다. 산들이 옮겨지고 언덕이 흔들려도 내 사랑은 네게서 옮겨지지 않고 내 평화의 언약은 흔들리지 않을 것이다."

너를 가엾게 여기시는 여호와께서 말씀하셨다.

54장에 등장하는 하나님이 던진 '그'를 향한 표현이다. 이들 표현 중 예수에게 어울리는 게 한 단어라도 있을까?

> 아이를 낳지 못하는 여인아!
> 네 자손이 뭇 나라를 차지하고
> 기죽지 마라!
> 너는 어린 시절의 부끄러움을 잊고 과부 시절의 창피를……
> 너를 만드신 분이 네 남편이시다
> 어린 시절에 버려진 여인과 같은 너를
> 내가 잠시 너를 버렸지만
> 네게 화를 내지 않고 꾸짖지도 않겠다.

누가 읽어도 하나님이 말하는 대상이 예수일 수 없다. 그렇다면 이사야 선지자는 53장에서 '그'를 예수로 생각하고 쓰다가, 54장에 가서 갑자기 '그'를 다른 대상으로 바꾼 걸까? 그렇게 이해해야 할까? 그렇다면, 이 본문을 이해하는 다른 방법은 무엇이 있을까?

본문에는 세 주체가 등장한다. ① 예수에 해당하는 '그.' ② 화자인 하나님. ③ 복수형 '우리', 인류 전체를 의미하기도 하지만 대부분의 경우에 예수를 믿고 구원받은 기독교인. 그런데 52장 15절에 보면 우리가 그냥 지나쳤던 한 무리, '왕들'과 '많은 나라들'이 등장한다.

> 이제는 **왕들**이 지금껏 아무도 말해주지 않은 것을 보고 아무에게도 들어보지 못한 것을 깨달아서 **많은 나라들**이 그를 보고 물을 끼얹듯 놀라고 **왕들**이 그 앞에서 입을 다물 것이다.

왜 유대교는 예수를 거부하는가?

313

15절은 앞에 나온 13절과 연결된다.

보라. 내 종이 잘될 것이다. 그가 드높아지고 존귀하게 될 것이다.

한마디로 갑자기 잘되고 드높아진 그를 보고 왕들과 그들이 다스리는 나라들이 놀라서 입을 다물지 못한다는 뜻이다. 그렇다면 하나의 가능성이 생긴다. 53장부터 등장한 화자, 복수형 '우리'가 혹시 이 '왕들'이 아닐까? 그러니까 이 왕들이 처음에는 '그'가 정말로 아무것도 아닌 줄 알고 무시했는데, 갑자기 엄청나게 성공하는 모습에 입이 딱 벌어져서 자기도 모르게 53장의 내용을 독백처럼 쏟아낸 것은 아닐까? 사실 이게 이사야서 53장에 대한 유대교의 해석이다.

'우리'가 다른 나라의 왕들이라면, 그들이 바라보면서 감탄하는 '그'는 도대체 누구일까? 바로 '유대민족'이다. 그럼 질문 하나가 자연스럽게 떠오른다.

"그가 예수일 때 생기는 문제들이 '그'가 '유대민족'이 되면 사라지나요?"

지금부터 그 점을 살펴보자.

첫 번째 문제다. 왜 하나님은 그를 내 종이라고 불렀을까?

하나님이 유대민족을 내 종이라고 부르는 것은 하나도 문제 될 것이 없다.

두 번째 문제다. 왜 그가 고통받는 모습이 과거형으로 쓰였을까?

유대민족의 역사를 생각하면 과거형이 되는 것이 당연하다. 이집트의 노예 시절, 그리고 이사야를 쓰던 당시 당면한 바벨론 유수 등.

세 번째 문제다. 히브리 원문에는 8절에 나오는 '그'가 복수형 '그들'로 바뀌었다. 왜 갑자기 단수형으로 쓰던 유대민족을 복수형으로 바꾸었을까?

호세아서 11장 1-2절을 보자.

이스라엘이 어린아이였을 때 내가 그를 사랑했고 이집트에서 내 아들을 불러냈다. 그러나 내가 그렇게 부르면 부를수록 그들은 내게서 떠나갔다.

한 문맥 안에서 유대민족을 '그'라는 단수와 '그들'이라는 복수를 함께 쓰는 것을 확인할 수 있다. 따라서 이 문제도 '그'가 유대민족일 때는 전혀 문제가 되지 않는다.

네 번째 문제다. 3절 앞부분과 뒷부분, 7절, 4절의 구절은 예수의 모습과 전혀 어울리지 않는다.

언제나 병을 앓고 있었다.

사람들이 그를 보고서 얼굴을 가릴 만큼 그는 멸시를 당했으니 우리마저도 그를 무시해버렸다.

그는 학대를 받고 괴롭힘을 당했지만 입을 열지 않았다. 마치 도살장으로 끌려가는 어린 양처럼, 마치 털을 깎이는 잠잠한 어미 양처럼 그는 입을 열지 **않았다.**

그런데도 우리는 그가 맞을 짓을 해서 하나님께서 그를 때리시고 고난을 주신다고 생각했다.

앞의 세 구절은 유대민족이 얼마나 멸시받았는지를 생각하면 쉽게 이해할 수 있다. 특히 마지막 구절, "그런데도 우리는 그가 맞을 짓을 해서 하나님께서 그를 때리시고 고난을 주신다고 생각했다"는 유대민족에게 딱 들어맞는다. 인류는 유대민족이 2,000년간 당한 고통은 다름 아닌 그들의 잘못 때문이라고 생각했다. 바로 예수를 죽인 잘못이다. 일단 유대민족이 예수를 죽였다는 말도 안 되는 복음서의 '거짓말'을 굳이 자세히 언급하지 않더라도, 이런 주장은 그 자체로 모순이다. 기독교의 교리에서는 예수가 죽었기 때문에 구원이 가능해지는데, 왜 예수를 죽인 민족을 미워할까? 예수가 살아서 장수하다가 죽었다면 하나님의 구원 계획이 다 틀어지는데, 왜 유대민족을 미워할까? 도리어 그들에게 감사해야 하지 않을까?

초대교회 교부들이 남긴 많은 저작물은 유대인에 대한 엄청난 증오로 가득하다. 이유 없는 증오가 아니다. 예수를 죽인 그들은 미움받아 마땅한 민족이라는 것이다. 그리고 그 증오는 지난 2,000년간 이어져 왔다. 곧 살펴보겠지만 종교개혁자 마르틴 루터도 유대인을 죽어 마땅하다고 생각했고, 나치는 그 증오를 끔찍한 현실 속 악몽으로 만들었다. 고통당하는 유대민족을 보면서 인류는 속된 말로, '너희들은 그 꼴을 당해도 싸'라고 생각했다. 그들이 당하는 고통은 10절의 앞 구절처럼 맞을 짓을 했기 때문에 하나님에게 받는 매라고 생각했다.

그러나 그가 병들어 으스러진 것은 여호와께서 원하신 일이었다.

글쎄, 유대민족을 어떻게 보는가에 따라 생각이 다를 수 있다. 그러나 지난 2,000년간의 반유대주의를 생각하면 사실상 온 세계가 유대민족을 '전염병' 보듯이 했다는 말을 누가 부정할 수 있을까? 나치가 유대민족에게 어떤 짓을 했는가? 마치 약을 뿌려서 바퀴벌레를 잡듯이, 아니 그것보다 더 잔인하게 그들을 살육했다. '병들어 으스러진'이라는 표현에 유대민족보다 더 잘 맞는 민족이 또 있을까? 10절의 중반부는 민족의 번영을 말한다.

그가 그의 생명을 속건 제물로 내놓으면 그는 자손을 보면서 오래오래 살 것이다.

민족의 번영은 당연히 육적인 번영이다. 물론 현재의 유대민족을 놓고 이 예언이 이뤄졌는지 여부는 사람마다 생각이 다를 수 있겠지만, 민족의 번영을 놓고 육체적 표현, '정액'을 쓴 것은 하나도 이상할 것이 없다. 말 그대로 은유적 표현이다. 그리고 이미 앞에서 살펴본 대로, 유대교에서 번영은 이 땅에서 많은 자손이 번성하는 것이다. 죽고 내세에 가서 영원히 사는 게 전혀 아니다. 따라서 이 구절은 히브리 성경 속의 복 개념을 잘 표현한다. 게다가 유대민족은 히브리 성경에 등장하는 수많은 민족 중에서 현재까지 그 정체성을 지키며 이어오는 유일한 민족이다. 10절의 후반부와 12절을 보자.

그리고 여호와께서 원하신 일이 그의 손에서 이뤄지고 있다.

그러므로 나는 그에게 많은 사람들을 몫으로 나눠주고 강한 사람들을 전리품으로 나눠주겠다. 그가 자기 목숨을 죽음으로 내던지고 죄 지은 사람들 가운데 하나로 여겨졌으며 많은 사람의 죄를 대신 지고 죄 지은 사람들이 용서를 받도록 중재를 했기 때문이다.

하나님이 유대민족에게 전리품을 나눠준다는 말은 조금도 이상하지 않다. 당연한 표현이다.

다섯 번째 문제다. 53장에 이어지는 54장 속 예수를 가리킨다고는 도저히 생각할 수 없는 다양한 표현들 때문이다. 54장에 등장하는 '그'를 향한 표현을 다시 보자.

> 아이를 낳지 못하는 여인아!
> 네 자손이 뭇 나라를 차지하고
> 기죽지 마라!
> 너는 어린 시절의 부끄러움을 잊고 과부 시절의 창피를……
> 너를 만드신 분이 네 남편이시다.
> 어린 시절에 버려진 여인과 같은 너를
> 내가 잠시 너를 버렸지만
> 네게 화를 내지 않고 꾸짖지도 않겠다.

유대민족보다 이 표현에 적합한 민족도 없다. 내 눈에 53장의 '그'가 유대민족이라는 사실은 너무도 확실하다. 게다가 40장을 지나면서부터 전개된 내용을 볼 때, 줄곧 유대민족을 지칭하던 '내 종'이 53장에 이르러 갑자기 '예수'라는 700년 후의 미래 인물로 바뀌는 것은 전혀 말이 되지 않기 때문이다.

예를 들어보자. 만약에 내가 대통령 선거 찬조 연설에 나와서 문재인 대통령을 지지하는 연설을 한다고 생각해보자. 약 30분 동안 나는 왜 문재인이 대통령이 되어야 하는지 역설했다. 나는 30분 연설 내내 문 대통령을 일관되게 '문 후보'라고만 지칭했다. 그런데 사실 내가 중간 한 5분 정도, 비록 호칭은 '문 후보'를 똑같이 썼지만, 사실은 문재인 후보가 아니라 경쟁 후보로 나온 '박 모 후보'를 지칭하면서 연설했다고 우긴다면? 이게 말이나 되는 소리일까?

마찬가지. 하나님이 이사야를 통해 계속해서 '내 종 야곱, 이스라엘'을 부르다가[95] 갑자기 뜬금없이 53장에 와서 그 대상을 '예수'로 바꾼다? 말이 되지 않는다. 그렇기 때문에 그가 예수라고 주장하는 순간, 앞에서 살펴보았던 것처럼 엄청난 논리적 문제가 발생할 수밖에 없다. 문제가 발생하지 않으면 그게 기적이다.

마지막으로, 이사야서 53장에 숨겨진 중요한 오역을 하나 살펴보자. 어떻게든지 예수를 메시아로 만들기 위해 영어 성경 편집자들은 이사야서 53장을 비롯해 구약성경 전반에 걸쳐서 치밀하고 교묘하게 수정했다. 그 중에서도 가장 은밀한 수정이 바로 53장 5절의 '전치사 바꿔치기'다. 구약성경을 편집한 당시의 학자들이 얼마나 빈틈없는, 똑똑한 사람들이었는지를 알게 하는 부분이다.

But he was pierced for our transgressions, he was crushed for our iniquities.

---

95   이사야서 41장 8-9절, 44장 1절, 44장 21절, 45장 4절, 48장 20절, 49장 3절 등.

왜 유대교는 예수를 거부하는가?

그가 찔림은 우리의 허물 **때문이요** 그가 상함은 우리의 죄악 **때문이라.** (개역개정)

그러나 히브리 성경 원문에 따르면 전치사 for는 because of 또는 by가 되어야 한다.

But he was pained because of our transgressions, crushed because of our iniquities.[96]

'because of'라는 전치사를 우리말 성경은 정확하게 번역했다. 나는 이 책을 쓰면서, 우리말 성경의 정확한 번역에 새삼 여러 번 놀랐다.

그러나 사실은 우리의 허물이 그를 찔렀고 우리의 악함이 그를 짓뭉갰다.

사실 두 문장 사이에 무슨 차이가 있는지 금방 알기 어렵다. "우리의 허물 때문에 찔리는 것과 우리의 허물이 찌른 것이 뭐가 다르지요? 같은 말 아닌가요?" 얼마든지 이렇게 생각할 수 있다. 전치사가 따로 없는 우리말 구조의 특징 때문이다. 그러나 그렇지 않다. 영어에서는 전치사 하나가 어마어마한 의미의 차이를 만들기 때문이다. 예를 들어보자.

He was killed for his son.

---

96   http://www.chabad.org/library/bible_cdo/aid/15984#showrashi=true.

그는 아들을 위해서 죽었다.

He was killed because of his son.
그는 아들 **때문에** 죽었다. 그가 죽은 것은 아들 탓이다.

전치사 'for'를 쓸 때는 주어인 아버지의 **자발적 의지**가 포함된다. 아들을 위해서 기꺼이 목숨을 바쳤다는 희생의 의미다. 그러나 'because of'가 될 때 그런 자발적 의지는 사라진다. 원하지 않았는데도 아들 탓으로 죽었다는 것이다. 따라서 이 문장은 이렇게도 바꿀 수 있다.

His son killed his father.
그의 아들이 아버지를 죽였다.

의미가 완전히 달라졌음을 알 수 있다. "우리의 허물이 그를 찔렀다"는 우리말 성경의 번역이 왜 정확한지 알 수 있다. 좀 더 과격한 예를 한번 들어보자.

유대인은 나치를 위해서(for) 죽었다.
유대인은 나치 때문에(because of) 죽었다. 즉, 나치가 유대인을 죽였다.

전치사 하나가 문장의 의미를 하늘과 땅 차이로 만드는 것을 알 수 있다. 53장 5절도 마찬가지다. 예수가 우리의 죄를 사하려고 자발적으로(for) 죽은 것과 우리 죄가 죽고 싶은 마음이 전혀 없는 예수를 죽인 것은 신학적으로 매우 큰 차이다. 죽음이라는 결과는 같을지 몰라도 그 과정은 하늘과 땅 차이다. 전혀 다른 이야기다. 영어 성경을 편찬한 똑똑한 기독교인은 이 차이를 정확하게 알았고, 그 심각한 문제를 해결하려고 오래전, 17세기 초 킹제임스 성경을 번역하면서 전치사를 교묘하게 바꿔치기했다.

결론적으로 전치사가 'for'가 아니라 히브리 성경 원문대로 'because of'가 될 때 본문 속 '그'는 결코 예수가 될 수 없다. 죽기 싫었음에도 억지로 죄인들 때문에 죽은 존재이기 때문이다. 그러나 '그'가 유대민족이 될 때 이 문제는 자연스럽게 해결된다. 유대민족은 죽고 싶지 않았다. 고통당하고 싶지 않았다. 어떤 유대인도 스스로 원해서 아우슈비츠 수용소로 들어가지 않았다.

이처럼 '그'가 예수가 아니라 '유대민족'이 되자 마치 거짓말처럼 심각했던 문제가 모두 해결되었다. 그렇다면 여기서 '그'는 100퍼센트 '유대민족'이라고 결론을 내려도 될까? 행여 '그'가 유대민족이 되었을 때 생기는 '새로운' 문제는 없는 걸까?

나는 이 글을 쓰려고 이사야서 53장을 반복해서 읽었다. 읽을수록 '그'가 유대민족이라는 사실이 점점 더 분명했다. 그러나 여전히 풀리지 않는 의문이 하나 있었다. 바로 5절과 10절 때문이었다.

그러나 사실은 우리의 허물이 그를 찔렀고 우리의 악함이 그를 짓뭉갰다. 그가 책망을 받아서 우리가 평화를 누리고 그가 매를 맞아서 우리의 병이 나은 것이다.

그러나 그가 병들어 으스러진 것은 여호와께서 원하신 일이었다.

여기서 화자인 '우리'는 유대민족을 바라보는, 52장에서 왕으로 지칭된 이방인임이 분명하다. 우리가 이미 유대교의 인간관에서도 살펴보았지만, 유대교에 따르면 인간은 자신을 책임지는 존재다. 하나님의 토라를 순종하면 복을 받고 거역하면 벌을 받는다. 다른 사람이 아닌 내가 나를 책임진다. 이게 유대교의 사고이고, 그 사고는 다름 아닌 히브리 성경에서 왔다. 하나님은 분명히 이렇게 말했기 때문이다.

> 죄 짓는 사람, 그가 죽을 것이다. 아들이 자기 아버지의 죄를 감당하지 않을 것이고 아버지가 자기 아들의 죄를 담당하지 않을 것이다. 의인의 의로움이 자기에게 돌아갈 것이고 악인의 사악함이 자기에게 돌아갈 것이다.
>
> (에스겔서 18:20)

> 그때에는 사람들이 더 이상 '아버지가 신 포도를 먹었으니 그 자식들의 이가 시다'라고 말하지 않을 것이다.
>
> (예레미야서 31:29)

그런데 왜 유대민족이 이방인의 잘못 때문에 고통받아야 하는가? 그들 자신이 잘못해서 이렇게 털이 깎이는 양이 되었다면 이해할 수 있다. 그런데 왜 이방민족의 죄 때문에 유대민족이 고통받아야 하는가? 게다가 10절은 분명하게 말한다. 그들의 고통은 하나님이 원하신 것이라고 한다. 지금까지 내가 이해한 유대교의 하나님에 비춰볼 때 이해하기 어려웠다. 이사야서 53장이 내게 준 유일한 어려움이었다.

지금으로서는 언제가 될지 모르지만, 좀 더 공부하면 이 의문이 풀리는 날이 있지 않을까 기대할 뿐이다. 한편으로 이사야서 53장을 읽는 내내 나는 마음이 아팠다. 그 어떤 구절들보다 7-8절 때문이었다.

그는 학대를 받고 괴롭힘을 당했지만 입을 열지 않았다. 마치 도살장으로 끌려가는 어린 양처럼, 마치 털을 깎이는 잠잠한 어미 양처럼 그는 입을 열지 않았다. 그는 강제로 끌려가 재판을 받고 처형을 받았지만 땅에서 그의 생명이 끊어지는 것을 보고서 그가 당하는 것은 내 백성의 죄악 때문이라고 중얼거리기라도 한 사람이 우리 세대 가운데 누가 있느냐?

기독교는 여기서 예수를 보지만, 나는 유대민족을 보았다. 특히 아우슈비츠에서 가스실로 끌려간 홀로코스트 희생자를 생각했다. 그들이야말로 입을 열지 않았다. 무참하게 털이 깎인 양처럼 도살장으로 말없이 그렇게 끌려갔다. 그들은 강제로 처형당했고, 그들의 생명은 무자비하게 끊어졌다. 제2차 세계대전 동안 무려 600만 명의 유대인이 홀로코스트로 사망했다.

도대체 그들이 무엇을 잘못했기 때문일까? 예수를 죽인 민족이기 때문이라고 했다. 정작 예수를 죽인 로마제국을 찬양하고 예수를 살리려던 바리새파를 악마로 날조한[97] 복음서에 의해 유대민족에 대한 핍박은 시작되었다. 유대민족에 대한 복음서의 날조는 바울의 서신서에서 시작했다. 많은 기독교인은 로마서 9장 3절[98]을 오해하고 바울의 유대민족에 대한 절절한 사랑으로 채워진 줄 알지만 전혀 아니다. 바울의 눈에 하나님이 새롭게

97　옥성호, 앞의 책, 14~46쪽.

98　"나는 내 형제, 곧 육신을 따라 된 내 동족을 위해서라면 나 자신이 저주를 받아 그리스도에게서 끊어진다 할지라도 좋겠습니다."

선택한 이방인은 '야곱'이고 유대민족은 '에서'일 뿐이다. 바울의 진심은 그가 직접 쓴 다음 구절에서 잘 드러난다.

형제들이여, 여러분은 그리스도 예수 안에서 유대에 있는 하나님의 교회들을 본받는 사람들이 되었습니다. 이는 그들이 유대 사람들에게 고난을 받았듯이 여러분도 여러분의 동족에게 고난을 받았기 때문입니다. 유대 사람들은 주 예수와 예언자들을 죽이고 우리를 박해하고 하나님을 기쁘시게 하지 않고 모든 사람들을 배척했습니다. 그들은 우리가 이방 사람들에게 구원을 받도록 말씀 전파하는 것을 훼방해 자기의 죄를 항상 가득하게 합니다. 그러므로 마침내 그들 위에 진노가 임했습니다.

(데살로니가전서 2:14-16)

바울이 언급되는 사도행전에 나오는 구절을 하나 더 살펴보자. 자기 민족을 향해 바울이 끔찍한 저주를 퍼붓는 장면이다. 정말로 바울이 이런 말을 했는지 확인할 길은 없지만, 그가 직접 쓴 다른 서신서에 여실히 드러나는 유대민족을 향한 증오를 생각하면 얼마든지 가능해 보인다.

실라와 디모데가 마게도냐로부터 내려오매 바울이 하나님의 말씀에 붙잡혀 유대인들에게 예수는 그리스도라 밝히 증언하니, 그들이 대적하여 비방하거늘 바울이 옷을 털면서 이르되 너희 피가 너희 머리로 돌아갈 것이요. 나는 깨끗하니라. 이후에는 이방인에게로 가리라 하고.

(사도행전 18:5-6, 개역개정)

사도행전 저자는 이 구절을 쓸 때 분명히 마태복음을 참고했을 것이다! 그가 참고했을 마태복음 본문에는 복음서를 통틀어 가장 잔인하고도 사악한 장면이 등장한다. 로마 총독 빌라도는 예수를 풀어주려고 했지만, 유대민족이 예수의 죽음을 원했다는 내용이다. 그런데 예수의 죽음을 원하는 유대민족의 입에서 차마 상상도 할 수 없는 말이 나온다. 만약에 예수를 죽이고 싶어 하는 우리가 틀렸다면, 그 죗값을 자손들이 대신 받게 하라는 것이다.

> 빌라도가 아무 성과도 없이 도리어 민란이 나려는 것을 보고 물을 가져다가 무리 앞에서 손을 씻으며 이르되, 이 사람의 피에 대하여 나는 무죄하니 너희가 당하라. 백성이 다 대답하여 이르되, 그 피를 우리와 우리 자손에게 돌릴지어다 하거늘 이에 바라바는 그들에게 놓아주고 예수는 채찍질하고 십자가에 못 박히게 넘겨주니라.

(마태복음 27:24-26, 개역개정)

이 세상에 어떤 부모도 자신의 잘못을 내 자손에게 돌리라고 말하지 않는다. 만약에 내가 잘못했으면 내 자식이 그 죗값을 받으면 되니까, 내가 원하는 건 꼭 해야겠다고 우기지 않는다. 마태복음 저자는 어떻게 이런 구절을 넣을 생각을 했을까? 얼마나 유대민족을 증오했으면 이런 장면까지 만들어서 이처럼 끔찍한 저주를 조상의 입에 담을 수 있었을까? 그리고 얼마나 로마에 잘 보이고 싶었으면, 잔인하다는 이유로 로마제국도 파면한 빌라도를 예수를 살리려는 인자한 사람으로 그렸을까?

사도행전 저자는 분명 마태복음의 이 구절, "그 피를 우리와 우리 자손에게 돌릴지어다"를 생각하고 사실상 똑같은 내용을 바울의 입을 통해 한 번 더 확고히 한다. 이제 유대민족은 예수를 못 박은 당사자가 되었다. 그뿐 아니라, 자신들의 잘못에 대한 대가, 핏값을 자손들이 대신 치를 것이라고 공식적으로 천명한 민족이 되었다. 이제 누군가 유대민족을 핍박해도 그건 잘못이 아니다. 유대민족이 스스로 원했던 것이니까!

복음서의 반유대 메시지는 기독교가 로마제국의 확실한 주류로 자리 잡으면서 전 세계에 급속도로 퍼져갔다. 아우구스티누스는 아예 한 걸음 더 나아갔다. 예수를 모르고 죽인 조상보다 예수가 메시아라는 사실이 온 세상에 알려졌는데도 여전히 그를 거부하는 후손들이 더 나쁘다고 공언했다.[99] 예수를 여전히 거부하는 대부분 유대인은 말할 것도 없고, 예수를 메시아로 믿는 예수의 제자들마저 유대인이라는 이유 때문에 '이단'으로 정죄하는 세상이 되었다.[100]

유대인 전체가 아예 '예수를 죽인 민족'으로 낙인찍혔다. 유대민족에 찍힌 낙인이 가톨릭을 넘어 개신교에서 오히려 더 깊이 뿌리내리게 하는 데에는, 종교개혁을 일으킨 마르틴 루터가 결정적인 역할을 했다.

종교개혁이 유대인의 적(로마 가톨릭)을 분열시켰기 때문에 처음에 유대인이 종교개혁을 환영한 것은 사실이다. 특히 루터가 성경에 대한 새로운 해석을 제시하며 교황의 주장을 반박하면서 유대인에게 지지를 호소했던 것 역시 사실이다. 루터는 1523년에 쓴 소논문 「유대인으로 태어나신 예수 그리스도」에서 이에 유대인이 그리스도를 받아들이지 않을 이유가 전혀 없다고 주장하면

---

99   Hans Joachim Schoeps, 앞의 책, p.33.
100   옥성호, 앞의 책, 87~95쪽.

서 어리석게도 자발적인 대대적 개종을 기다렸다.

그러나 기대와 달리 루터의 해석보다 탈무드가 성경을 더 잘 이해하게 해준다는 논박이 나오자 루터는 1526년에 처음으로 유대인의 완고함을 비판했으며 1543년에는 분노에 차서 유대인을 공격했다. 비텐베르크에서 출간한 소논문 「유대인과 그들의 거짓말에 관하여」는 근대에 들어 처음 등장한 반유대주의 작품이자 유대인 대학살holocaust로 나아가는 첫 번째 계단이라 할 수 있다.

루터는 소논문에서 이렇게 주장했다.

"우선, 유대인의 회당을 불태워야 하고 회당의 돌이나 타다 남은 찌꺼기조차 아무도 보지 못하도록 태우고 남은 것은 오물 속에 매장해야 한다. 유대인의 기도서를 폐기해야 하고 랍비의 설교를 금지해야 한다. 유대민족을 다룰 때는 그들의 집을 박살내고 파괴해야 하고 그들과 동거하는 이들은 집시처럼 한 지붕 아래 또는 마구간 안에 두어서 그들이 우리 땅에서 주인이 아니라는 점을 가르쳐야 한다. 유대인은 길과 시장에 출입할 수 없게 해야 하고 재산을 압류하고 유해한 독을 품은 이 벌레들을 강제 노역에 징집해야 하고 이마에 땀을 흘리며 빵을 벌어먹게 해야 한다. 그들을 영구적으로 추방해야 한다."

······

루터는 말로만 비난하는 데 만족하지 않았다.

반유대주의 소논문을 저술하기 전인 1537년 작센에서 유대인을 추방했고 1540년대에는 독일의 많은 도시에서 유대인을 몰아냈다. 루터는 1543년에 유대인을 브란덴부르크에서 추방하기 위해 유권자의 지지를 얻으려 했으나 실패하고 말았다. 루터의 추종자들은 계속해서 브란덴부르크의 유대인을 흔들어댔다. 1572년에는 베를린 회당을 약탈했고 이듬해에는 마침내 뜻을 관철

했다. 유대인을 전 지역에서 추방한 것이다.[101]

마르틴 루터의 이 악명 높은 소논문 「유대인과 그들의 거짓말에 관하여」
는 나치 시대 독일에서 나치라면 누구나 읽어야 하는 필독서였다. 그들은
마르틴 루터의 가르침 그대로 유대인을 살육했다.

　나치는 마르틴 루터의 소논문, 「유대인과 그들의 거짓말에 관하여」를 유대
　인을 학살하면서도 그 만행이 도덕적으로 정당화하다는 선전에 사용했다. 이
　소논문에서 루터는 기독교로 개종하지 않는 유대인에 대한 살상을 옹호하며
　이렇게 썼다. "기독교로 개종하지 않는 유대인을 살육slay하지 않는다면 그건
　우리의 잘못이다."[102]

유대민족을 핍박하는 당사자들의 입에서는 자연스럽게 이런 말이 나왔
다. "이렇게 핍박받는 것을 보면 하나님이 확실하게 버린 민족인 게 분명
해." 유대민족이 흘리는 피눈물 위에서 기독교는 바울이 토대를 놓은 '새로
운 이스라엘' '영적 이스라엘'이라는 신학을 더 견고하게 만들었다.
　욥기를 다시 떠올려보자. 이유 없이 고통당한 욥이라는 인물은 어떻게
보면 유대민족 전체를 상징한다. 죽어서 썩어가는 가죽을 걸치고서라도
하나님께 왜 이런 일이 내게 일어났는지 묻겠다는 욥의 심정과 유대민족
의 심정은 조금도 다르지 않다.

101　　폴 존슨, 김한성 옮김, 『유대인의 역사』(포이에마, 2014), 418~419쪽.
102　　https://en.wikipedia.org/wiki/Christianity_and_antisemitism#cite_note-34.

내 살갗이 다 썩은 뒤에라도 내가 육신을 입고서 하나님을 뵐 걸세…… 내 간장이 내 안에서 타들어 가는구나.

(욥기 19:26-27)

유대교는 홀로코스트 고통의 원인을 토라에서도 찾았다. 창세기 27장 40절이다. 이삭이 큰아들 에서에게 하는 말이다.

너는 칼로서 살 것이다. 그리고 너는 너의 동생, 야곱을 섬길 것이다. 그러나 네가 슬퍼할 때 너는 동생이 네 목에 씌운 굴레를 부술 수 있다.[103]

에서가 '슬퍼할 때' 에서가 목의 굴레를 부술 수 있다니? 야곱은 유대민족을 상징하고, 에서는 나머지 선택받지 못한 모든 민족을 상징한다. 유대교는 이 구절에 나오는, '에서가 슬퍼할 때'를, 에서의 슬픔을 이렇게 해석했다.

"아버지가 모든 축복을 다 동생 야곱에게 주었어. 나에게는 남은 게 없어. 축복이 단 하나도 남은 게 없어. 하지만 저 동생은 지금 하나님의 명령을 어기고 있잖아? 저놈이 뭐가 대단하다고, 하나님의 명령을 지키지도 않는 저놈이 뭐가 대단하다고. 그런데도 하나님은 왜 모든 축복을 다 야곱한테 주신 거야, 억울해, 억울해."

즉 에서에게 슬픔의 원인은 야곱이, 유대민족이 하나님께 순종하지 않아서 생겼다는 것이다. 그 결과 목에 둘린 굴레를 부수고 자유롭게 된 에서

---

103 "And you shall live by your sword, and you shall serve your brother, and it will be, when you grieve, that you will break his yoke off your neck."(Chabad version)

는 오히려 동생, 야곱을 괴롭힐 수 있게 되었다. 지금의 고통은 에서의 목에 굴레가 풀리게 한 유대민족의 잘못이지, 에서의 잘못이 아니라는 것이다. 이처럼 유대교는 토라에서 자신들이 고통받는 이유와 핍박하는 가해자의 정당성까지 찾아냈다. 그러나 이 정도로 홀로코스트를 설명할 수는 없었다.

1960년대에 이르러 '죽은 신의 신학Death of God theology'이 탄생했다. 그러나 그런 신학을 생각한 학자들조차도 차마 '신이 없다'라고는 말할 수 없었다. 하나님의 약속이 거짓말이라고는 말하지 않았다. 그들은 절대 그럴 수 있는 민족이 아니기 때문이었다.

"하나님은 분명히 우리를 사랑하신다. 우리에게 하신 약속을 분명히 지키신다. 그런데 지금 우리가 이런 고통을 받는 것은 하나님이 죽으셨기 때문이다. 우리를 더 이상 사랑하지 않아서가 아니라, 그 약속을 지키고 싶어도 지킬 수 없게 되었기 때문이다."

'신이 죽었다'는 그들의 신학은 아버지의 도움을 받지 못하는 아들의, 그러나 여전히 아버지를 사랑하고 기다리는 자식의 피맺힌 절규였다. 욥의 입에서 어떤 말이 나오더라도 하나님이 없다는 말만은 결코 나올 수 없는 것과 같다.

역사를 볼 때 한 가지만은 분명하다. 지난 2,000년간 유대민족이 당한 고통은 절대 그들의 잘못 때문이 아니다. 정확히 이야기하면 신약성경이 뿌린 씨앗 때문이다. 즉 기독교 때문이다.[104] 이런 면에서 이사야서 53장은 정확하다.

---

104   유대인과 기독교인 사이의 토론 프로그램을 보면, 대부분 기독교인 토론자는 지난 세월 유대민족을 향한 기독교의 죄악을 용서해달라는 말로 토론을 시작한다.

그러나 이사야를 읽으면 읽을수록 나는 이 의문을 떨쳐낼 수 없었다. "왜 하나님은 기독교의 죄악을 유대민족에게 지웠을까?" 그게 이사야서 53장이 내게 던진 중대한 의문이다. 무엇보다 유대민족에 대한 기독교의 정죄와 무시는 오늘까지 여전히 이어지고, 앞으로도 바뀌지 않을 것이다. 유대민족은 기독교인에게 여전히 메시아를 못 알아보고 저주를 받아 2,000년간 고생한, 또 앞으로도 고생할, 불쏘시개 역할이나 한, 영적으로 죽은 민족으로 남을 것이다.

하지만 이사야서 53장은 유대민족의 승리를 약속한다. 우리는 52장 끝에서 입을 다물지 못하는 왕들의 모습을 본다. 전리품을 받는 53장 후반부의 모습을 본다. 그리고 마침내 54장의 환호를 만나게 된다. 모두가 다 메시아가 오고 난 후의 모습이다. 선지자 민족이 되어 이 세상 전체를 하나님께 인도하는 유대민족의 모습을 그린다. 우리는 앞에서 메시아가 오면 세상이 어떻게 바뀌는지 살펴보았다. 그중 하나가 바로 다음이다. 하나님의 지혜가 유대를 통해 온 세계로 뻗어 나가게 된다.

> 그날이 오면 여호와께서 온 세상의 왕이 되시며 오직 여호와만 홀로 주가 되실 것이다. 오직 한 분이신 그분의 이름만이 섬김 받으실 것이다.
> (스가랴서 14:9)[105]

만군의 여호와께서 이렇게 말씀하셨다. "그날이 이르면 다른 언어를 가진 다른 민족 열 명이 와서 한 명의 유다 사람의 옷자락을 꽉 붙잡고 말할 것이

---

105   그 외에 스가랴서 8장 23절, 14장 16절. 스바냐서 3장 9절. 이사야서 45장 23절, 66장 23절. 예레미야서 31장 33절. 에스겔서 38장 23절. 시편 86편 9절.

다. '하나님이 너희들과 함께하신다는 말을 우리가 들었으니 우리가 너희들과 함께 가겠다.'"

(스가랴서 8:23)

이렇게 나는 내 위대함과 내 거룩함을 드러내어 많은 민족들이 보는 앞에서 나를 알릴 것이다. 그러면 내가 여호와임을 그들은 알게 될 것이다.

(에스겔서 38:23)

오 주여, 주께서 만드신 모든 민족들이 주 앞에 와서 경배하고 주의 이름에 영광을 돌릴 것입니다.

(시편 86:9)

이사야서 53장은 52장에서 시작되어 54장으로 이어지는 메시아에 대한 긴 예언의 일부로 이해해야 한다. 53장만 따로 떼어내어 생각하면 안 된다. 기독교가 주장하는 것처럼, '고통당하는 메시아, 죽임을 당하는 메시아, 예수'를 그리는 메시아 예언이 아니다.

도리어 메시아가 오면 세계를 이끌 유대민족의 영광을 표현하는 메시아 예언이다. 동시에 그들에게 지난 2,000년간 주어진 이유를 알 수 없는 고통을 묘사한 예언이기도 하다. 이사야서 53장을 읽으며 나는 양심의 가책을 느낀다. 내가 개인적으로 유대인에게 고통을 준 것은 없지만, 나도 기독교인으로서 오랫동안 그들을 향한 비웃음에 기꺼이 참여했기 때문이다. 그런 의미에서 이사야서 53장은 기독교가 주장하는 다른 메시아 예언 구절과 차원이 다르다. 기독교가 특히나 히브리 성경에서 자의적으로 해석하지 말아야 할 부분이 있다면, 그건 이사야서 53장이다.

마지막으로 우리는 한 가지를 기억해야 한다. 토라가, 율법이 유대민족에게 주어지기도 전에 하나님은 먼저 유대민족과 언약을 맺었다. 그들을 당신의 백성으로 삼겠다는 언약이다. 따라서 그 언약은 조건부가 아니다. 율법을 지키면 복을 받고 지키지 않으면 징계를 받지만, 하나님의 백성이라는 자격 자체가 상실하지 않는다. 게다가 이 언약은 미래 세대에게도 유효하다. 하나님께서는 이 점을 분명하게 했다. "우리와 함께 오늘 여기 있지 않는 사람들과도 맺으시는 것"이라고 확실하게 못을 박았다.[106]

부모는 자녀를 혼내지만, 절대 버리지 않는다. 자식이 마음에 들지 않는다고 아예 다른 아이를 데려오는 부모는 없다. 기독교는 하나님을 그런 이상한 부모로 만들었다. 하나님은 유대민족을 향해 변하지 않는 사랑을 반복해서 선포했다. 하나님의 이 사랑을 이해해야 기독교인에게 미스터리와 다름없는 하나님의 '질투'도 이해할 수 있다. 그만큼 그 민족만을 사랑하기 때문이다. 그런데 기독교는 이 모든 구절이 '영적 이스라엘'을 향한다고 자가당착적으로 해석한다. 히브리 성경 전체를 하나의 이해할 수 없는 미스터리로 만든다. 그러면서 히브리 성경과 신약성경을 하나로 묶어 '성경'이라고 부른다.

절대 버리지 않겠다는 하나님의 반복된 약속에도 불구하고,[107] 유대민족

---

106   "네게 맹세하셨던 대로 또 네 조상 아브라함과 이삭과 야곱에게 맹세하셨던 대로 그분께서 오늘 너를 세워 백성으로 삼으시고 그분은 네 하나님이 되시려는 것이다. 내가 이 언약을 맹세로 너희와 세우되 오늘 우리와 함께 우리 하나님 여호와 앞에 서 있는 사람들뿐 아니라 **우리와 함께 오늘 여기 있지 않는 사람들과도 맺으시는 것이다.**"(신명기 29:13-15)

107   "여호와께서 이렇게 말씀하셨다. '해를 낮의 빛으로 주고 달과 별을 밤의 빛으로 명하시고 바다를 흔들어 파도가 소리치게 하는 이, 그의 이름은 만군의 여호와다. 여호와의 말이다. 이러한 법칙들이 내 앞에서 어긋나지 않는 한 이스라엘 자손 또한 내 앞에서 한 민족으로 남아 있기를 영

은 지난 수천 년 동안 인류역사에서 가장 처절한 고통 속에 발버둥 쳤다. 중국처럼 인구가 10억을 훌쩍 넘어서 몇백만 명이 사라져도 표시가 안 나는, 그런 민족도 아니었다. 순식간에 민족 전체가 사라질 위기였던 홀로코스트를 견디어냈다. 그러나 그들은 마치 다 꺼진 것 같은 화롯불 가장 아래에서 여전히 붉은 섬광을 뿜는 작은 불씨처럼 또다시 살아남았다. 그리고 인류의 과학과 문화를 발전하는 데 없어서는 안 되는 걸출한 인물을 끊임없이 배출했다. 그런 유대민족을 향해 미국 소설가 마크 트웨인[108]은 이렇게 말했다.

통계가 맞는다면 유대인은 인류의 0.25퍼센트에 불과하다. 그럼에도 유대인이 문학, 과학, 미술, 음악, 경제 그리고 의학에 기여한 정도는 인구 비율을 고려할 때 놀라울 정도다. 유대인은 인류 역사 내내 싸웠다. 두 손을 뒤로 묶인 상태에서도 그들은 싸웠다. 굳이 저항하지 않는다고 아무도 욕하지 않겠지만, 그들은 싸웠다.

이집트, 바벨론 그리고 페르시아 제국이 일어나 온 땅을 휩쓸었다.

그러나 먼지처럼 사라져갔다.

그리스와 로마가 그 뒤를 따라 요란한 소리를 내며 이 땅을 지배했다. 그러

원히 멈추지 않을 것이다.'"(예레미야서 31:35-36)
"그들이 내 법도를 저버리고 내 규례를 싫어했기 때문에 그들은 죄의 대가를 치를 것이다. 그러나 이런 것에도 불구하고 그들이 그들의 원수들의 땅에 있을 때 내가 그들을 저버리지도 그들을 미워하지도 아니해 그들을 완전히 멸망시키지도, 그들과 맺은 내 언약을 파기하지도 않았다. 이는 내가 그들의 하나님 여호와기 때문이다. 그러나 내가 그들의 하나님이 되기 위해, 민족들이 보는 앞에서 이집트에서 그들을 인도해낸 그들 조상들과의 언약을 그들을 위해 기억할 것이다. 나는 여호와다."(레위기 26:43-45)

108   Samuel Langhorne Clemens, 1835~1910.

왜 유대교는 예수를 거부하는가?

나 그들도 사라졌다. 누군가는 언제나 일어나 횃불을 높이 들었지만, 그 불이 꺼지면서 사라졌다.

유대인은 그 모든 민족을 목격했다. 그리고 그 모든 민족보다 오래 살아남았다. 그리고 그들은 지금도 건재하다. 쇠약함을 보이지도 않고, 늙지도 않고 어느 부분이 고장 나지도 않고, 그렇다고 마구 에너지를 뿜지도 않지만, 경계심을 늦추지 않고 여전한 공격적인 마인드를 유지한 채로 말이다.

모든 것은 다 죽는다. 그러나 유대인은 죽지 않는다. 모든 세력은 지나간다. 그러나 유대인은 남는다.

이 민족이 가진 불멸의 비밀은 도대체 무엇이란 말인가?[109]

그러나 이 위대한 문인의 찬사가 무슨 소용이랴? 내게 유대민족은 미스터리다. 아니, 내게 하나님은 미스터리다. 딱 하나 선택한 민족에게 홀로코스트를 허락한 그 하나님의 언약과 사랑 그리고 계획은 미스터리다.

짧지 않은 이 글을 마무리할 시점에 다다랐다. 다른 어떤 사람의 글보다 이 사람의 글로 끝을 맺는 것이 적당할 듯싶다. 유대인이 가장 자랑스러워하는 사람, 짧았지만 유대민족에게 영화를 가져다주었던 위대한 왕, 지금도 그의 혈통에서 메시아가 나올 것이라고 철썩같이 믿는 바로 그 사람, 다윗 왕이다.

다른 사람은 몰라도, 다윗 왕만은 자기 민족의 비극적인 앞날을 알았던 것 같다. 그래서 이사야서 53장이 쓰이기도 한참 전에, 그는 다음과 같은 피 끓는 기도를 올린 것은 아닐까? 차마 상상도 할 수 없는 고통을 당할 그

---

109   http://www.jewishvirtuallibrary.org/mark-twain-quotations-on-judaism-and-israel.

의 자손들을 생각하며, 하루라도 빨리 메시아의 날이 와서 그들을 위로해 달라고 이런 기도를 올린 것일까?

오 하나님이여, 교만한 사람들이 내게 맞서 들고 일어났습니다. 폭력을 행하는 무리가 내 목숨을 노립니다. 주에 대해서는 안중에도 없는 사람들입니다. 주의 은혜의 증거를 내게 주어 나를 미워하는 사람들이 그것을 보고 수치를 당하게 하소서. 여호와여, 주께서 나를 도우셨고 나를 위로하셨습니다.

(시편 86:14, 17)

두 하나님,
어떤 하나님을 섬겨야 할까

진리라는 게 있을까? 만약에 있다면, 이 점은 확실하리라. 분명 명쾌할 것이다! 만약 복잡하다면, 그것은 수준이 높아서가 아니라 문제가 많기 때문일 것이다.

"김대중 대통령과 박정희 대통령은 정치관에서 서로 다르다."

이렇게 말하면 누구나 고개를 끄덕인다. 그런데 갑자기 누군가가 나와서 이렇게 외친다면?

"김대중 대통령과 박정희 대통령은 정치관에서 쌍둥이처럼 똑같다."

그런데 이런 주장이 주류 이론이 되면 무슨 일이 생길까? 굳이 없어도 되는 숱한 논문과 정치학 박사가 쏟아질 것이다.

사실상 기독교를 창시한 인물인 바울을 연구한 책은 하나같이 어렵다. 복잡하기 그지없다. 정말로 바울이 이런 '해석'을 염두에 두고 이렇게 썼을까? 하는 생각을 떨치기 힘들 정도다.

왜 그럴까? 예수와 달라도 너무나 다른 바울의 사상이 예수와 똑같다고 말하기 때문이다. 히브리 성경과 달라도 너무나 다른 신약성경이 히브리 성경과 똑같다고 말하기 때문이다. 어렵고 복잡한 이유는 의외로 단순명료하다. 말이 안 되는 것을 말이 되게 하려고 하기 때문이다.

신약성경은 히브리 성경의 명확한 말씀을 아예 이해 불가의 교리로 바꾸어놓았다. 이해할 수 없는 교리는 기독교인 속에 멈추지 않는 내적 균열을 일으킨다. 이성을 가진 인간이라면 모순을 품고 살 수 없기 때문이다. 그런데 그 모순을 '신앙'이라는 이름으로 덮어버리기 때문에 교회 안에서는 문제가 끊이지 않는다. 인간이란 그런 존재이기 때문이다. 한군데를 누르면 다른 어디선가 터져야 숨을 쉴 수 있기 때문이다. 교회에 만연한 각종 문제를 이성이 짓눌린 교인들의 스트레스 해소라는 측면에서 보면 굳이 이해하지 못할 것도 없다.

히브리 성경의 교리는 단순하고 명쾌하다. 그러나 기독교의 교리는 복잡하고 이해할 수 없다. 당연히 히브리 성경을 경전으로 하는 유대교의 하나님과 기독교의 하나님이 같을 리 없다. 두 종교는 전혀 다른 신을 '하나님'이라는 같은 이름으로 부른다.

기독교의 하나님은 부패한 한국교회를 보며 슬퍼서 운다고 한다. 그러나 잘못하는 유대민족을 보며 마음 아파서 눈물만 흘리는 히브리 성경의 하나님은 차마 상상도 할 수 없다. 기독교의 하나님은 '왜?'라는 질문에 대한 답을 다 죽음 이후로 미룸으로써 모든 책임에서 벗어났다. 그렇기에 어떤 경우에도 기독교의 하나님은 승리자다. "숨겨진 깊은 뜻이 있어서……" 이렇게만 대답하면 되기 때문이다.

그러나 히브리 성경의 하나님에게 중요한 것은 이 세상이다. 호흡이 있는 자가 입을 열어 하나님을 찬양할 수 있는 지금이 중요하다. 그렇기에 하나님은 뒤로 미루지 않는다. 지금 순종하면 복을 받고 지금 거역하면 벌을 받는다고 말한다.

21세기 한국 기독교인은 "이단에 물들게 하는 질문들을 던지지 마라" 또는 "질문이 이단을 만든다"라고 소리 높여 외쳤던 테르툴리아누스Quinrus

Septirnius Florens Tertullianus가 살았던 2세기에서 아직까지 살고 있다. 그는 "진실한 교회의 특징은 의견의 일치"라고도 했는데, 그런 교회는 사실상 아무런 질문도, 의문도 던질 수 없는 공동체를 의미한다.

테르툴리아누스의 기준으로 볼 때, 가장 진실한 교회는 일당 독재국가일 것이다. '의견의 일치'라는 말은 단 한 명도 같지 않은 인류를 '한 사람'으로 만들려는 '반인간적'인 생각과 다르지 않다. 그렇기 때문에, 항상 의견이 일치하는 독재국가를 우리는 파라다이스라고 부르지 않는다. 단지 가장 반인권적인 사회라고 부른다.

궤변과 왜곡으로 가득 찬 신약성경이 기독교의 '경전'으로 지난 2,000년을 버텨온 것은 한마디로 기적이다. 히브리 성경과 수많은 지점에서 철저하게 모순됨에도, 신약성경이 아직까지 하나님의 말씀으로 받아들여지는 것이 기적이다. 성경을 연구하는 신학박사가 수만, 아니 수십만 명이 넘는데도, 아직까지 히브리 성경과 신약성경을 함께 묶어서 '성경'이라고 부르는 것은 기적이다.

이런 기적이 가능했던 것은 어쩌면 질문을 하지 말라는 테르툴리아누스의 가르침이 지난 2,000년간 기독교를 실질적으로 지배했기 때문이 아니었을까? 그런데 테르툴리아누스는 왜 그런 말을 했을까? 도저히 설명할 수 없는 모순이 기독교 교리라는 사실을 간파했기 때문이었을까?

그러나 질문이 사라질 때 무슨 일이 생기는가? 도그마가 들어와서 똬리를 튼다. 도그마는 우리말로 '독단적인 신념, 이성으로 비판 또는 증명을 허용하지 않는 교리'로 풀이할 수 있다. 도그마는 한마디로, '닥치고 믿어!'다.

나름 '변증'을 가장 중요시하는 종교가 기독교다. 무신론자 기자가 열심히 변증가를 찾아다니며 토론한 결과 기독교를 믿게 되었다는 이야기는 책으로 나와 베스트셀러가 되고 영화로도 제작될 정도다. 노골적으로 반지성주의를 가장 경계하는 것도 기독교다. 스스로 그만큼 지성적이고 이성적으로도 전혀 꿀릴 게 없다고 생각하는 종교다. 그런데 현실은 어떤가? 21세기가 시작되고도 한참이 지났지만, 여전히 교회에 넘치는 것은 질문 대신 생각을 틀어막는 도그마다.

이 책의 전체 내용을 이렇게 세 줄로 요약할 수 있다.

① 히브리 성경은 진실이지만 신약성경은 가짜일 수 있다.
② 히브리 성경이 가짜라면 신약성경은 반드시 가짜다.
③ 그러므로 신약성경은 진실인데 히브리 성경이 가짜일 수는 없다.

나는 인간이 정직하다면 그 무엇이 되었든 본질을 '알 수 있다'고 생각한다. 하나님의 형상을 닮은 인간의 능력은, 인간의 이성은 그만큼 위대하기 때문이다. 그건 머리나 재능과도 크게 관계없다. 정직하기만 하면 된다. 그러나 정직하려면 언제나 용기가 필요하다. 용기는 희생을 요구하기에 어떤 단어보다 고귀하다.

어떤 하나님이 진짜 하나님일까? 히브리 성경의 하나님일까 아니면 기독교의 하나님일까? 다시 말하지만, 그 두 하나님은 결코 같은 하나님이 아니다.

어떤 하나님을 선택할 것인가? 기왕이면, 내가 더 건강해지고 당당해지게 해주는 하나님을 선택했으면 좋겠다. 그런 하나님을 선택한다는 것은 결국 이 세상에 오로지 한 명밖에 없는 '진짜 나'를 만나는 길이기도 하기 때문이다.

하나님이 지으신 그 모든 것을 보시니 보시기에 심히 좋았더라.

(창세기 1:31)